«No conozco a alguien que ministre con más eficacia a hombres que el pastor Johnny Hunt. *Callados* es un libro que se dirige directamente a dónde están los hombres, por qué son heridos a menudo y cómo pueden cambiar por medio de Jesucristo. Esta obra transformará vidas. Con gusto la recomiendo en la mayor medida posible».

Dr. Daniel L. Akin
Presidente, Southeastern Baptist Theological Seminary

«Johnny Hunt adopta un enfoque bíblico y práctico al abordar en forma proactiva problemas que la iglesia debería enfrentar con valentía en este tiempo. Gracias, pastor Johnny, por preparar santos y salvar vidas».

David Nasser
Pastor, escritor y vicepresidente principal, Liberty University

«Johnny Hunt es un líder excepcional y pastor fiel que sabe cómo alcanzar a los hombres, cómo hablarles y cómo animarlos a ser fieles. Ha canalizado toda una vida de sabiduría en las páginas de este libro. Todo hombre debería leerlo y luego obsequiar un ejemplar a un amigo que lo necesite con urgencia».

Dr. R. Albert Mohler, Jr.
Presidente, The Southern Baptist Theological Seminary

«La predicación, la enseñanza y el discipulado personal de Johnny Hunt han revelado durante años su corazón para levantar hombres piadosos. Su nuevo libro, *Callados,* sigue ese énfasis, llamando a los hombres a romper el silencio en ocho aspectos que les impiden madurez espiritual. Esta es una obra muy necesaria».

Dr. Thom Rainer
Presidente y director ejecutivo, LifeWay Christian Resources

«Los psicólogos afirman que el padre más influyente es el del mismo sexo. En los treinta y dos años que he pasado como entrenador universitario de fútbol americano, he observado que la presencia de los padres en las vidas de sus hijos es cada vez menor. Creo que desearían involucrarse activamente con sus hijos, pero simplemente no saben cómo hacerlo. Este libro habla no solo de la relación entre padre e hijo, sino también de la relación del hombre con su familia. La obra *Callados* de Johnny Hunt enfoca todos los problemas y las luchas que los hombres enfrentan al tratar de ser padres y esposos piadosos. Para cualquier hombre que desee ser en su familia un ejemplo cristiano eficaz... es obligatoria la lectura de este libro».

Tommy Bowden
Entrenador y comentarista de fútbol universitario de la NCAA

«Durante toda su vida, el pastor Johnny ha inspirado a hombres a llegar a convertirse en los líderes que Dios los ha llamado a ser. Me emociona ver algunas de sus ideas más poderosas combinadas en un volumen cautivador. Sea que busques edificación personal o algo para utilizar en un grupo, este es un recurso fabuloso».

J. D. Greear
Pastor principal, Summit Church,
en la región de Raleigh-Durham, Carolina del Norte

«Proverbios 28:13 es la razón por la que estoy muy agradecido por este libro. El versículo expresa que si encubrimos nuestros pecados, estos nos arruinarán, pero si los confesamos a Dios y a otras personas, tendremos éxito y, lo más importante, alcanzaremos misericordia. ¡Aprende esto del pastor Johnny Hunt!».

Jonathan Akin
Director de Young Leader Engagement, North American Mission Board

«Todos los cristianos son perdonados, pero no todos son libres. Una de las mejores maneras para que los hombres cristianos experimenten libertad espiritual es tener un grupo pequeño de hombres en quienes confíen y con quienes oren. En su nuevo libro, *Callados*, mi buen amigo el pastor Johnny Hunt anima a los hombres a ser libres a la manera de Dios».

Dr. Steve Gaines
Pastor, Bellevue Baptist Church, Memphis, TN
Presidente, Convención Bautista del Sur

«Nadie ha acumulado más credibilidad con el paso de los años para hablar directamente a los corazones de los hombres que nuestro amigo Johnny Hunt. Su reputación es inmaculada y su carácter irreprochable, y estas palabras para hombres fluyen de la pluma y el corazón de un varón íntegro. Mientras algunos hablan la "verdad", pero no en "amor", y otros hablan en "amor", pero no la "verdad", Hunt "habla la verdad en amor". Abre este libro... léelo y aprovéchalo... ¡y conviértete en el hombre que Dios quiere que seas!».

O. S. Hawkins
Presidente y director, GuideStone Financial Resources
Ex pastor de la Primera Iglesia Bautista de Dallas
Autor de los devocionales Code Series

«Puesto que los hombres tienden a no hablar de sus defectos con otras personas, se hacen más susceptibles a pecar. En *Callados*, el pastor Johnny Hunt identifica razones por las que los hombres no hablan del pecado y proporciona un modelo bíblico para experimentar victoria. Todo hombre debe leer este libro y comprar un ejemplar para obsequiar a otros hombres».

Robby Gallaty
Pastor, Long Hollow Baptist Church, Hendersonville, TN
Autor de *Growing Up* y *The Forgotten Jesus*

«¡Este libro se dirige al corazón de todo hombre! Johnny Hunt es un compañero pastor, amigo y mentor. Como pastor, Johnny ha aprendido de miles de hombres a través de sus conferencias "Timoteo y Bernabé" y su dedicación al reino. Dios hablará a tu corazón, ¡y resultarás bendecido!».

Rob Zinn
Pastor, Immanuel Baptist Church, Highland, CA

«Muchos hombres desearían haber leído este libro cuando eran jóvenes. Pero nunca es tarde para aprender el valor de las lecciones que mi amigo Johnny Hunt le brinda al lector. Las mantiene sinceras pero profundas en sus implicaciones. Aplicar estas verdades te ahorrará una pesadilla de remordimientos».

Dr. Ravi Zacharias
Conferencista y escritor

«¡Extraordinario! Sí, Johnny Hunt dice las cosas como son en este libro para hombres. Ahora es el momento en que todo hombre debe enfrentar sus batallas con valentía. Por consiguiente, ¡actúa como hombre! Libera tu pasado, trata con el presente y avanza hacia el futuro que Dios tiene para ti».

Dr. Ronnie Floyd
Pastor principal, Cross Church
Presidente, Día Nacional de Oración
Ex presidente, Convención Bautista del Sur

CALLADOS

DE LO QUE LOS HOMBRES NO HABLAN

Johnny Hunt

Editorial
PORTAVOZ

La misión de *Editorial Portavoz* consiste en proporcionar productos de calidad —con integridad y excelencia—, desde una perspectiva bíblica y confiable, que animen a las personas a conocer y servir a Jesucristo.

Dedicatoria

A mi esposa Janet Lee Allen Hunt, quien no solo es mi alma gemela y mi compañera, sino mi mejor amiga. Nadie ha tenido que perdonarme tanto, y nadie me ha amado tan profundamente.

Título del original: *Unspoken,* © 2018 por Johnny Hunt y publicado por Harvest House Publishers, Eugene, Oregon 97402. Traducido con permiso.

Título del original: *Unspoken Study Guide,* © 2018 por Johnny Hunt y publicado por Harvest House Publishers, Eugene, Oregon 97402. Traducido con permiso.

Edición en castellano: *Callados* © 2018 por Editorial Portavoz, filial de Kregel Inc., Grand Rapids, Michigan 49505. Todos los derechos reservados.

Traducción: Ricardo Acosta

EDITORIAL PORTAVOZ
2450 Oak Industrial Drive NE
Grand Rapids, Michigan 49505 USA
Visítenos en: www.portavoz.com

ISBN 978-0-8254-5813-2 (rústica)
ISBN 978-0-8254-6724-0 (Kindle)
ISBN 978-0-8254-7545-0 (epub)

1 2 3 4 5 edición / año 27 26 25 24 23 22 21 20 19 18

Impreso en los Estados Unidos de América
Printed in the United States of America

CONTENIDO

PRÓLOGO

«No desmayamos; antes aunque este nuestro hombre
exterior se va desgastando, el interior no obstante se
renueva de día en día» (2 Corintios 4:16).

¡Qué poderosa exhortación de parte de Pablo! Todo lo que el mundo observa acerca de nosotros y utiliza para definirnos se disipa con el tiempo. Sin embargo, lo que está en el interior (nuestra fe, nuestra firmeza, nuestra determinación, nuestra perseverancia, nuestras convicciones, nuestro espíritu), el Señor lo renueva cada día como una forma de hacernos mejores hombres, esposos, padres, abuelos y representantes de Cristo.

En su nuevo libro *Callados*, mi querido amigo y ex pastor Johnny Hunt aborda de frente esta idea, utilizando el poder de la Palabra combinada con sus experiencias únicas de vida para dar claridad a los difíciles y típicos problemas con los que luchan los hombres.

En su propia voz, sincera y clara, Johnny habla directamente y sin juzgar acerca de las cosas que a menudo reprimimos o evitamos: emociones y dudas que creemos que nos hacen débiles, incapaces, indignos o incluso menos hombres; y, si las escondemos sin solucionarlas, se convierten en problemas mayores con consecuencias más graves. Nos hacemos daño, y por ende dañamos a nuestras familias, nuestros amigos, nuestro trabajo y nuestros ministerios.

Estos retos son reales y a menudo nos impiden vivir en la plenitud del plan de Dios para nosotros. Johnny no solo aborda estos problemas y sus causas principales, sino que nos anima y enseña que hay un camino mejor, y que Dios provee una senda para vencer cualquier lucha que podamos tener.

Johnny señala directamente una de las verdades más importantes de nuestro viaje espiritual: entre las herramientas más significativas que

Dios nos ofrece está la amistad con otros hombres cristianos con quienes podemos hablar de modo franco y serio. Nos necesitamos mutuamente. Unos con otros, tal como Marcos escribió acerca de Jesús, crecemos en sabiduría y estatura, y en favor con Dios y con los hombres. Las luchas internas son parte de la condición humana. Sin embargo, el modo de tratar con ellas nos define. Cualquier hombre que desea afrontar lo que está por delante de él conforme al plan de Dios debería leer este libro. Gracias, Johnny, por darnos un plan en lenguaje sencillo. Que Dios te hable a través de las palabras en estas páginas y bendiga en gran manera tu vida.

Sonny Perdue
Ex gobernador de Georgia y ministro
de agricultura de los Estados Unidos

CONVIÉRTETE EN EL HOMBRE QUE DIOS QUIERE QUE SEAS

En lo más profundo del corazón de cada hombre late el fuerte deseo de ser la persona que Dios quiere que sea. Al mismo tiempo, cada hombre es como la luna: todos tenemos nuestro lado oculto.

Hace mucho tiempo perdí la cuenta de la cantidad de correos electrónicos y cartas que he recibido de esposas preocupadas por sus maridos. Estas mujeres agobiadas sabían que sus esposos estaban luchando, pero no lograban que se sinceraran y hablaran al respecto con alguien. Aún puedo ver la nota en mi mente. Una esposa me había escrito para expresar su aprecio porque animé a su marido a que comenzara a confesar sus secretos más profundos. ¿Le hizo daño a ella enterarse de tales secretos? Por supuesto que sí. Pero algo acerca de la susceptibilidad y transparencia en el esposo la acercó a él. Incluso en medio de ese dolor y sufrimiento, ella pudo aceptar a su marido por lo que él era en ese momento en el viaje de su vida, y luego pudo unírsele para ayudarlo y verlo convertirse en más que un vencedor.

Oro que Dios use este libro en tu vida como una fuente de aliento para que encuentres algunos individuos con quienes sientas suficiente seguridad como para hablar abiertamente de tus luchas. Oro que encuentres un grupo pequeño y fiel de hombres que estén comprometidos entre sí y se ayuden mutuamente a recuperarse cuando uno de ustedes caiga. ¡No tienes que permanecer derribado de modo permanente en las áreas en que deseas esforzarte al máximo para Dios!

El Señor ya ha provisto recursos poderosos que están a nuestra disposición, recursos que nos permiten andar en victoria. Independientemente de nuestro pasado o nuestro contexto, cada uno de nosotros puede conocer una vida de amor y obediencia que conduce a la paz y el gozo permanentes. ¿No es lo que anhelas muy dentro de ti? ¡Yo sé que esto es lo que quiero!

LO QUE ESTÁ POR DELANTE

He dividido este libro en tres partes. La primera: «Lo que nos mantiene en silencio», analiza algunas de las razones principales por las que mantenemos cerrada la boca respecto a problemas cruciales de los cuales el Señor quiere que hablemos unos con otros. Algunas de esas razones tienen que ver con la cultura y la biología, mientras que otras tienen más que ver con el ya mencionado «lado oculto» de los hombres.

La segunda parte: «Cómo nos mata el silencio», profundiza ocho de los aspectos más críticos que los hombres comúnmente se niegan a analizar. Trato de entender por qué este silencio está matándonos y cómo podemos avanzar hacia una trayectoria más sana y novedosa que nos lleve a un lugar mucho mejor.

La tercera parte: «Un lugar donde desatar nuestras lenguas», anima a cada hombre cristiano a buscar a otros creyentes para que juntos puedan fortalecerse, animarse y envalentonarse a vivir de tal forma que bendiga a quienes están a su alrededor, y que honre y glorifique a Dios. ¡Fuimos creados para esto! Y no encontraremos la satisfacción en la vida o la emoción de vivir lo que Dios quiere para nosotros, a menos que desatemos nuestras lenguas en la compañía de hombres fieles. Convirtámonos juntos en los hombres, los esposos, los padres y los líderes que Dios desea que seamos.

MI ORACIÓN POR TI

A medida que avances capítulo a capítulo de este libro, oro para que la verdad que leas se desarrolle en maneras poderosas que te den una revelación más profunda de quién eres y quién puedes ser. No me interesa escribir un libro de autoayuda. Más que nada, lo que espero hacer es ayudarte a que veas la gracia que está disponible para ti en Cristo y te apropies de ella, y a que te enfoques en la esperanza que Él tiene para ti, incluso ahora mismo. Oro que leas, te animes y luego transmitas ese ánimo.

Pastor Johnny

PARTE 1:

LO QUE NOS MANTIENE EN SILENCIO

EL SILENCIO DE
LOS MACHOS

1

Nos conocimos en un restaurante. Cuando se sentó a la mesa con su esposa a su lado, el hombre estaba listo para contarme su historia. Comenzó diciendo que deseó hablar conmigo meses antes en nuestra asamblea anual de la Convención Bautista del Sur.

«Creo que si entonces te hubiera hablado de mi lucha —declaró—, y de aquello en lo que mi corazón se entretenía, me habrías lanzado un salvavidas».

Luego, con una voz llena tanto de tristeza como de arrepentimiento, describió su relación adúltera con su secretaria. Confesó que su ministerio había terminado y que su corazón estaba destrozado. Ninguno de los dos tuvo que hablarme de la evidente lucha en su matrimonio. Parecía como si la esposa, quien permaneció mayormente callada durante toda la reunión, debió hacer acopio de todas sus fuerzas tan solo para no salir corriendo de ese restaurante.

Escuché mientras este hombre herido derramaba su dolor y arrepentimiento, pero para entonces ya no podía prestar mucha ayuda. Si me hubiera hablado meses antes, podríamos haber podido evitar esta escena llena de lágrimas. Pero el hombre había mantenido todo esto oculto en lo profundo de su ser.

¿Por qué tantos hombres se niegan a hablar de las áreas sensibles de sus vidas? Parece que cada vez que alguien se aproxima demasiado a un área que llega a lo más hondo, muchos hombres terminan la conversación en un intento de mantener privada u oculta esa área de su vida. Ese era el problema de mi amigo.

Me gustaría decirte que su historia tuvo un buen final, pero no fue así. Lo cierto es que ese día este sujeto no ofreció una confesión totalmente sincera. Estoy seguro de que sus lágrimas eran reales, así como su dolor y remordimiento. Se sentía verdaderamente culpable por lo que había hecho y deseaba no haber empezado ese camino. Sin embargo, ¿es suficiente eso? No, no lo es, para nada. En poco tiempo este amigo «apenado pero no arrepentido» regresó a los brazos expectantes de su ex secretaria.

ESCUCHA ATENTAMENTE, HABLA SINCERAMENTE

Durante los últimos veinte años he estado profundamente involucrado en la tutoría de hombres jóvenes que se preparan para el ministerio. Después de todo este tiempo he observado que una de las mejores características individuales de los jóvenes candidatos a pastores exitosos es lo que yo llamaría *disposición de aprender*. Un espíritu poco enseñable y una negativa a recibir consejo de otros por lo general revelan mucho orgullo y arrogancia, lo cual casi siempre indica un fracaso en ciernes.

Gran parte de la disposición de aprender incluye el deseo de escuchar atentamente y participar en un diálogo sincero, y en realidad ese compromiso tiene que ir en ambos sentidos. Tanto el mentor *como* el alumno deben hacer un compromiso de escucharse respetuosamente e interactuar sinceramente entre sí. Sin ese tipo de compromiso mutuo no puede llevarse a cabo mucha tutoría verdadera.

Cuanto más lo pienso, más dudo que *algún* hombre pueda llegar muy lejos en su vida o en su caminar con Dios si carece de un espíritu dispuesto a aprender. La Biblia está llena de exhortaciones para que escuchemos y, con frecuencia, nos insta a que unos con otros tengamos conversaciones diseñadas para estimular el crecimiento espiritual mutuo. En este sentido, Santiago escribió: «Así hablad, y así haced, como los que habéis de ser juzgados por la ley de la libertad» (Santiago 2:12).

Cuando nos negamos a escuchar atentamente o a hablar sinceramente, siempre suceden cosas malas. El amor se enfría y nuestros corazones se endurecen. Comenzamos a perder la capacidad de celebrar el éxito de los demás y surge un amargo conflicto. Si no tenemos cuidado, perdemos toda sensibilidad espiritual y rápidamente pasamos

a la apatía espiritual, que resulta en todo tipo de aflicción. Por tanto,
¡es mucho lo que está en juego!

Aun así, a menudo los hombres restamos importancia a nuestra falta
de voluntad para hablar sobre cuestiones que nos inquietan. Bromeamos
acerca de nuestro silencio y casi celebramos nuestra negativa a hablar.
Nos gusta contar chistes como estos:

* A las mujeres les gustan los hombres silenciosos, pues
  creen realmente que están escuchando.
* Un hombre tenía reputación entre sus amigos de ser lacó-
  nico. Rara vez hablaba mucho. Un día una vendedora de
  cosméticos tocó a su puerta y le pidió ver a su esposa. El
  hombre le dijo que no se encontraba en casa.

—Bueno —contestó la vendedora—, ¿podría pasar a espe-
rarla?

El hombre la dirigió hasta la cocina y la dejó allí durante
más de tres horas.

—¿Puedo saber dónde está su esposa? —preguntó finalmente al hombre la preocupada vendedora.

—Fue al cementerio —respondió él.

—¿Y cuándo regresará?

—Realmente no lo sé —contestó—. Ha estado allí los
últimos once años.

RAZONES PARA NUESTRO SILENCIO

No todas las razones de nuestro silencio pueden atribuirse al pecado,
por sencillo que sería para un pastor aseverar eso y tan predecible como
cabría esperar. Puedo identificar al menos tres fuentes para nuestra
reticencia a hablar que tienen poco o nada que ver con una inclinación
natural varonil hacia el mal:

* biología
* ejemplo del padre
* influencias culturales

Consideremos brevemente cada una.

Biología

Dos hijas nacieron en la familia de un amigo mío con diecinueve meses de diferencia. Ocho años después, mi amigo y su esposa dieron la bienvenida en su casa a un «hijo sorpresa». Estos padres están aprendiendo lo que innumerables otros han aprendido antes que ellos: los niños son *diferentes* de las niñas.

Su hijo, ahora de casi tres años de edad, tiene un motor que simplemente no se detiene. Nunca. Mi amigo dice que su hijo está perpetuamente a «cinco segundos de la destrucción».

El padre afirma: «No puedes literalmente quitarle los ojos de encima por más de cinco segundos, o se meterá en algo que no es seguro para él, separará algo que se supone que debe estar unido, romperá algo que no debe tocar, o amontonará algo que debe permanecer en el suelo. Es agotador».

Por el contrario, las hijas solían jugar solas en silencio durante largos períodos sin hacer explotar la cocina ni ver si al gato le gustaría ducharse. Criar hijas presenta diferentes retos que criar hijos (los años de la adolescencia acechan en el horizonte para mi amigo) y, puesto que este hombre nunca pensó que tendría un hijo, no puede afirmar que él y su esposa estuvieran totalmente preparados para el cambio. Leyeron acerca de las diferencias y hablaron con amigos a este respecto, pero es algo realmente muy distinto experimentar esos retos únicos.

Hace apenas dos décadas estaba de moda afirmar que la mayoría de las diferencias entre las niñas y los niños estaban en función de la cultura y la crianza, no de la biología. Hoy es difícil hacer tal afirmación, ya que muchos estudios han revelado cómo la fisiología masculina y femenina crea desde el principio importantes diferencias en el comportamiento.

En su libro *Raising Boys by Design* [Cómo criar hijos mediante diseño], el doctor Gregory Jantz describe decenas de diferencias clave entre los cerebros masculinos y femeninos que contribuyen a importantes diferencias conductuales entre los sexos.[1] En realidad, los investigadores ya han descubierto cerca de cien diferencias de género en el cerebro, todas las cuales contribuyen en alguna manera a las distintas

---

1. Gregory L. Jantz, «Brain Differences Between Genders», *Psychology Today*, 27 febrero 2014, https://www.psychologytoday.com/blog/hope-relationships/201402/brain-differences-between-genders.

formas en que los machos y las hembras tienden a interactuar con el mundo. Los científicos han dividido en cuatro categorías generales estas diversas diferencias: procesamiento, química, estructura y actividad. No podemos profundizar aquí, pero deseo que veas cómo la fisiología masculina contribuye a la percepción común de que las mujeres hablan más que los hombres (y quieren hacerlo).

Los cerebros de hombres y mujeres procesan el pensamiento en forma distinta. Todos los cerebros presentan dos tipos principales de tejido: la «materia gris» que procesa clases específicas de información y solicitudes de acción en centros altamente focalizados, y «materia blanca» que proporciona la red de conexiones cerebrales, permitiendo que sus diferentes partes se comuniquen entre sí. ¿Puedes imaginar qué clase de tejido tienden a usar más los cerebros de la mayoría de hombres? Si pensaste en la materia gris, ganas un premio. Los cerebros masculinos tienden a utilizar casi *siete* veces más la materia gris para la actividad, mientras los cerebros femeninos tienden a utilizar casi *diez* veces más la materia blanca. Esto significa que mientras la mayoría de hombres puede concentrarse fácilmente en las tareas, lo que a menudo lleva a una visión limitada («Una vez que están profundamente dedicados a una tarea o un juego, podrían no demostrar mucha sensibilidad hacia otras personas o su entorno», escribe el doctor Jantz),[2] por lo general las mujeres pueden hacer más rápidamente la transición entre tareas.

Aunque los cerebros masculinos y femeninos utilizan los mismos neuroquímicos básicos, difieren en cómo los emplean y en qué grado. Por ejemplo, los femeninos utilizan más serotonina, un neuroquímico que nos ayuda a permanecer quietos, y oxitocina que nos ayuda a establecer relaciones. Los cerebros masculinos utilizan más testosterona, una sustancia química que provoca más agresión.

Cuando pienso en esta diferencia fisiológica en relación con el hijo activo de mi amigo, preveo una trayectoria futura para él. Cuando este niño crezca tendrá que aprender a controlar su agresión, su tendencia a ser bullicioso, su impulso a interrumpir, a hablar por encima de los demás y a gritar. Después de años de escuchar: «¡No tan fuerte!», «Espera tu turno» y «Baja la voz, por favor», es posible que esté condicionado

---

2. Jantz, «Brain Differences Between Genders».

a pensar que sería más fácil guardar silencio. Me explico: si no puede hablar como quiere hacerlo de manera natural, ¿para qué hablar?

Seguidamente, las diferencias estructurales entre los cerebros de la mayoría de hombres y mujeres también llevan a diferencias en las maneras en que se comunican. A causa de tales diferencias, las mujeres tienden a «aportar o absorber más información sensorial y emotiva que los hombres», lo que significa que «suelen sentir mucho más lo que pasa alrededor de ellas a lo largo del día, y que retienen más esa información sensorial que los hombres».[3] Incluso antes de nacer,

> las mujeres son propensas a tener centros verbales en ambos lados del cerebro, mientras los hombres los tienen solo en el hemisferio izquierdo. Esta es una diferencia importante. Ellas suelen usar más palabras para analizar o describir incidencias, historias, personas, objetos, sentimientos o lugares. Los hombres no solo tienen menos centros verbales en general, sino que a menudo también tienen menos conectividad entre sus centros vocales y sus recuerdos o sentimientos. Cuando se trata de analizar sentimientos, emociones y sensaciones en conjunto, las mujeres suelen tener una ventaja y tienden a interesarse más en hablar de estas cosas.[4]

Por último, existe incluso una razón fisiológica de por qué las mujeres pasan más tiempo pensando en las emociones que los hombres (y, por tanto, expresándolas). Ellas, por lo general, tienen mayor flujo sanguíneo en sus cerebros debido a su mayor actividad de materia blanca, lo cual las lleva a pasar más tiempo recordando elementos de su memoria emotiva. Los cerebros masculinos suelen analizar un poco tales recuerdos, y luego pasan a la siguiente tarea.

La biología juega entonces un papel en por qué los hombres a menudo guardan silencio cuando en realidad necesitan hablar. Aunque la biología no proporciona excusas para negarse a hablar cuando se requiere («Oye, mis genes no me lo permiten»), sí ayuda a explicar algunos de los obstáculos que los hombres deben saltar a fin de convertirse en los esposos, padres, líderes y hombres de Dios que nuestro Señor los llama a ser.

---

3. Jantz, «Brain Differences Between Genders».
4. Jantz, «Brain Differences Between Genders».

Ejemplo del padre

Fui criado por una madre sola. Mi padre se divorció de ella cuando yo tenía siete años. Recuerdo la estricta disciplina de papá, pero no recuerdo haber tenido una sola conversación con él. Mi padre nunca se sentó a explicarme su disciplina o a ayudarme a entender por qué consideraba una clase de comportamiento mejor que otro. Simplemente, no tuve una figura paterna en mi vida, un hombre que yo pudiera utilizar como ejemplo para avanzar productivamente. Como resultado de no tener padre presente en mi casa pasé mucho tiempo con mi madre. Hasta el día de hoy, generalmente me es más fácil hablar con mujeres que con hombres, principalmente debido a mi crianza. A pesar de esto, hace mucho tiempo me comprometí a estar entre hombres y expresarles franca y sinceramente mis luchas. Me he tenido que esforzar, pero ha valido la pena cada pizca de esfuerzo extra.

Muchos individuos tienen padres en sus vidas por mucho más tiempo que yo, pero el ejemplo que algunos de estos papás dejaron no ayuda mucho. Los muchachos ven cómo sus padres gritan, amenazan e intimidan para salirse con la suya. Observan cómo sus papás se desconectan emocionalmente, abandonan debates importantes, e incluso suben a sus autos y recorren sitios desconocidos solo para no hablar de temas que encuentran amenazadores o desagradables.

Sea de manera consciente o no, advertimos, captamos y hasta imitamos comportamientos que vemos modelados frente a nosotros. Puede que ni siquiera nos guste un comportamiento, y hasta podríamos llegar a despreciarlo, pero los ejemplos con que crecemos suelen dar forma a nuestras propias acciones en un grado u otro. Si tuviste un padre que no hablaba mucho en casa, es probable que tiendas a ser un hombre de pocas palabras. Tendrás que esforzarte para superar este adiestramiento inicial a fin de convertirte en el hombre que Dios está llamándote a ser.

A mis veinte años, cuando llegué a la fe en Cristo, fui bendecido con un Padre celestial. ¡Desde ese momento he tenido que ponerme al día en un montón de cosas! Nunca he querido utilizar mi desgracia como excusa por mis deficiencias; al contrario, he procurado ver a Cristo como mi padre. Con los años he aprendido mucho de Él y de su pueblo. Otros hombres me han presentado modelos sobresalientes y positivos de lo que significa ser un esposo y padre eficaz y amoroso. Me han enseñado en innumerables maneras que lo que cambia las cosas no es la verdad que conozco, sino la verdad que obedezco.

Influencias culturales

Aunque la cultura tiende a cambiar y transformarse con el tiempo (un viajero en el tiempo de la década de los cincuenta difícilmente reconocería a los Estados Unidos de hoy), aún vivimos en una sociedad que en gran manera apoya al «tipo fuerte y silencioso».

Todos los héroes de acción de las historietas cómicas que han pasado de las páginas de los libros clásicos de historietas a las pantallas tridimensionales del Hollywood moderno, tienden primero a dar una paliza a los tipos malos y después a preguntar. Son expertos en puñetazos y disparos, y poco en conversación y debate, a menos que la conversación incluya muchos desprecios, insultos, maltratos verbales y burlas.

Los niños todavía crecen oyendo muchos dichos que en esencia comunican: «Deja la mayor parte de la conversación a las chicas». En una forma u otra siguen siendo los objetivos de mensajes tales como los siguientes:

- El llanto es para las chicas.
- Los hombres de verdad no desperdician sus palabras.
- Ármate de valor y calla.
- Un verdadero hombre no llama al plomero.

Las palabras de Michel de Montaigne, un ensayista y escéptico francés del siglo XVI, aún resuenan en gran parte de la cultura contemporánea: «Un buen matrimonio sería entre una esposa ciega y un marido sordo».

Desde luego, nuestra cultura envía a niños y hombres otros mensajes además de estos; pero es cierto que seguimos escuchando chistes, proverbios, dichos y declaraciones que de una manera u otra expresan: «Los hombres actúan, las mujeres hablan».

Estos tipos de elementos culturales que estimulan a los hombres a callarse o a hablar rudamente (elementos que en algunos casos indican que algo está mal con el individuo que desea realmente abrirse y hablar de aspectos importantes para sus amigos, seres amados o Dios) hacen más difícil para los seguidores de Cristo obedecer mandamientos bíblicos como: «Ninguna palabra corrompida salga de vuestra boca, sino la que sea buena para la necesaria edificación, a fin de dar gracia a los oyentes» (Efesios 4:29). Más difícil, sí, pero *no* imposible.

Una forma en que la cultura hace que sea difícil para los hombres cristianos honrar a Dios con su vida es que influye en nosotros de manera casi invisible. ¿Notan el agua los peces? Probablemente no, ya que nunca nadan en algo más que no sea esa materia húmeda. En un modo similar, nosotros «nadamos» en el contexto cultural de nuestra época, y a menudo lo aceptamos tan naturalmente como el aire que respiramos.

Esto ayuda a explicar por qué podemos examinar la historia y notar períodos y épocas en que los cristianos de esos días aceptaban como «normales» ciertas cosas que actualmente consideraríamos equivocadas y hasta viles. La esclavitud viene a la mente, al igual que la segregación racial. También vienen a la mente cuestiones menos importantes. Si tienes ya una cierta edad, probablemente podrás sacar un álbum de fotografías de hace dos décadas y verte vestido con un traje considerado elegante en ese tiempo pero que hoy día hace reír a carcajadas. Eso también se aplica a cortes de cabello, automóviles, atuendos de playa, etc. ¿Quién lo sabía en ese momento? Todos nadamos en esa cultura y todos bebimos el mismo refresco, así que difícilmente lo notamos en ese tiempo.

Si queremos convertirnos en hombres de influencia en este mundo y honrar a Dios con nuestra vida, *tenemos* que tener esto en cuenta. No podemos dejar sin expresar las palabras, las conversaciones y los debates que el Señor declara que *debemos* dar a conocer si queremos crecer en Cristo.

La única pregunta real es: ¿Quieres crecer en Jesucristo?

UN PROBLEMA ANTIGUO

No pretendo decir que los hombres que anhelen llevar vidas piadosas siempre encuentren fácil hablar cuando el momento y la situación lo requieran. Hasta los héroes más grandiosos en la Biblia tropezaron de vez en cuando (o incluso a menudo) en este aspecto. Pienso en grandes hombres que recibieron descripciones bíblicas tales como «amigo de

Dios», «un hombre conforme al corazón de Dios» y «los doce». Pero más de una vez cada uno de ellos dejó sin pronunciar cosas que debieron haber expresado... en su propio perjuicio y en perjuicio de amigos o familiares.

Abraham, «amigo de Dios» (Santiago 2:23; ver también Isaías 41:8), puso a muchas personas en peligro al negarse a hablar cuando más debió abrir la boca. Justo antes que él y su hermosa esposa Sarai viajaran a una nación pagana, la persuadió a que le dijera al rey que era su hermana, no su esposa. Abraham (llamado entonces Abram) temió que si el rey quería quedarse con Sarai y su belleza, simplemente podía decir a sus soldados: «Maten al esposo», y se habría casado con la adorable viuda. Sin embargo, al optar por guardar silencio en cuanto a la verdad, Abram puso en peligro no solo a su esposa sino a toda la corte real.

Dios mismo descubrió el engaño de Abram cuando se le apareció al rey en un sueño: «He aquí, muerto eres, a causa de la mujer que has tomado, la cual es casada con marido» (Génesis 20:3).

El aterrado rey protestó: «Señor, ¿matarás también al inocente? ¿No me dijo él: Mi hermana es?». El preocupado hombre explicó entonces: «Con sencillez de mi corazón y con limpieza de mis manos he hecho esto» (Génesis 20:4-5).

Después que Abram recibiera una reprimenda, la situación se resolvió pacíficamente; pero si él hubiera dicho la verdad, en primera instancia no habría ocurrido ningún incidente aterrador. ¿Y mencioné que esta fue la *segunda* vez que Abram hizo este engaño? Actuó así primero en Egipto (Génesis 12:11-20).

El rey David, «un varón conforme a su corazón [de Dios]» (1 Samuel 13:14; Hechos 13:22), evidentemente hizo un hábito de no hablar en su propia casa. Su fracaso como padre responsable por amonestar verbalmente a uno de sus apuestos hijos, Adonías, finalmente llevó a la muerte prematura del joven. Como preludio para describir la forma en que Adonías murió, la Biblia dice: «Su padre nunca le había entristecido en todos sus días con decirle: ¿Por qué haces así?» (1 Reyes 1:6).

¿Por qué David no reprendió a su hijo «en todos sus días»? Bueno, era un tipo ocupado. Tenía muchos hijos. Tenía deberes de la corte que atender, un embajador que recibir, batallas que ganar, soldados que inspeccionar, generales que instruir, palacios que construir, viajes que realizar, negociaciones que dirigir, ceremonias que llevar a cabo. Probablemente encargó a sus esposas y criadas los deberes de la crianza de los hijos. ¿Quién podría culparlo, verdad?

Sin embargo, 1 Reyes 1:6 indica tajantemente que David *pudo* haber participado y *debió* participar en la crianza de su hijo en una forma que hubiera puesto al jovencito en una senda positiva que lo llevara a una vida más larga, sana y significativa. Sí, Adonías cometió el pecado que lo llevó a su muerte; pero David nunca, en ningún momento, corrigió a su hijo, diciéndole con firmeza: «No, no puedes tener todo lo que ves. Debes comenzar a poner a otros por delante, especialmente siendo tú un príncipe».

Los discípulos de Jesús, «los doce», son famosos por permanecer callados cuando debían hablar. En un viaje en que todos pasaban por Galilea, Jesús les dijo a sus hombres: «El Hijo del Hombre será entregado en manos de hombres, y le matarán; pero después de muerto, resucitará al tercer día» (Marcos 9:31). Esta información no es trivial, pero los doce ni se dieron cuenta de ella. ¿Cómo respondieron? Al parecer no quisieron arriesgarse a la vergüenza o a una reprimenda por ser torpes de mente, porque la Biblia afirma: «Pero ellos no entendían esta palabra, y tenían miedo de preguntarle» (v. 32). En otras palabras, mantuvieron las bocas cerradas. Callaron cuando debieron haber hablado.

Poco después, el grupo llegó a Capernaum y empezó a instalarse en la casa que iba a servirles como base de operaciones. Jesús los miró y les preguntó: «¿Qué disputabais entre vosotros en el camino?» (v. 33). ¡Creyeron que Él no se había dado cuenta! La Biblia declara: «Ellos callaron; porque en el camino habían disputado entre sí, quién había de ser el mayor» (v. 34).

Silencio otra vez, ahora sin duda debido a sentimientos de culpa, humillación, vergüenza e impresión de haber sido descubiertos. ¡A los hombres generalmente no les gusta ser desenmascarados! Sin embargo, Jesús fue, y sigue siendo, un experto en revelar la verdad.

Nuestro Señor quiere que participes. Desea que hables. Quiere mover muchas de tus conversaciones de la categoría «no expresadas» a la categoría «expresadas». Además desea hacer esto no porque quiera hacerte sentir incómodo, sino porque esta es una de las mejores maneras que Él tiene para ayudarte a ser el hombre, el esposo, el padre y el líder espiritual maduro que sabe que realmente anhelas ser.

SOLO EL CIELO SABE

Solo el cielo revelará los problemas, los conflictos, los desengaños y las dificultades que han surgido como resultado de nuestra incapacidad o falta de voluntad para declarar lo que preferiríamos callar. Ante todo, el silencio obstinado y la persistente falta de comunicación dañan nuestra relación con Dios. La Biblia nos dice que el Señor del universo reflexiona en nuestro camino, busca nuestros corazones y ve nuestras sendas. Él quiere oír regularmente de nosotros, y también desea que nos comuniquemos regularmente con los otros seres humanos que formó a su imagen y que ha puesto en nuestro camino.

En segundo lugar, he descubierto que, cuando mi relación con Dios no está bien, esto afecta mi matrimonio, las relaciones con mis hijos, y hasta las relaciones con mis amigos y compañeros de trabajo. Pecado no solo es no dar la talla; es una infección que se extiende a todo aspecto de la vida. Aunque no siempre dejamos sin expresar cosas importantes a causa del pecado, ya que vivimos en un planeta caído y caminamos en cuerpos que desean hacer naturalmente lo que la carne ansía, cualquier descuido en pronunciar una palabra necesaria, independientemente de por qué nos quedamos callados, es caer en manos del enemigo. Así que una omisión inocente en hablar en el momento correcto puede llevar rápidamente a algo mucho menos inocente.

Sin duda, es por esto que la Palabra de Dios nos instruye: «Sobre toda cosa guardada, guarda tu corazón; porque de él mana la vida» (Proverbios 4:23). Otra versión establece: «Sobre todas las cosas cuida tu corazón, porque este determina el rumbo de tu vida» (NTV). Es decir, la condición de tu corazón determina qué pasará con tu vida, y existe una relación cercana entre tu corazón y tu boca.

Jesús resaltó esta relación cuando manifestó: «De la abundancia del corazón habla la boca» (Mateo 12:34), y «lo que sale de la boca, del corazón sale; y esto contamina al hombre» (Mateo 15:18). Esto debería comunicarnos que lo que hablamos, así como lo que dejamos de decir, revela mucho acerca de la condición de nuestro corazón. Y una vez más, si deseamos crecer como hombres dedicados a honrar y servir a Cristo, entonces no podemos darnos el lujo de descuidar nuestra «vida de palabras».

He caminado junto a miles de hombres en un ministerio pastoral que se ha extendido a lo largo de varias décadas, y he visto lo que sucede cuando los hombres ocultan sus verdaderos pensamientos y sentimientos, negándose a expresar lo que deben decir. Permanecen atrapados en esclavitud, a veces durante meses, años, e incluso vidas enteras. ¿Por qué ocurre esto? No tiene que ser así. La biología no tiene que alejarnos del destino que Dios nos ha marcado. Tampoco la cultura. Ni la historia familiar. No tenemos que permitir que *algo* obstaculice nuestro camino para convertirnos en los hombres que Dios tuvo en mente cuando nos creó, y eso incluye lo que pueden ser las dos fuerzas más grandes que suelen constituir el pegamento que nos cierra la boca. Consideremos a continuación la primera de esas dos fuerzas.

¡Ojalá los machos no sigan siendo tan silenciosos!

2

ROMPE LAS CADENAS
DEL TEMOR

Todo comenzó con una breve llamada telefónica. La mujer no había oído nada de esta amiga durante más de un cuarto de siglo y, aunque la llamada solo duraría unos minutos, le cambiaría radicalmente la vida y el matrimonio… tal vez mientras viviera. A pesar de que la imposibilidad total de hablar la desconcertó, muy pronto entendió la razón. La temblorosa voz al otro lado de la línea comenzó a revelar rápidamente una sórdida historia acerca de una relación ilícita que había ocurrido en secreto más de veinticinco años antes. La relación involucraba a su esposo… y al hijo de ahora veinticinco años de una amiga que guardó silencio por mucho tiempo. La pareja adúltera había logrado mantener oculto su secreto durante todos estos años. Pero cuando la amiga ya no pudo hacer frente a su pecado y engaño, buscó un consejero a quien le confesó la verdad. Finalmente se sintió obligada a revelar su secreto a la mujer fiel a quien había escondido las cosas por tanto tiempo.

¿Puede alguno de nosotros imaginar el horror de una revelación oculta por todo ese tiempo? ¡Traición con esteroides!

Si bien los escandalosos detalles de este relato difieren de las historias que tipifican la mayoría de nuestras vidas, el elemento de silencio no difiere. Con demasiada frecuencia el miedo nos hace guardar silencio cuando deberíamos hablar; nos impulsa a cerrar nuestra boca cuando deberíamos abrirla. Probablemente movemos la lengua tanto como cualquiera cuando debatimos quién tiene el mejor equipo en el fútbol universitario, o cuando elogiamos el nuevo bote de Andrés, o al sentarnos con algunos buenos amigos en una barbacoa. Pero cuando se trata de hablar de los temas importantes de la vida con las personas que más nos importan, solemos callar.

¿Por qué ocurre esto? ¿Por qué tantos hombres se resisten tan fuertemente a hablar de los mismos problemas que los mantienen escondiéndose? ¿Por qué parecemos tan reacios a contarles a otras personas verdades importantes de nosotros mismos? ¿Por qué insistimos en permanecer callados o reservados cuando deberíamos hablar?

En los muchos años de mi ministerio he visto incontables escenarios desgarradores parecidos al que acabo de narrar. Y la mayoría de las veces la misma razón explica el silencio: miedo.

¿QUÉ PASA SI SALE A RELUCIR LA VERDAD?

Un alto porcentaje de los hombres que sé que guardan silencio sobre cuestiones cruciales de sus vidas (asuntos que exigen realmente debate o incluso confesión) guardan silencio porque *temen las consecuencias de hablar*. Puede que ni siquiera admitan ante sí mismos por qué sellan sus labios, pero en algún grado saben *exactamente* por qué lo hacen.

Tienen miedo de que si admiten la verdad perderán algo valioso para ellos. Su temor adopta todo tipo de formas. Consideremos solo algunos de los temores que he visto que mantienen callados a los hombres:

- Pérdida de relación (esposa, amigos, familia, socios comerciales)
- Pérdida de posesiones (casa, auto, herencia)
- Pérdida de influencia
- Pérdida de comodidad
- Pérdida de reputación
- Pérdida de empleo
- Pérdida de poder
- Pérdida de control
- Pérdida de privilegios
- Pérdida de posición

La lista es interminable. Tememos la vergüenza de que la gente descubra la verdad. Tememos ser ridiculizados. Tememos las consecuencias económicas, o hasta el castigo. Cualquiera que sea el miedo, permitimos que este nos domine, y nos rendimos a sus airadas exigencias de que cerremos la boca.

Y entonces todos sufren, incluso los que más amamos.

ESTO NO ES NADA NUEVO

Desde luego, esta tendencia hacia el silencio no es nada nuevo. Cobró vida un nanosegundo después del pecado. Tan pronto como Adán dio un mordisco al fruto que Dios le había prohibido comer, entró en sigiloso ocultamiento.

Una vez que el Señor se presentó en el Edén al aire del día para su paseo habitual con los gobernantes humanos de su creación, Adán y Eva permanecieron escondidos y en silencio. Cuando finalmente Dios llamó a Adán: «¿Dónde estás tú?», escucha la respuesta del hombre: «Oí tu voz en el huerto, *y tuve miedo*» (Génesis 3:10).

¿De qué tuvo miedo Adán? De las consecuencias, sin duda; Dios le había dicho que a un solo mordisco del fruto prohibido le seguiría la muerte. Adán temió *perder*: perder privilegios, perder posición, perder relación, perder la vida.

Desde entonces nuestro pecado nos ha mantenido callados y escondidos.

Jacob, el nieto de Abraham, se metió una vez en una situación muy difícil con su deshonesto suegro Labán. Los temores de Jacob finalmente lo impulsaron a tomar a su familia y sus pertenencias en medio de la noche y huir sin decir una sola palabra. Cuando Labán se encontró con Jacob al día siguiente, así es como Jacob se explicó: «*Tuve miedo*» (Génesis 31:31).

¿Qué temió Jacob? Perder relaciones, perder riqueza, perder salud, perder posición.

Puedes contar al primer rey de Israel, Saúl, como otro hombre que permitió que sus profundas inseguridades lo obligaran a actuar de modo insensato, y luego a guardar silencio al respecto. Cuando el profeta Samuel confrontó al rey acerca de un pecado muy público, Saúl lo negó en primera instancia, luego lo admitió (más o menos) tratando al mismo tiempo de excusar su comportamiento. Admitió que había «quebrantado el mandamiento de Jehová», pero que en realidad no fue culpa suya. Pecó porque…

«*Temí al pueblo*» (1 Samuel 15:24).

¿Qué temió Saúl? Perder poder, perder privilegios, perder influencia, perder posición.

Dios sabe que todos los hombres luchamos con todo tipo de temores. También sabe que nuestros temores nos llevan a mantener cerrada la boca en el mismo instante que más debemos abrirla.

¿Qué clase de temores tienden a *convertirte* en un hombre silencioso?

¿Qué pasaría si tu esposa descubriera tu adicción a la pornografía?

¿Qué pasaría si se supiera tu hábito secreto de jugar?

¿Qué pasaría si la Oficina de Rentas Internas descubriera que mentiste en tu última declaración de impuestos?

¿Qué pasaría si tu jefe averiguara tu consumo de licor en el trabajo?

¿Qué pasaría si la familia de tu iglesia se enterara de tu temperamento explosivo?

No sé cuáles de esos temores podrían llevarte al silencio, pero sí sé con seguridad dos aspectos acerca de tu temor, cualquiera que pueda ser:

1. Crees que guardar silencio al respecto te protegerá.
2. Tu silencio finalmente *empeorará* tu problema.

CONSECUENCIAS DEL SECRETO

Una y otra vez, la Biblia trata con las consecuencias de llevar una vida de secretos. Proverbios 28:13 declara: «El que encubre sus pecados no prosperará; mas el que los confiesa y se aparta alcanzará misericordia». En este versículo, Salomón casi parece meditar en las palabras de su padre David, quien muchos años antes había escrito: «Mientras callé [mi pecado], se envejecieron mis huesos en mi gemir todo el día. Porque de día y de noche se agravó sobre mí tu mano; se volvió mi verdor en sequedades de verano» (Salmos 32:3-4).

Es evidente que si cometemos nuestro pecado en secreto, entonces el enemigo de nuestra alma se las arreglará para mantenernos en secreto. Él quiere que estemos escondidos, que guardemos silencio. Nos convence de que eso es lo mejor. ¿Por qué hacer zozobrar la barca?

Esta estrategia demoníaca parece funcionar por un tiempo. Nos sentimos aliviados mientras nadie sospeche nada. Mientras más se remonte al pasado el incidente indecoroso, más parece que estamos a salvo. En algún momento (pero no siempre), nuestros temores empiezan a disminuir. El problema es que tal estrategia siempre viene con una trampilla con resorte. Jesucristo nos advierte que la táctica no puede funcionar a largo plazo, porque Dios mismo un día hará saltar esa trampilla:

> Nada hay encubierto, que no haya de descubrirse; ni oculto, que no haya de saberse. Por tanto, todo lo que habéis dicho en tinieblas, a la luz se oirá; y lo que habéis hablado al oído en los aposentos, se proclamará en las azoteas (Lucas 12:2-3).

Un amigo mío me contó que durante sus años de infancia su madre tenía un versículo favorito que citaba siempre que sospechaba que él podría estar tramando algo: «Sabed que vuestro pecado os alcanzará» (Números 32:23). Dios nos da una oportunidad tras otra de limpiarnos, admitir la verdad, hablar y ya no permanecer callados. Si rehusamos, si permitimos que nuestros temores nos mantengan cerrada la boca, finalmente llegará el momento en que nuestro pecado nos alcanzará. A veces, incluso en este mundo, ese pecado se proclamará desde las azoteas.

Howard Manoian se convirtió en una celebridad local en un pueblo pequeño de Normandía cuando comenzó a describir sus hazañas bélicas en el Día-D durante la Segunda Guerra Mundial.[1] El hombre contó a todos los que escuchaban cómo los alemanes lo hirieron dos veces después de caer en paracaídas en Sainte-Mère-Eglise, una vez recibió un disparo de una ametralladora y otra de un avión Messerschmitt. Habló de haber saltado de aviones justo después de la medianoche, de impedir que los alemanes cruzaran un puente estratégicamente importante, así como de representar un papel importante en la infame Operación Market Garden (tema de la película *Un puente demasiado lejano*). Habló con orgullo de su famosa unidad, la compañía A del primer batallón del regimiento 505 de paracaidistas, división 82 aerotransportada.

Finalmente, Howard se retiró a Chef-du-Pont, donde los habitantes

---

1. Peter Allen y Chris Brooke, «"Band of Brothers" American World War Two hero exposed as a fraud», *Daily Mail*, 10 julio 2009, http://www.dailymail.co.uk/news/article-1198143/Band-Brothers-American-World-War-2-hero-exposed-fraud.html#ixzz4nDt91QTb.

lo honraron con una placa cerca de la entrada al museo del pueblo, dedicada a honrar a la división 82 aerotransportada. Más tarde, el gobierno francés le otorgó la condecoración más importante de la nación, la Legión de Honor. Manoian acudía regularmente a la taberna local, recordando sus hazañas de guerra. También vendía recuerdos de guerra en eventos locales, recibiendo la atención de los clientes con sus emocionantes historias.

Y luego vino la proclama desde las azoteas: todo era una mentira. Una investigación de registros militares reveló que aunque Manoian sí sirvió en Normandía, nunca fue paracaidista. No fue miembro de la división 82 aerotransportada. En realidad, se unió a la compañía 33 de descontaminación química en Florida en julio de 1943, que existía para descontaminar hombres y máquinas después de cualquier ataque químico. Sin embargo, los soldados de la compañía 33 no alcanzaron a servir en esa capacidad. Aunque llegaron a Utah Beach (por barco de suministros), salieron de la guerra en un vertedero de suministros al norte de Francia, dando duchas a soldados exhaustos. En 1945, Manoian regresó a casa en Massachusetts, donde se convirtió en oficial de policía.

Manoian sí resultó herido durante su temporada militar en el extranjero, pero no por balas alemanas. Una vez se rompió accidentalmente un dedo estando «en espera» en Inglaterra, y más tarde se lastimó la mano en otro accidente.

Las falsedades de Manoian salieron a la luz en el 2009, y rápidamente se extendieron por todo el mundo a través de historias en *The Boston Herald* y *The Daily Mail*. Francia le revocó rápidamente su condecoración de la Legión de Honor y retiró su nombre de los museos y registros oficiales. Manoian murió dos años después en un hospital de veteranos en Washington, DC, según parece sin admitir su engaño. Por todos los informes, se trataba de un gran tipo y maravilloso narrador de historias que quedó atrapado en su propio mundo falso.

Pregunto: ¿Te has sentido alguna vez atrapado en tu propio mundo falso?

¿Te has esforzado para que los demás crean una mentira acerca de ti, o has trabajado igualmente duro para evitar que salga alguna verdad poco halagadora respecto a ti? El Espíritu Santo de Dios te dice: «Es hora de decir la verdad».

UNA PROMESA LIBERADORA

Uno de mis libros favoritos del Nuevo Testamento es la primera carta de Juan. El apóstol escribió:

> Este es el mensaje que hemos oído de él, y os anunciamos: Dios es luz, y no hay ningunas tinieblas en él. Si decimos que tenemos comunión con él, y andamos en tinieblas, mentimos, y no practicamos la verdad; pero si andamos en luz, como él está en luz, tenemos comunión unos con otros, y la sangre de Jesucristo su Hijo nos limpia de todo pecado (1:5-7).

¡Qué liberadora verdad! ¡Qué promesa más alentadora! Cuando sacamos a la luz nuestro «secreto», nuestro querido Señor lo expone por lo que es. Al fin nos volvemos capaces de ver y admitir la fea verdad, pero eso rompe la esclavitud. Cuando sacamos ese secreto a la luz, el temor pierde su poder para mantenernos esclavos.

¿Tienes miedo de lo que los hombres puedan hacerte si les comunicas lo que no has dicho? De ser así, permíteme animarte a recordar lo que declara Proverbios 29:25: «El temor del hombre pondrá lazo; mas el que confía en Jehová será exaltado».

¿Temes transmitir algún mensaje que crees que el Señor quiere que hables? Si es así, entonces recuerda las palabras de Jesús al aterrado apóstol Pablo: «No temas, sino habla, y no calles; porque yo estoy contigo» (Hechos 18:9-10).

¿Has guardado silencio por mucho tiempo respecto a algún pecado en tu vida, sin revelarlo tal vez incluso durante décadas, porque temes las consecuencias de lo que podría suceder si rompes tu silencio? Entonces recuerda las palabras del Dios todopoderoso por medio del profeta Isaías:

> ¿De quién te asustaste y temiste, que has faltado a la fe, y no te has acordado de mí, ni te vino al pensamiento? ¿No he guardado silencio desde tiempos antiguos, y nunca me has temido? (Isaías 57:11).

Dios se da cuenta muy bien de que a veces actuamos en maneras falsas hacia Él y que no lo recordamos en parte porque sabemos que no suele juzgarnos de inmediato por nuestro pecado. Eso es lo que quiere decir cuando pregunta: «¿No he guardado silencio desde tiempos antiguos, y nunca me has temido?». Dios quiere que le temamos, pero no porque estemos asustados de Él. Fácilmente puede poner al descubierto nuestro pecado en el momento que lo cometemos, pero desea que andemos en justicia porque deseemos hacerlo, no porque temamos resultar sacudidos si no lo hacemos. Nuestro Padre celestial quiere hacernos como su Hijo Jesucristo, quien se deleita en hacer la voluntad de su Padre. Por eso es que frecuentemente nuestro Señor nos da tiempo para que decidamos limpiarnos.

¿Qué te impide limpiarte?

¿PUEDES REÍRTE DE TI MISMO?

A menudo he oído decir que alguien piensa menos en sí mismo cuanto más se acerca a Cristo. Puesto que conoce la verdad, a un hombre que crece espiritualmente le resulta cada vez más fácil reírse de sí mismo y más difícil tomarse demasiado en serio. Y esa verdad ya no lo atemoriza.

Una antigua historia cuenta cómo murió y fue al cielo el gran teólogo medieval Santo Tomás de Aquino, quien escribió un enorme libro de teología llamado *Summa Theologica*. Poco después de llegar le dijeron que el famoso libro que escribió no era más que pura «paja». ¿Sabes cómo reaccionó Aquino, según la historia? *Se rio.* Le pareció graciosa la evaluación porque sabía la verdad acerca de sí mismo.

Si es cierto que mientras una persona más se acerca a Jesucristo, menos piensa en sí misma, entonces tal vez lo contrario también sea cierto. Quizá mientras más nos alejamos de Dios, peor nos sentimos respecto a nosotros mismos y más creemos que sería una ofensa que alguien supiera nuestros secretos. Esa idea nos aterra, por lo que para mantener cierto sentido de «dignidad varonil» fabricamos con mucho cuidado una imagen falsa de nosotros mismos. Guardamos silencio porque *queremos* que los demás crean una mentira acerca de nosotros. *Queremos* que piensen que somos diferentes de lo que realmente somos.

Sé de un hombre joven como de veintitantos años que una vez le confesó a un amigo: «No quiero que nadie me conozca realmente».

Todos lo consideraban un tipo fabuloso y con talento, alguien a quien querrías en fiestas y en tu equipo de béisbol o baloncesto. El sujeto asistía con regularidad a la iglesia, participaba en una serie de grupos de estudio bíblico y ofrecía voluntariamente su tiempo para ayudar en varias causas. Pero, fiel a su propia palabra, no permitía que alguien se le acercara demasiado. Se asociaba con un grupo pequeño de «amigos cercanos» durante dos años, luego pasaba a otro grupo, después a otro, y entonces a otro más. Comenzó a salir cada vez menos y a beber cada vez más y más.

Hasta donde sé, su vida nunca «explotó», y no se convirtió en alcohólico, que yo sepa. Pero a medida que se hacía mayor, los límites de su vida se encogían. Luchaba con problemas de ira, se sentía confundido por eso, y se volvió cada vez más aislado y solitario. Finalmente consideró cambiar de lugar donde había vivido durante décadas y mudarse a su ciudad natal, esperando quizá encontrar algo de la camaradería y felicidad que recordaba de niño. Lo que realmente quería y extrañaba era una relación cercana con otras personas. Pero por supuesto que eso *no* viene sin la disposición de permitir que otros nos conozcan realmente. Este hombre nunca se alejó de su declaración tonta (y llena de miedo): «No quiero que nadie me conozca realmente». Y así, mientras más viejo se hacía, menos satisfecho estaba con su vida. Qué triste.

¿No se parece esto a ti? Si tienes un compromiso más fuerte con tu imagen que con la verdad, entonces esto muy bien podría parecerse *mucho* a ti. Si sigues negándote a hablar de ese pequeño y sucio secreto en tu vida, entonces puedes olvidarte de experimentar verdadera intimidad alguna vez. La oscuridad suele extenderse alrededor de pecados secretos, y la intimidad necesita luz para crecer.

UN MEJOR PATRÓN PARA SEGUIR

Si bien el patrón natural puede ser evitar la verdad y en su lugar crear una imagen falsa, Dios nos ofrece otra opción mucho mejor. Al mirar el Nuevo Testamento veo esta mejor opción ejemplificada clara y poderosamente en la vida del apóstol Pablo.

Cuando describimos hoy día a Pablo, a menudo usamos palabras como *grandioso, valiente, gigante* y *exitoso*. Por el contrario, él por lo general eligió una serie completamente distinta de palabras para describirse. Siempre he llamado a Pablo el mejor estadista misionero que haya vivido, aparte de Jesús. Sin embargo, echemos una mirada a la visión que Pablo tenía de sí mismo, como lo expresó a menudo en la Biblia:

- «Cristo Jesús vino al mundo para salvar a los pecadores, de los cuales yo soy el primero» (1 Timoteo 1:15).

- «A mí, que soy menos que el más pequeño de todos los santos, me fue dada esta gracia» (Efesios 3:8).

- «Yo soy el más pequeño de los apóstoles, que no soy digno de ser llamado apóstol, porque perseguí a la iglesia de Dios» (1 Corintios 15:9).

- «Nada soy» (2 Corintios 12:11).

Encuentro extraordinarias y casi sobrecogedoras estas descripciones personales. Pablo no tenía una mala imagen de sí mismo, como algunos hoy día podrían indicar. En la misma frase que escribió: «Nada soy», también pudo escribir: «Yo debía ser alabado por vosotros; porque en nada he sido menos que aquellos grandes apóstoles, aunque nada soy» (2 Corintios 12:11).

Pablo sabía quién era, y no tenía problemas en admitirlo. Era el apóstol que había tratado de destruir la iglesia. Era un misionero innovador y trotamundos que se consideraba el peor de los pecadores. Encuentro que este espíritu es cierto no solo en Pablo sino también en hombres piadosos que admiramos a lo largo de la historia. Pensemos en William Carey, conocido como el padre de las misiones modernas. En su septuagésimo cumpleaños, después de ayudar a traducir la Biblia a más de cuarenta idiomas, este hombre de Dios que nos dejó la famosa cita «Espera grandes cosas de Dios; intenta grandes cosas para Dios» usaba una sola palabra para describir su viaje cristiano: «Lucha».

En una carta a uno de sus hijos, William escribió:

> Cumplo este día setenta años de edad, un momento de misericordia y bondad divina, aunque en una revisión de mi nueva vida encuentro mucho, muchísimo, por lo que debería estar humillado en el polvo. Mis pecados directos

y positivos son incalculables, mi negligencia en la obra del
Señor ha sido grande, no he promovido su causa, no he
buscado su gloria y honra como debí haber hecho. A pesar
de todo esto, Dios me ha guardado hasta ahora y aún me
utiliza en su obra, y confío en que sea recibido en el favor
divino a través de Él.[2]

Los hombres como el apóstol Pablo y William Carey han aprendido
que el camino ascendente es el camino descendente. Cristo los levanta
cuando admiten que han caído.

¿Has aprendido este secreto? ¿Sueles tener la costumbre regular
de confesar tus pecados para que el Espíritu de Dios pueda romper el
poder de las tinieblas en tu vida? ¿O estás permitiendo que tu miedo
a ser «descubierto» te haga guardar silencio, te mantenga asustado y te
conserve en esclavitud? La Biblia nos instruye, nos insta y nos anima
a confesar nuestras malas acciones, cualesquiera que puedan ser. Santiago, el medio hermano de nuestro Señor, escribió: «Confesaos vuestras
ofensas unos a otros, y orad unos por otros, para que seáis sanados. La
oración eficaz del justo puede mucho» (Santiago 5:16).

No permitas que el miedo te convierta en cobarde. ¡Escoge la salud
y la libertad!

ES HORA DE DECIR LA VERDAD

A lo largo de los años me he sentido muy animado por muchos,
especialmente en el ministerio, que me han llamado para contarme
alguna victoria ganada en sus vidas como resultado de ser sinceros de
forma transparente.

Hace poco recibí una llamada de un pastor joven en Kentucky
que me contó respecto a las muchas luchas que había soportado como
resultado de tomar varias decisiones equivocadas. Después de haber
cometido estos pecados luchó por mucho tiempo con la idea de confe-
sarlos. Sentía tremendo miedo por las consecuencias que imaginaba que
seguirían a tal confesión, por lo que durante muchos años se resistió a
sincerarse y dar a conocer lo que había hecho.

2. Timothy George, *Faithful Witness: The Life and Mission of William Carey* (Christian History Institute, 1998).

Sin embargo, aquí es donde la historia se vuelve muy alentadora. Una vez que este joven tomó la valiente decisión de sacar a la luz sus pecados confesándoselos a su esposa, esencialmente contuvo la respiración. ¿Qué acontecería? ¿Sería golpeado con las consecuencias que más temía? Sin duda alguna su esposa se sintió herida por la fea revelación del hombre. También expresó abrumadora curiosidad en cuanto a por qué *razón* tomaría él tan insensatas decisiones. Pero al observar el quebranto auténtico de su esposo por este pecado y su disposición de ser transparente, ella rápidamente enterró los peores temores en él, e incluso le dijo que creía que su confesión les ayudaría a construir una senda maravillosa hacia una vida pletórica de intimidad auténtica.

«Confesarle a mi esposa fue lo mejor que hice —me informó—. Me sentí impresionado por la gracia que ella me mostró, pero aún más por el modo en que me amaba».

El enemigo quiere que creas que vivir una mentira es mejor que la verdad, pero Jesucristo insiste en que solamente la verdad tiene el poder de liberarnos. Este joven predicador está ahora prosperando, pese a que la Biblia nos enseña que la persona que encubre su pecado *no* prosperará. ¿Cómo entonces es posible eso?

Esto no es más que las buenas nuevas del evangelio. Todo pecado que *des*cubrimos, el Señor entonces lo cubre. Así lo promete en su Palabra: «El amor cubrirá multitud de pecados» (1 Pedro 4:8).

Al mismo tiempo debo decir que, cuando dejamos de tratar con nuestro pecado, esa demora puede dejar cicatrices, aunque tal pecado esté perdonado. La misma naturaleza del pecado es matar, y si no lo matas tú primero puede dejarte en medio de un cementerio lleno con una montaña de remordimientos. Mientras escribía este capítulo recibí en un mensaje de texto las siguientes palabras de un amigo:

Mis pensamientos me traen muchos recuerdos dolorosos de límites no establecidos, decisiones desatinadas y consecuencias dolorosas. Sé que Dios me ha perdonado, y que tú, junto con mi familia, han sido indulgentes y muy amables conmigo. Sé que no quiero que ningún hombre experimente dolor, angustia, relaciones destrozadas, tristeza profunda y remordimiento como he experimentado, y con lo cual aún trato a veces. Estoy con mi familia, pero sigo estando solo por dentro. Extraño tener una esposa, compañera, amante y amiga para disfrutar el viaje de la vida. Estoy tratando de ser buen padre, abuelo y amigo, y de ser receptivo para ayudar siempre que pueda.

Desde mi divorcio he pedido a otros que vuelen largas distancias para visitarme si quieren buscar consejo para sus propios matrimonios con problemas.

Agradecido y humilde de que Dios use a alguien que está tan destrozado y aún lastimado a veces.

¿Pudiera ser que nuestro Señor quisiera usar una breve mirada al interior de la historia de alguien para atraer nuestros corazones y hacer que meditemos… antes que nuestra propia historia aparezca en el libro de alguien más?

3

Orgullo: La senda definitiva hacia la autodestrucción

Un amigo mío insiste en que está loco. No está encerrado (todavía), y ninguna junta de revisión psiquiátrica está debatiendo si deben ponerlo bajo custodia estatal. La mayor parte del tiempo sigue con su vida como lo haría cualquier otro hombre en su sano juicio. Él trabaja duro, paga sus cuentas, lleva a su familia a la iglesia, asa cosas en la parrilla, hace ejercicio en el gimnasio y se lleva bien con sus vecinos.

Así es, hasta que se vuelve loco.

El hombre dice que esto suele ocurrir siempre que se le pierde el iPad, que no encuentra los controles remotos de la televisión o del reproductor de DVD, que se le pierden las llaves del auto o que algún artículo que necesita para trabajar ha desaparecido del lugar en que él *sabe* que lo dejó el día anterior. Su locura empieza típicamente con irritación, la cual rápidamente se convierte en una rabieta menor. Recorre furioso la casa resoplando, balbuceando y hablando solo mientras su enojo aumenta.

«¡Les *dije* que volvieran a ponerlo donde corresponde! —exclama—. Si no pueden cuidar de esto, de lo *mío*, no pueden usarlo en absoluto! ¡Voy a encerrarlo bajo llave o esconderlo donde solo *yo* pueda encontrarlo!».

Podrías pensar: *Johnny, eso no es locura. Es solo ira paternal. La vida familiar nos hace eso.* Aunque no discrepo contigo, tengo que decirte que aún no he empezado a describir la parte de la locura. Eso viene un poco más tarde.

Finalmente, mi amigo enfrenta a uno o más de los culpables. «¿Cuántas *veces* tengo que *decirles* que *vuelvan a poner mis cosas donde corresponde?* —cuestiona—. ¡Estoy *cansado* de andar buscando estas cosas por *toda* la casa! Si no pueden cuidar mis cosas, ¡ya no podrán usarlas más! ¿Ha quedado *claro?*».

La mayor parte del tiempo, sus humillados hijos y su preocupada esposa se ponen a buscar seriamente los objetos perdidos; pero lo triste es que ninguno recuerda dónde pudieron ir a parar. El hombre camina refunfuñando un poco más mientras ellos buscan en silencio debajo de almohadas y de montones de cartas, y detrás de abrigos y puertas. Entonces, generalmente a los pocos minutos, la locura explota.

Mi amigo mira en un lugar olvidado y encuentra sus artículos irreflexivamente relegados al abandono... justo donde *él* los puso. La discordante realidad regresa al instante a toda prisa. Sin embargo, ¿se lo dirá a su esposa? ¿Le pedirá perdón por acusarla injustamente? ¿Admitirá delante de sus hijos que el culpable fue él, y no ellos? Pues no *siempre*.

¿Tiene sentido eso? ¿Es cuerdo tal comportamiento... saber la verdad pero retener la información? ¿En especial cuando reconoces que esta escena exacta se desarrolla quizá 95 a 98% de las veces? ¿Y que esta misma locura no se presenta muy de vez en cuando, casi nunca, sino varias veces al año, quizá tan a menudo como una vez por mes?

¿Es eso *sensato?*

Si fueras este hombre, ¿no sería racional suponer que de alguna manera hubieras extraviado las llaves, o dejado tu iPad en un lugar inapropiado, o colocado los controles remotos en cualquier parte una vez que terminaste de ver tu partido? ¿Por qué suponer cada vez, sin falta, que alguien más se llevó los objetos, ya sea con malvada o al menos con desconsiderada intención?

Sin embargo, la locura empeora, y mucho. Este amigo admite que muy a menudo prefiere hacer creer una mentira a su familia que decirles la verdad. Prefiere que se vayan a dormir sintiéndose culpables por extraviarle las cosas que admitir que él fue la parte culpable. Bueno, sé que mi amigo ama a su familia. Sé que ama a Dios. Sé que ama tanto el evangelio como la verdad. ¿Por qué entonces este comportamiento insensato?

Y esto me hace preguntar: ¿Qué impulsa a tal individuo a tratar de no decir la verdad? ¿Qué lo mantiene callado cuando debería hablar? ¿Qué le impide admitir inmediatamente ante su esposa o sus hijos: «Ah, je, je, que *gracioso*, resulta que encontré mis llaves [iPad, controles remotos, artículos de trabajo] exactamente donde las dejé»? Creo que la respuesta se reduce a una palabra: Orgullo.

UNA COMPETENCIA QUE LOS HOMBRES NO SOPORTAN PERDER

Estoy convencido de que el orgullo es una de las fuerzas más poderosas que mantiene cerradas las bocas de hombres cristianos cuando estos hermanos deberían hablar. Su orgullo se interpone en el camino de la verdad, por lo que guardan silencio.

¿Por qué? Se sienten avergonzados. Se sienten ridículos. Se sienten perdedores, como si acabaran de perder una competencia muy pública. No quieren que se rían de ellos, que los miren y se burlen. Después de todo, son ganadores y quieren asegurarse de que todo el mundo los trate como tales.

A pesar de la verdad.

C. S. Lewis hizo alusión a esto hace mucho tiempo en su libro clásico *Cristianismo... ¡y nada más!*, donde llamó al orgullo «el completo estado de anti-Dios en la mente»,[1] y básicamente lo vio como competencia. Señaló que «el orgullo de cada quien está en competencia con el orgullo ajeno. Es porque deseábamos ser los más ruidosos en la fiesta que nos sentimos tan incómodos cuando otros son los que hacen el ruido».[2] Luego observó:

> El orgullo es esencialmente competencia. Lo es por su misma naturaleza, al paso que los demás vicios lo son sólo por accidente, por decirlo así. El orgulloso no se complace de tener algo sino de tener más que el otro. Decimos que hay quienes se sienten orgullosos de ser ricos, de ser inteligentes o de tener una buena figura, pero no es así. Están orgullosos de ser más ricos, más inteligentes o de mejor figura que los demás. Si

---

1. C. S. Lewis, *Cristianismo... ¡y nada más!* (Miami: Caribe, 1977), p. 123.
2. Ibíd.

cada quien llegara a ser igualmente rico, inteligente o de buena figura, no habría nada de qué estar orgulloso. Es la comparación la que nos hace orgullosos: el placer de estar por encima de los demás. Una vez que desaparece el elemento de competencia, el orgullo también desaparece.[3]

Es muy probable que esta desagradable realidad explique el origen de la locura de mi amigo. En esos momentos de demencia él se ve compitiendo con su esposa y sus hijos. Si ellos ganan, él pierde... por lo que si resulta que no gana, no quiere que *ellos* lo sepan. Podría incluso admitir su pequeño secreto ante un compañero de trabajo o un vecino amigo; pero ¿por qué? Porque ellos no son competidores, al menos en casa. Pero ¿admitir ante su esposa: «Cariño, lo siento, pero yo fui quien extravió mis llaves, no tú»? El sujeto siente repulsión de hacer tan clara declaración de derrota. Así que guarda silencio.

UNA IMAGEN BÍBLICA COMÚN

Vemos el mismo patrón a lo largo de las Escrituras. Por ejemplo, ¿qué supones que pasó por la mente de Adán después que él y Eva comieron del fruto prohibido, y luego Dios apareció en el huerto? Desde luego que Dios sabía lo que ellos habían hecho, y sin duda sabía dónde estaban. Pero los humanos plagados de culpa se escondieron del Señor y guardaron silencio.

Por eso Dios le preguntó a Adán: «¿Dónde estás tú?» (Génesis 3:9). Adán por fin rompió su silencio, pero lo hizo únicamente para lanzar a su esposa debajo del autobús (si hubiera habido autobuses en esos días). Adán razonó que si alguien había perdido, quería que fuera ella y no él. Por lo que le manifestó al Señor: «La mujer que me diste por compañera me dio del árbol, y yo comí» (Génesis 3:12). No es culpa mía, Señor. Cúlpala a ella.

¿Qué es eso, sino orgullo puro y simple? Orgullo espontáneo, escandaloso y feo. Al principio, el orgullo mantuvo a Adán en silencio, y luego el orgullo lo hizo convertir a su esposa en una perdedora peor que él. Esto de ninguna manera significó que él hubiera «ganado», pero al menos creyó que había evitado llegar en último lugar.

---

3. Ibíd., pp. 121-122.

¿Y el rey David? Dios mismo había dicho que este ex pastor era un «varón conforme a mi corazón» (Hechos 13:22). Y, sin embargo, David cometió los pecados tanto de adulterio como de asesinato. Luego guardó silencio durante todo un año sobre sus viles decisiones. El rey mismo admitió después delante de Dios: «Mientras callé, se envejecieron mis huesos en mi gemir todo el día. Porque de día y de noche se agravó sobre mí tu mano; se volvió mi verdor en sequedades de verano» (Salmos 32:3-4). No obstante, está claro que *nada* de eso motivó a David a abrir la boca y admitir su maldad: ni huesos en descomposición, ni gemidos veinticuatro horas diarias, ni una mano fulminante de juicio divino, ni debilidad física tan mala como de víctima de insolación. (Poco después llegaremos a lo que *lo* motivó).

¿Qué mantuvo a David tan callado por tanto tiempo? Pudo haber temido las consecuencias por sus acciones despreciables, pero sus palabras me llevan a creer que algo más le mantuvo la boca cerrada y el corazón endurecido. Una nota antigua describe a Salmos 51 como «Salmo de David, cuando después que se llegó a Betsabé, vino a él Natán el profeta». Aunque no debemos considerar estas notas históricas inspiradas como el texto bíblico mismo, tenemos buenas razones para creer la exactitud de esta descripción. Todo el salmo apela a la bondad, la misericordia y la compasión de Dios para limpiar la culpa de David una vez que confesó su pecado. Este habla del gozo que Dios restaura a un pecador arrepentido, y David le pide al Señor: «Abre mis labios, y publicará mi boca tu alabanza» (v. 15).

¿Qué mantuvo entonces sellados esos labios reales por tanto tiempo? David nos ofrece una gran clave cuando escribe: «Los sacrificios de Dios son el espíritu quebrantado; al corazón contrito y humillado no despreciarás tú, oh Dios» (v. 17). En este corto versículo, David usa los sinónimos *quebrantado* y *humillado*. Solo cuando el rey tuvo un espíritu «quebrantado» y un corazón contrito y «humillado» encontró perdón por su pecado y una senda segura hacia el gozo. Por tanto, la pregunta es: ¿Qué aspecto del espíritu y del corazón de David debía ser «quebrantado» y «humillado»?

Solo se puede romper lo que es duro e inflexible. Y *nada* endurece más el corazón y el espíritu humano que el orgullo. Por eso es que siglos después, cuando Nehemías estaba orando, utilizó las siguientes palabras para describir a sus antepasados pecadores e impenitentes: «Se llenaron de soberbia, y no oyeron tus mandamientos, sino que pecaron contra tus juicios... se rebelaron, endurecieron su cerviz, y no escucharon» (Nehemías 9:29). Una cerviz endurecida debe ser quebrantada. Un corazón duro debe ser destrozado. De lo contrario tapa los oídos e imposibilita que el arrepentimiento y la confesión echen raíces.

TRES SÍNTOMAS DE ORGULLO

La Biblia deja bien claro que el orgullo de un individuo le ocasiona varios inconvenientes. Echemos una breve mirada a algunos de los peores síntomas. ¡De ninguna manera lo siguiente presenta una lista exhaustiva! Pero espero que ayude a convencerte de lo serio que realmente es para cualquier hombre el problema del orgullo.

A pesar de que muchos versículos bíblicos describen cómo el orgullo humano lleva a jactarse, maldecir y mentir, deseo enfocarme aquí en cómo el orgullo también lleva a un silencio impío que termina destruyendo tanto a los hombres como a sus seres queridos. En mi propia experiencia probablemente diría que por cada jactancioso patán y bocón que he encontrado, he observado tal vez una decena de ególatras engreídos y con la boca cerrada. Ambos grupos tienen profundos problemas. Consideremos lo que Dios tiene que decir acerca de cómo el orgullo deforma el carácter de un hombre y, en última instancia, lo destruye. El orgullo impulsa al individuo a...

1. *Negarse a escuchar sabiduría o corrección*

Veamos cómo la Palabra de Dios contrasta el orgullo humano con la sabiduría divina, y cómo el orgullo hace que el hombre cierre sus oídos a lo que Dios dice: «El orgullo solo genera contiendas, pero la sabiduría está con quienes oyen consejos» (Proverbios 13:10, NVI). Los hombres del antiguo Israel lucharon continuamente por frenar su orgullo, y su fracaso en escuchar la corrección divina les costó caro:

> Escuchad y oíd; no os envanezcáis, pues Jehová ha hablado.
> Dad gloria a Jehová Dios vuestro, antes que haga venir tinieblas, y antes que vuestros pies tropiecen en montes de oscuridad, y esperéis luz, y os la vuelva en sombra de muerte y tinieblas. Mas si no oyereis esto, en secreto llorará mi alma

a causa de vuestra soberbia; y llorando amargamente se desharán mis ojos en lágrimas, porque el rebaño de Jehová fue hecho cautivo (Jeremías 13:15-17).

Les soportaste por muchos años, y les testificaste con tu Espíritu por medio de tus profetas, pero no escucharon; por lo cual los entregaste en mano de los pueblos de la tierra (Nehemías 9:30).

No quisieron escuchar, antes volvieron la espalda, y taparon sus oídos para no oír; y pusieron su corazón como diamante, para no oír la ley ni las palabras que Jehová de los ejércitos enviaba por su Espíritu, por medio de los profetas primeros; vino, por tanto, gran enojo de parte de Jehová de los ejércitos (Zacarías 7:11-12).

2. Negarse a someterse a la Palabra de Dios

El orgullo no solo cierra los oídos del individuo, sino que también le cierra el corazón. Un hombre orgulloso es como el rey Joacim, quien tenía escribas que le leyeron un rollo que Jeremías el profeta había escrito. Después que leyeron tres o cuatro planas, el rey usó un cortaplumas para cortar las palabras y arrojarlas atrevidamente al fuego (Jeremías 36:23). Fuimos creados para tener comunión con Dios, pero el orgullo hace que esa comunión sea imposible:

Volveos a mi reprensión; he aquí yo derramaré mi espíritu sobre vosotros, y os haré saber mis palabras. Por cuanto llamé, y no quisisteis oír, extendí mi mano, y no hubo quien atendiese, sino que desechasteis todo consejo mío y mi reprensión no quisisteis, también yo me reiré en vuestra calamidad, y me burlaré cuando os viniere lo que teméis; cuando viniere como una destrucción lo que teméis, y vuestra calamidad llegare como un torbellino; cuando sobre vosotros viniere tribulación y angustia (Proverbios 1:23-27).

Jehová el Dios de sus padres envió constantemente palabra a ellos por medio de sus mensajeros, porque él tenía misericordia de su pueblo y de su habitación. Mas ellos hacían escarnio de los mensajeros de Dios, y menospreciaban sus palabras, burlándose de sus profetas, hasta que subió la ira de Jehová contra su pueblo, y no hubo ya remedio (2 Crónicas 36:15-16).

3. Negarse a admitir el pecado

El orgullo no solo detiene los oídos del individuo y le obstruye el corazón, sino que también le cierra la boca. Un hombre orgulloso se niega a admitir su maldad. «Lo oíste, y lo viste todo —le dijo el Señor a su obstinado pueblo en Judá—, ¿y no lo anunciaréis vosotros?» (Isaías 48:6). Un contemporáneo de Isaías, Oseas, tuvo un mensaje similar para el pueblo de Dios en el reino del norte: «Yo seré como león a Efraín, y como cachorro de león a la casa de Judá; yo, yo arrebataré, y me iré; tomaré, y no habrá quien liberte. Andaré y volveré a mi lugar, hasta que reconozcan su pecado» (Oseas 5:14-15).

ORGULLO SIGNIFICA OPOSICIÓN A DIOS

El orgullo es catastrófico para todo hombre porque se opone absolutamente a la gracia, y por ende al mismo Dios. La Biblia está llena de textos como este: «El temor de Jehová es aborrecer el mal; la soberbia y la arrogancia, el mal camino, y la boca perversa, aborrezco» (Proverbios 8:13). Por definición, los orgullosos y arrogantes no pueden temer al Señor. Es imposible. Los hombres orgullosos pueden ser muy religiosos, pero no pueden ser piadosos.

Proverbios 16:5 advierte: «Abominación es a Jehová todo altivo de corazón; ciertamente no quedará impune». Y si eso no te parece lo bastante fuerte, escucha solo dos más de estos versículos:

> ¿A quién vituperaste, y a quién blasfemaste? ¿Contra quién has alzado tu voz, y levantado tus ojos en alto? Contra el Santo de Israel (Isaías 37:23).

> Dios resiste a los soberbios, y da gracia a los humildes (Santiago 4:6).

¿Por qué se opone Dios a los orgullosos? Los soberbios odian la verdad y se apartan de ella; guardan silencio y se alejan. Por el contrario, los humildes aman la verdad, a pesar de cualquier cosa desagradable (pero precisa) que puedan decirles acerca de sí mismos. Por eso Pedro escribió: «Revístanse todos de humildad en su trato mutuo, porque "Dios se opone a los orgullosos, pero da gracia a los humildes"» (1 Pedro 5:5, NVI).

Lo peor acerca del orgullo es que te pone en desacuerdo con Dios. C. S. Lewis explicó:

> En Dios hallamos a alguien que en todos [los] sentidos es inconmensurablemente superior a nosotros. A menos que reconozcamos que Dios es así y que, por lo tanto, reconozcamos que no somos nada en comparación con Él, no conocemos a Dios. Mientras seamos orgullosos no podemos conocer a Dios. El orgulloso siempre se cree por encima de los demás; y, claro, mientras estemos mirando hacia abajo no podemos ver lo que hay por encima de nosotros.[4]

Dios detesta el orgullo de un hombre porque separa a este de Él mismo. Un hombre orgulloso, sea jactancioso o callado, se enfoca tanto en sí mismo que no puede centrarse en alguien más. Escucha una vez más a Lewis:

> No hemos de pensar que Dios prohíbe el orgullo porque con él se ofende, ni que la humildad que Él demanda se deba a su propia dignidad, como si Dios mismo fuera orgulloso. Él no se preocupa en lo más mínimo por su dignidad. La cuestión es que Él quiere que nosotros lo conozcamos: desea dársenos. Y tanto Él como nosotros somos de tal naturaleza, que si en realidad deseamos entrar en alguna clase de relación con Él, seremos humildes, deliciosamente humildes, y sentiremos el alivio infinito de habernos librado de una vez por todas de la insensatez tonta en cuanto a nuestra propia dignidad que nos convierte para toda la vida en seres desasosegados e infelices. Dios está tratando de hacernos humildes para que tal momento sea posible, de despojarnos del tonto y feo disfraz con el que nos hemos vestido y con el cual nos hemos pavoneado, como los pequeños idiotas que

---

4. Ibíd., p. 125.

somos… Estar a un paso de [la humildad], así sea solo por un momento, es como un trago de agua fría en un desierto.[5]

Sin embargo, ¿cómo consigues en un desierto un trago de agua fría para un hombre? No es fácil. A menudo no puedes confrontar directamente a un individuo orgulloso porque la confrontación directa solo le aviva el orgullo, haciéndole más difícil llegar al lugar en que debe estar. En otras palabras, darle más información por lo general no es la solución. ¿Cómo quebrantar entonces el orgullo y suavizar el corazón del hombre?

CÓMO LIBERAR A UN HOMBRE PIADOSO ATRAPADO POR EL ORGULLO

Una buena opción es imitar las estrategias de Dios cuando obra en la vida de un hombre para quebrantar el orgullo y llevarlo de vuelta a un lugar saludable de comunión humilde. Entonces, ¿qué hace Dios? Una de sus principales estrategias implica comunicación *indirecta*: no confrontar directamente el problema, sino a través de una puerta lateral, por así decirlo.

Gran parte del tiempo, un hombre orgulloso no sufre de falta de información, sino de intensa resistencia personal a la información que ya tiene. En tales casos, el Señor idea a menudo un enfoque indirecto que podría tardar más tiempo que un ataque directo, pero que produce mucho más fruto. Esto es lo que Dios hizo con David después que el rey cometió adulterio con Betsabé y dispuso la muerte de Urías, el esposo de ella.

Un enfoque directo podría sugerir: «¡Ataca enérgicamente al rey! Dile que pecó y exige que se arrepienta en público. Amenázalo con retribución divina. ¡Achichárralo para bien!». Sin embargo, eso no es lo que hizo Dios.

En realidad, el Señor guio al profeta Natán a un enfoque mucho más indirecto (puedes leerlo en 2 Samuel 12). Natán le contó al rey una historia sobre un magnate rico que había robado algo de valor a un hombre pobre solo porque el tipo rico no quiso echar mano de sus propios recursos. La historia conmocionó y enfureció a David; entonces

---

5. Ibíd., p. 128.

Natán tranquilamente le dijo al rey: «Tú eres aquel hombre». El profeta utilizó una historia acerca de otro hombre para inducir al rey culpable y orgulloso a conectarse otra vez con su lado bueno y que así finalmente confesara sus acciones despreciables. La elaboración y narración de una historia, un método indirecto, produjo directamente arrepentimiento y restauración en David.

¿Qué pudo haber ocurrido si Natán hubiera intentado un enfoque más directo? Quizá el profeta recordó la cabeza decapitada de Goliat y optó por otra estrategia.

Desde luego, una estrategia indirecta suele necesitar mucha más atención y planificación que la comunicación más directa. ¿Será tal vez por esto que no tomamos esa senda más a menudo? No obstante, si conoces a un hombre cristiano consumido por el orgullo, un individuo consciente de la realidad pero que ha permitido que la soberbia lo controle, entonces quizá sea hora de que pienses en usar un enfoque indirecto para ayudarle a conectarse de nuevo con la verdad y con Dios.

Paso a esbozar cinco enfoques indirectos que vemos usados repetidas veces en la Biblia:

1. Narración de historias para superar las defensas y relacionarse emocionalmente con el oyente.

Aunque el relato de David y Natán podría ser el clásico en esta categoría, el mismo enfoque aparece a lo largo de ambos testamentos. Pienso al instante en Jesús y su frecuente uso de parábolas (historias cortas). Él explicó a sus discípulos que hablaba a las multitudes

por parábolas: porque viendo no ven, y oyendo no oyen, ni entienden. De manera que se cumple en ellos la profecía de Isaías, que dijo: De oído oiréis, y no entenderéis; y viendo veréis, y no percibiréis. Porque el corazón de este pueblo se ha engrosado, y con los oídos oyen pesadamente, y han cerrado sus ojos; para que no vean con los ojos, y oigan con los oídos, y con el corazón entiendan, y se conviertan, y yo los sane (Mateo 13:13-15).

El orgullo adormece el corazón del individuo y le cierra los oídos. A veces una historia bien elaborada puede horadar ese orgullo y llevar a la sanidad.

2. Hacer preguntas para atraer la curiosidad del individuo.

¿Has considerado alguna vez cuán a menudo Dios y sus siervos hacen preguntas en la Biblia? Desde el primero hasta el último libro surgen preguntas, no tanto para obtener información sino para lograr que la audiencia considere de otra manera su situación (a veces sombría) y sus decisiones (a menudo malas). Las preguntas tienen el poder de perforar la armadura defensiva del individuo en una forma que las declaraciones expresivas no pueden lograr.

3. Encubrimiento declarado.

Me he preguntado si una de las estrategias más importantes pero menos imitadas de Jesús se encuentra en esta reveladora admisión: «Aún tengo muchas cosas que deciros, pero ahora no las podéis sobrellevar» (Juan 16:12). Jesús no vio sentido en inundar a su audiencia con información. Dio a sus hombres lo que sabía que podían manejar... y se detuvo. Al mismo tiempo les dijo que averiguarían más en el futuro, en algún momento desconocido, una vez que tuvieran la capacidad para procesarlo. Esta estrategia pone un misterio en la mente del hombre que a veces produce fruto posterior. *¿A qué se refería cuando declaró que no podía decírmelo ahora? ¿Por qué no puedo sobrellevarlo? ¿Qué tiene Él para decirme que desea contármelo más tarde?*

4. Uso de lenguaje y acciones figuradas.

Quizá el campeón del Antiguo Testamento en esta categoría es Ezequiel, quien actuó en muchas formas simbólicas y hasta extrañas para tratar de captar la atención de sus orgullosos e impenitentes compatriotas. Cavó a través de un muro en Jerusalén para simbolizar el desastre que se avecinaba. Sitió una ciudad modelo durante más de un año para simbolizar una invasión venidera. Empacó sus pertenencias y se mudó a otro sitio para representar el exilio futuro. Utilizó un lenguaje descabellado y poco convencional para atraer la atención de sus compañeros hebreos y tratar de motivarlos a cambiar sus caminos. Un versículo capta la esencia de esta estrategia: «Tal vez atienden, porque son casa rebelde» (Ezequiel 12:3). En el Nuevo Testamento pienso inmediatamente en las sugestivas palabras pronunciadas por Jesús («come mi carne... bebe mi sangre» [ver Juan 6:51-55]) y en el extraño episodio con Pedro en que participaron sábanas, animales inmundos y una orden extraña (ver Hechos 10). A veces se necesitan acciones misteriosas y lenguaje disimulado, es decir, asuntos poco convencionales para ayudar a un individuo a «entender» su situación. Si primero no captas su atención (e imaginación), ¿cómo entonces vas a ayudarlo a que reconsidere seriamente su actual trayectoria de vida?

5. Hacer que escuche una conversación.
En ocasiones, un hombre debe oír palabras destinadas realmente para otro. Supón que un padre muy ocupado llega temprano un día a casa y escucha a sus hijas pequeñas jugando en otra habitación.

—Yo seré la mamá —expresa una a la otra—, y tú serás el papá.

Después de una pausa, el padre escucha la respuesta de su hija menor.

—No, no quiero ser el papá. Los papás nunca están en casa. Más bien quiero ser el tío Jaime.

¿Crees que escuchar esa conversación tendría más efecto en el hombre que si su esposa le dijera francamente: «Debes pasar más tiempo con tus hijas»? Dios entiende esta estrategia y la utiliza, ¿por qué entonces no usarla nosotros?

Pienso en el atemorizado Gedeón antes de guiar a los israelitas contra un enemigo muy superior. Dios le dijo que iba a triunfar, pero Gedeón aún titubeaba. Por eso el Señor dispuso que el hombre oyera una conversación entre dos de los enemigos. Dios le manifestó a Gedeón: «Si tienes temor de descender, baja tú con Fura tu criado al campamento, y oirás lo que hablan; y entonces tus manos se esforzarán, y descenderás al campamento» (Jueces 7:10-11). Esto fue lo que hizo. Y escuchó que un soldado enemigo le decía a otro: «He aquí yo soñé un sueño: Veía un pan de cebada que rodaba hasta el campamento de Madián, y llegó a la tienda, y la golpeó de tal manera que cayó, y la trastornó de arriba abajo, y la tienda cayó». Entonces el compañero contestó: «Esto no es otra cosa sino la espada de Gedeón hijo de Joás, varón de Israel. Dios ha entregado en sus manos a los madianitas con todo el campamento» (vv. 13-14).

A veces un hombre orgulloso en tu vida debe escuchar una conversación destinada a otra persona. Esa puede ser la llave que abra una puerta obstinada.

Debemos tener al menos tres cosas en mente siempre que utilicemos una estrategia de comunicación indirecta. Primero, darnos cuenta de que se necesita tiempo. Los resultados no siempre vienen al instante, de la noche a la mañana. En ocasiones, tarda tiempo que el mensaje se asimile y tenga efecto positivo. Y, a veces, el hombre aún no está preparado para esto; podrían pasar meses hasta que llegue el momento apropiado. Segundo, esta estrategia no ofrece garantía de que funcione. En la época de Ezequiel fue Dios mismo quien expresó: «*Tal vez* atienden». Algunos hombres lo harán, otros no. Pero más individuos podrían entender mediante un método indirecto que por medio de una confrontación directa. Tercero, no puedes acercarte con un garrote a un hombre orgulloso. Debes hacerlo con humildad, renunciando a tus reclamos, sin hacer caso a tu posible apariencia débil o tu falta de estima pública. *Tú* no puedes ser el mensaje. Solo eres el mensajero.

EN LA SENDA DE LA SANIDAD

¿Recuerdas a mi amigo con el caso intermitente de locura? Me alegra decir que está recuperándose. Todavía no está curado, pero está en camino. ¿Sabes qué lo puso en una senda de mayor sanidad? Una historia.

Un día mi amigo oyó hablar del líder de un ministerio que hizo una evaluación completa de su liderazgo. Cuando recibió de nuevo las valoraciones anónimas de su estilo de administración, leyó una y otra vez acerca de un hombre autoritario que fanfarroneaba y acosaba a sus subordinados con el fin de salirse con la suya. Leyó de un aspirante a rey que siempre creía que todos los problemas en la organización podrían rastrearse hacia otras personas, nunca hacia sí mismo. Y en la siguiente reunión del grupo de liderazgo de su organización se puso de pie, arrojó sobre la mesa el documento de evaluación, y declaró: «Este no soy yo. Fin de la historia». Y siguió siendo el fanfarrón autoritario que siempre había sido.

Mi amigo no quería convertirse en ese ostentoso. Así que admitió su orgullo y arrogancia ante su esposa y sus hijos, se arrepintió, y decidió tomar un sendero distinto. ¡Ah!, todavía pierde llaves, controles remotos, el iPad y artículos de oficina. Aún es rápido para suponer que alguien en casa ha extraviado todo eso, pero luego se controla, recuerda la historia y se tranquiliza. De vez en cuando alguien que no es mi amigo es quien *realmente* ha extraviado los objetos perdidos. Pero ha disminuido la cantidad de veces que él corre alrededor acusando a otros de robo y amenazando con esconder sus tesoros. En estos días la paz reina bajo su techo mucho más que antes.

Y la paz conforma un hogar *mucho* más agradable que el orgullo.

PARTE 2:

Cómo nos mata
el silencio

4

Surcos en el cerebro

En octubre de 2015, la revista *Cosmopolitan* publicó un artículo titulado «Ocho razones por las que ver pornografía no te convierte en tramposo». El artículo intentaba hacer que los lectores se sintieran bien en cuanto a ver pornografía, casi ridiculizando a cualquiera que se opusiera. Más de una década antes, la fenomenalmente popular serie de televisión *Friends* (todavía con amplia difusión) hizo una broma continua del uso habitual de pornografía por parte de los principales personajes masculinos del programa. La comedia, clasificada en el número 21 entre los «Cincuenta mejores programas de todos los tiempos» de *TV Guide*, casualmente presentaba la pornografía como algo divertido, inofensivo y completamente normal. Nadie se sonrojó con la obsesión de Joey o Chandler por ver pornografía. Era simplemente algo más de qué hablar y reír.

Aunque las estadísticas nos dicen que gran porcentaje de cristianos han creído las mentiras del artículo de *Cosmo* y la rutina cómica de *Friends* (básicamente consumen pornografía en las mismas proporciones y niveles que los no cristianos), estos creyentes *sí* se sonrojan. Sienten vergüenza de sus hábitos personales y, por tanto, no hablan al respecto. Guardan silencio acerca de su pequeño y sucio secreto, por lo que lo mantienen bajo tierra.

Sin embargo, esto no puede evitar que arruinen sus vidas.

REALIDADES DE LA PORNOGRAFÍA

¿Sabías que los sitios porno reciben más visitas de manera regular que Netflix, Amazon y Twitter juntos? Cerca del 35% de todas las descargas de la Internet, más de una de cada tres, están relacionadas con pornografía. Cerca de 34% de usuarios de la Internet han sido expuestos a pornografía no deseada por medio de anuncios y ventanas emergentes. Unos 2.500 millones de correos electrónicos cada día contienen pornografía.[1] El rol femenino más común en la pornografía es de mujeres de veintitantos años que representan a adolescentes. La pornografía infantil es uno de los negocios en línea de mayor crecimiento en el mundo; resulta ser una industria de 3.000 millones de dólares al año.[2] En promedio, los hombres son expuestos a la pornografía durante la adolescencia. Las estadísticas varían de estudio en estudio, pero la edad va de 8 a 13 años. Tal vez un hermano mayor pone porno en su teléfono inteligente, y sin saberlo su hermano menor abre el navegador solo para encontrar *eso*. Mi primo me introdujo en la pornografía cuando yo tenía 12 años.

Como pastor de una iglesia grande he tenido decenas de miles de seguidores en Twitter, Facebook e Instagram. No sé exactamente cuántos seguidores tengo y no reviso lo que hacen. Pero mi personal de seguridad sí lo hace y un día me llamaron.

—Tienes que entrar a tu sitio y bloquear a algunos seguidores —me dijeron.

—¿Por qué? —pregunté.

—Algunas personas pornográficas te están siguiendo —informaron.

Pensé: *Bueno, gloria a Dios. Me alegra que estén siguiéndome, porque van a estar leyendo todos mis devocionales del evangelio.* Pero después que hice mi investigación, debí hacerme una pregunta: ¿*Por qué* están siguiéndome? En realidad, esperaban que yo lo averiguara y *los* siguiera. Les bloqueé el acceso.

No me acuerdo de las palabras exactas, pero recuerdo a Adrián Rogers diciendo algo en este sentido: «Si pones en marcha la televisión, y está en un canal malo en que hay una mujer desnuda, el hombre promedio, aunque esté lleno del Espíritu Santo de Dios, necesitará todo el

1. «Internet pornography by the numbers; a significant threat to society», Webroot, https://www.webroot.com/us/en/home/resources/tips/digital-family-life/internet-pornography -by-the-numbers.
2. Mary L. Pulido, «Child Pornography: Basic Facts About a Horrific Crime», Huffpost, 23 enero 2014, http://www.huffingtonpost.com/mary-l-pulido-phd/child-pornography -basic-f_b_4094430.html.

Espíritu Santo de Dios en él para cambiar el canal». Y la televisión no es el único problema. Hoy día los teléfonos inteligentes tienen acceso a muchos millones de imágenes pornográficas... ¡con solo hacer un clic! Seamos sinceros: fuimos formados de ese modo. Dios nos creó con nuestra sexualidad. La creó para bien, para placer, para procreación, pero *debemos* aprender a manejarla.

Estadísticamente no hay diferencia entre creyentes e incrédulos en la frecuencia en que ambos grupos ven pornografía. En 2015, un artículo llevaba el título «Según encuesta, el uso de pornografía entre cristianos que se identifican como tales refleja en gran medida el promedio nacional».[3] La encuesta reveló que el 67% de los hombres entre los treinta y uno y los cuarenta y nueve años ven pornografía mensualmente, así como el 49% de los hombres de cincuenta a sesenta y ocho años de edad.

Incluso pastores luchan. Según el Grupo Barna, el 57% de los pastores admitieron usar pornografía, y el 64% de los pastores de jóvenes.[4] ¿Conoces una de las principales razones de que las agencias misioneras no puedan enviar al extranjero a posibles reclutas? Adicción a la pornografía.

La pregunta ya no es: ¿Has visto pornografía?, sino más bien: ¿Has superado tu problema con la pornografía?

EFECTOS DE LA PORNOGRAFÍA

La aleccionadora verdad es que harás aquello que pones en tu mente, y con el tiempo te convertirás en eso. En 2 Corintios 3:18 dice que, cuando amas a Jesucristo y a la familia de Dios y deseas crecer en madurez espiritual, te vuelves más como Cristo. De igual manera (pero de forma opuesta), cuando pasas horas en la Internet dedicadas a la pornografía, te vuelves más como las obscenidades que observas.

La pornografía te erosiona la confianza y autoestima... te hace

3. Penny Starr, «Pornography Use Among Self-Identified Christians Largely Mirrors National Average, Survey Finds», CNS News, 27 agosto 2015, https://www.cnsnews.com/news/article/penny-starr/pornography-use-among-self-identified-Cristianos-largely-mirrors-national.
4. Morgan Lee, «Here's How 770 Pastors Describe Their Struggle with Porn», *Christianity Today*, 26 enero 2016, http://www.Christianitytoday.com/news/2016/january/how-pastors-struggle-porn-phenomenon-josh-mcdowell-barna.html.

sentir solo. Puedes sobresalir en una multitud, incluso puedes ser extrovertido, pero en lo profundo de tu corazón te sientes desesperadamente solo.

Una adicción a la pornografía hace que sientas vergüenza y autocondenación. Hace que te escondas. El enemigo te mentirá, y te encontrarás afirmando cada una de las mentiras. La pornografía también obstaculiza tu crecimiento emocional y espiritual. Te mantiene inmaduro al crear un egocentrismo radical. Vivimos en una época que nos estimula a hacer lo que nos viene a la mente, es decir, lo que deseemos hacer. Todo es acerca del *yo*. Vivimos en la cultura más egocéntrica que jamás haya azotado el planeta. Solo importa lo que queremos, lo que creemos que necesitamos. Preguntamos: «¿Qué está bien para *mí*?».

Por tanto, una adicción a la pornografía provoca inmadurez emocional y relacional... dejas de crecer en relaciones. La visión poco sana que la pornografía muestra del sexo te dará una visión egocéntrica y gratificante de *todas* las relaciones, incluido el matrimonio. Te encontrarás incapaz de satisfacer a la compañera que Dios trajo a tu vida. Peor aún, tal vez quieras que tu esposa actúe y esté a la altura de lo que has absorbido en la Internet. También sentirás una tentación continua y fuerte de ir aún más lejos, lo cual finalmente te llevará a la agresión sexual. Es solo cuestión de tiempo.

Todo esto conduce a una marcha larga y firme en la dirección incorrecta. No es más que engaño anticuado que crece en secreto. Una adicción a la pornografía prospera en la oscuridad, y esa oscuridad tiene su vista puesta en los que han sido llamados a vivir en la luz.

OBJETIVO: COMUNIDADES CRISTIANAS

La industria pornográfica sabe que no puede sobrevivir a menos que más usuarios se vuelvan adictos al material que ofrece. La búsqueda de nuevos usuarios está muy extendida, e incluso se dirige a cristianos, no solo para ganar nuevos clientes sino para silenciar las críticas a esta industria. Sabe que los cristianos que ven pornografía no son muy propensos a hablar contra ella; aunque la vergüenza que viene de ver pornografía es grande, la vergüenza de la hipocresía también lo es. Los pornógrafos quieren algo más que tu dinero; quieren tu lealtad, tanto en cuerpo como en alma. Y si te llamas cristiano evangélico, te han marcado un gran blanco en la espalda.

LA CIENCIA DE LOS SURCOS CEREBRALES

En un artículo titulado «Por qué el 68% de los hombres en la iglesia ven pornografía», según el doctor Ted Roberts, las iglesias a menudo tratan el asunto de consumir pornografía como un problema estrictamente moral, sin reconocerlo principalmente como un problema cerebral. Es más, el órgano sexual más fuerte en el cuerpo humano es el cerebro.

«Les decimos a los hombres que se esfuercen más, que oren más y que amen más a Cristo; sin embargo, lo que empieza como un problema moral, rápidamente se convierte en un problema cerebral. Decirle a un hombre que se esfuerce más solo aprieta la "soga" de la esclavitud».[5]

Los investigadores que han estudiado la función cognoscitiva cerebral han ayudado a revelar cómo se desarrollan las fortalezas mentales y cómo un individuo se convierte en esclavo de algo como la pornografía. Según el psicólogo doctor Tim Jennings, autor de *The God-Shaped Brain* [El cerebro formado por Dios], cuando una madre amamanta a su hijo, el cerebro de ella libera poderosas hormonas que la unen a ese niño. Cuando un hombre ve pornografía se liberan los mismos químicos poderosos, los cuales lo unen a esas imágenes.[6] Por esto es que Satanás ataca tan brutalmente nuestra sexualidad. Al hacerlo, el diablo interfiere activamente con los vínculos humanos. *Cualquier* tipo de comportamiento repetitivo crea sendas o surcos en el cerebro que dispararán una secuencia automática. El resultado es años de esclavitud.

Esto ayuda a explicar cómo el 68% de los hombres cristianos pueden amar al Señor con todo el corazón, pero estar atrapados en esclavitud sexual. Un hombre cristiano no se hace adicto a la pornografía simplemente porque deja de amar a Dios. Me niego a creer tal tontería.

La visualización reiterada de pornografía cambia realmente la estructura física del cerebro humano. Esto lo confirma la doctora Valerie Voon de la Universidad de Cambridge. Su estudio comparó imágenes de resonancia magnética de cerebros activos: uno de un alcohólico y el otro de un

---

5. Terry Cu-Unjieng, «Why 68% of Men in Church Watch Porn», Serie Conquer, 6 mayo 2014, https://conquerseries.com/why-68-percent-of-Cristiano-men-watch-porn/.
6. Cu-Unjieng, «Why 68% of Men in Church Watch Porn».

adicto a la pornografía. Al parecer, hay una parte de nuestro cerebro que funciona como un mecanismo de recompensa. Si mientras mira televisión, un alcohólico ve un comercial de licores o de cerveza fría, el mecanismo de recompensa en su cerebro se ilumina en la resonancia magnética. Lo curioso es que el cerebro de un adicto a la pornografía reacciona exactamente de igual modo cuando ve imágenes de contacto sexual ilícito.[7] Esta clase de investigación neurológica ha revelado que el efecto de la pornografía por la Internet sobre el cerebro humano es tan potente, si no más, que las drogas adictivas tales como la cocaína y la heroína. ¡No es de extrañar que haya tantos millones de usuarios adictos a la pornografía en línea!

Me han dicho que la cocaína es una droga favorita para quienes ansían repetir un estado de intoxicación químicamente inducido. Quienes desean «éxtasis» a menudo eligen cocaína. Por otra parte, la heroína tiene un efecto relajante. Ambas drogas desarrollan tolerancia química en el usuario, lo que significa que cada vez que las usas necesitas cantidades más grandes de droga para lograr el mismo efecto que sentiste anteriormente. Aunque en mi juventud rebelde nunca usé drogas fuertes, elegí la droga de la que más se abusa en los Estados Unidos: el alcohol. Todas estas drogas siguen el mismo patrón.

Un hombre declara que va a probar algo «solo una vez», pero la próxima vez necesita solo un poco más para obtener la misma sensación placentera que experimentó antes. Y listo, ya es adicto.

Esto me recuerda un viaje que hice a Alaska hace varios años en el mes de enero. Mientras estaba en Anchorage había máquinas quitanieves por todas partes, sacando nieve de carreteras y estacionamientos. Ya que los montones de nieve pueden ser muy altos, es necesario que las señales de límite de velocidad sean más elevadas de lo normal. Y durante el viaje nunca olvidaré una señal que en esencia decía: «Elige tu carril con cuidado. Estarás en la misma ruta durante los próximos doscientos kilómetros».

¿Estás preguntándote por qué parece que no puedes liberarte de las garras de la pornografía, aunque amas a Cristo, oras, ofrendas, sirves y *realmente* quieres ser libre? Se debe a los profundos surcos que has creado

7. «Brain activity in sex addiction mirrors that of drug addiction», Universidad de Cambridge, 11 julio 2014, http://www.cam.ac.uk/research/news/brain-activity-in-sex-addiction-mirrors-that-of-drug-addiction.

en tu cerebro. Tu adicción a la pornografía ha creado una dependencia química en tu cerebro, la que a su vez detona un sistema de recompensa neurológica que se dispara de manera automática, casi sin darte cuenta. Piensa en tu cerebro como un bosque con senderos y surcos desgastados por las personas que los transitan una y otra vez, día tras día. Estas sendas adictivas despiertan en tu cerebro ansias de contenido pornográfico novedoso como actos sexuales tabú, pornografía infantil o placer sexual provocado por dolor (causándolo o sintiéndolo). Algunos adictos empiezan a odiarse y quieren infligir dolor a alguien más. Otros se han quitado la vida.

¡Estos surcos cerebrales son más de lo que esperabas! Podrías haber comenzado diciendo: «Puedo dejarlo en el momento que desee», pero no ha resultado así del todo, ¿verdad? ¿Has oído alguna vez a alguien decir lo mismo respecto a fumar? ¿A beber?

«No soy un alcohólico. Puedo dejar de beber cuando quiera hacerlo».

«No soy adicto al cigarrillo. Después de todo, ¡solo fumo dos paquetes al día! Puedo dejarlo cuando desee».

No obstante, una vez más, nunca parece resultar de ese modo, ¿verdad? En algún momento y en última instancia tenemos que admitir que sí, tenemos una adicción. Y está destruyéndonos.

PROTEGE TU MENTE

Dada esta escalofriante información, no extraña que Salomón escribiera en Proverbios 23:7: «Cual es su pensamiento [de un hombre] en su corazón, tal es él». Y quizá estos días tengamos un mayor aprecio de por qué nos advirtió: «Sobre toda cosa guardada, guarda tu corazón; porque de él mana la vida» (Proverbios 4:23).

A la luz del poder seductor de la pornografía, puedo apreciar mejor esta oración de David: «Aparta mis ojos, que no vean la vanidad; avívame en tu camino» (Salmos 119:37). Y veo claramente la sabiduría de Job: «Hice un pacto con mis ojos, de no mirar con codicia sexual a ninguna joven» (Job 31:1, NTV).

En forma similar, el escritor de Hebreos nos aconseja: «Despojémonos de todo peso y del pecado que nos asedia» (Hebreos 12:1). La palabra griega traducida «asedia» representa a un hombre con los brazos a los costados y una enredadera cubriéndole el cuerpo desde los pies hasta los hombros. En nuestra época, creo que la enredadera se ha convertido en una cadena. Si la pornografía te ha atrapado, estás encadenado y te ha robado tu libertad en Jesucristo.

Las películas, fotos y revistas pornográficas, además de otros medios, representan a personas desnudas o al sexo ilícito de una manera abierta con el fin de provocar excitación sexual. La palabra griega *porne* del Nuevo Testamento habla de este tipo de actividad como inmoralidad sexual. En 1 Corintios 6:9-11 se enseña que los individuos que permanecen en su pecado sexual, que no se arrepienten ni se rinden a Cristo, no heredarán el reino de Dios.

Satanás nos seduce magistralmente a que pequemos... para luego acusarnos violentamente de hacer lo malo. ¿Quién de nosotros no ha oído decir a alguien: «Pequé esta semana, y Dios me ha humillado haciéndome sentir culpable»? Esa es una perspectiva equivocada. Dios quiere mostrarte el camino hacia la recuperación, la redención y el perdón, no desea hacerte sentir culpable. Cuando te sientes abrumadoramente acusado y hasta condenado, entiende que Satanás está en acción. Aclaremos: el acusador de los hermanos es el diablo, no Dios (ver Apocalipsis 12:10).

Si estás enganchado a la pornografía por Internet, sé lo que estás pensando: *Oye, pastor, ninguno de nosotros es perfecto.* Aunque eso es cierto, déjame explicar teológicamente lo que significa que nadie es perfecto. En este lado del cielo ninguno de nosotros alcanzará alguna vez la perfección, pero de todos modos debemos esforzarnos por alcanzarla. Pablo escribió: «No que lo haya alcanzado ya, ni que ya sea perfecto; sino que prosigo, por ver si logro asir aquello para lo cual fui también asido por Cristo Jesús» (Filipenses 3:12).

La vida cristiana es buscar la semejanza a Cristo. Mientras permanezcamos en esta tierra nunca nos volveremos perfectamente santos, pero debemos buscar la santidad. Pablo no quería rendirse a ningún pecado que le obstaculizara su progreso espiritual. Adoptó el mismo consejo que había dado a otros en un contexto diferente: «No le den ninguna oportunidad al diablo para que los derrote» (Efesios 4:27, PDT).

Antes de poner nuestra fe en Jesucristo, todos presentábamos de manera habitual nuestros cuerpos «para servir a la impureza, que lleva *más y más* a la maldad» (Romanos 6:19, NVI). Sin embargo, después que el Espíritu Santo vino a nosotros, debemos presentar nuestros cuerpos para servir a la justicia. Porque cuando erais esclavos del pecado, erais libres acerca de la justicia. ¿Pero qué fruto teníais de aquellas cosas de las cuales ahora os avergonzáis? Porque el fin de ellas *es* muerte. Mas ahora que habéis sido libertados del pecado y hechos siervos de Dios, tenéis por vuestro fruto la santificación, y como fin, la vida eterna (Romanos 6:19-22).

Una vez que te alejas de la pornografía, debes reemplazarla con algo que ames aún más. No puedes liberarte de ninguna otra manera. El problema con rechazar la pornografía sin sustituirla con algo que valores más es que ya has demostrado que eres una persona compulsiva. *Llenarás* ese vacío con algo. No permanecerá vacío.

En Mateo 12, Jesús habló de un hombre que después de ser liberado de un demonio no puso algo en el lugar vacío. Finalmente otros siete demonios peores que el primero regresaron con el espíritu inmundo original para morar en ese individuo. Jesús declaró que «el postrer estado de aquel hombre viene a ser peor que el primero» (v. 45).

«¡Ah!, estás hablando de mejora personal —expresa alguien—. Solo tengo que hacer borrón y cuenta nueva».

Lo siento, pero te equivocas. ¡Te garantizo que no será tan fácil! Es más, estás por pelear la batalla de tu vida. Hablé con un destacado psicólogo al respecto y me advirtió: «No ataques con un golpe suave, pastor Johnny. Diles la verdad. Por lo menos, van a estar luchando durante un año».

Si no puedes ganar esta batalla por medio de mejora personal y esfuerzo propio, ¿cómo entonces puedes ganarla?

ESCUELAS DE AMOR

Aprendemos a amar a Dios principalmente al aprender a vivir con otros: *juntos*. A finales del siglo xx y principios del xxi hemos devaluado gravemente al cuerpo de Cristo. La gente declara: «Amo a Dios, pero detesto la institución de la iglesia». ¡Cuidado! ¿Quién instituyó la iglesia? Fue Jesucristo. Por esto es que debemos amarla.

La fe en Cristo siempre es personal, pero nunca privada. ¡Muchas personas pasan por alto esa verdad! En la Biblia, poner la fe en Jesús es asunto individual, pero no individualista.

Salí del billar como desertor escolar, un adolescente borracho adicto a jugar y robar. ¿Cómo llegué a donde estoy ahora? ¡La familia de Dios! Jesús comenzó la iglesia, y ningún creyente en la faz de la tierra ha crecido o crecerá alguna vez hasta la madurez espiritual sin la ayuda del cuerpo de Cristo, la familia de Dios.

Una noche hace poco salimos a cenar cuando una mesera se acercó a nuestra mesa.

—Dios lo bendiga, pastor Johnny —expresó—. Gracias a Dios por usted.

Levanté la mirada para ver a una jovencita.

—Bueno, gracias —contesté—, pero recuérdame por qué agradeces al Señor por mí.

—Porque hace tres años fui a Hope Quest —explicó ella, mencionando un ministerio de nuestra iglesia—. Yo era adicta, pero dejamos allí la adicción. Mi bebé acaba de cumplir tres años. ¡Dios me liberó!

Me gusta referirme a las familias como escuelas de amor. En una familia aprendemos a amar y ser amados. En una familia encontramos la fidelidad incondicional de Dios por su pueblo. En una familia aprendemos la misma naturaleza de Dios: que Él es un Señor dador de dones que desea bendecir al mundo invitando a la gente a su comunidad eterna. En resumen, la familia no solo es el lugar donde aprendemos el contenido de nuestra fe, sino también donde encontramos el amor de Dios y somos invitados a vivir la misión de Dios.

La mayor parte de los hombres recurre a la pornografía por consuelo físico y emocional. A menudo, el hábito se desarrolla en la adolescencia como una manera de tratar con el dolor, la tristeza, la soledad y una carencia de recursos emocionales. Según hemos visto, simplemente quitar la pornografía de un adulto no es una solución de largo plazo. La pornografía debe reemplazarse con una fuente de consuelo aún más poderosa.

El adicto a la pornografía necesita una relación segura y genuina de aceptación en la cual pueda ser amado incluso en medio de su comportamiento pecaminoso. Mi libro favorito en la Biblia declara: «Confesaos vuestras ofensas unos a otros, y orad unos por otros, para que seáis sanados» (Santiago 5:16).

Yo mismo estoy en un grupo de rendición de cuentas de cinco hombres. Me encantan estos tipos. He llegado a amarlos aún más a medida que nos hemos conocido más profundamente. Hablamos de las luchas en nuestro trabajo, las luchas en nuestras casas, las luchas en nuestras vidas personales. Y luego oramos unos por otros. Nos enviamos mensajes de texto durante la semana, recordándonos que estamos orando unos por otros. Anotamos nuestras oraciones y escribimos cómo Dios las responde.

No subestimes el beneficio de los grupos comunitarios, las clases de escuela dominical, ¡ni los estudios bíblicos en casas! Las relaciones piadosas te darán el apoyo emocional que la pornografía no puedo suplir, y todo empieza en tu relación con Dios.

Gene McConnell es un adicto a la pornografía en recuperación que vio pornografía por primera vez a los doce años de edad (puedes encontrar su material en *powertochange.com*). Su adicción le costó su matrimonio y su ministerio. Él expresa: «La pornografía existe porque llevamos vidas vacías. El tema es la intimidad, nuestra mayor necesidad».[8] Gene añade: «Toma eso [la palabra *intimidad*] como "miras dentro de mí"… y ves quién soy, y me amas. Esa es la más grande necesidad, masculina y femenina. Pero [la intimidad es] también nuestro temor más grande: si me conocieras realmente, si vieras mi debilidad, entonces me abandonarías».[9]

Algunos dirán: «Tuve un amigo y le hablé de mis luchas… y ya no es mi amigo». No, solo *creíste* que tenías un amigo. Un amigo verdadero se mantendrá a tu lado; un impostor huirá.

Por esto es que Dios nos ubica en una familia. Nos necesitamos mutuamente. Acabamos amando más a Cristo debido a la familia que Dios ha puesto alrededor de nosotros, animándonos, enseñándonos, disciplinándonos y haciéndonos madurar. Ninguno de nosotros puede llegar por su cuenta a donde debe estar.

¿Podría ser esa una de las razones por la qué no te vaya bien? ¿Estás tratando de crecer por tu cuenta, fuera del contexto de la familia de Dios?

---

8. Ed Stetzer, «Jesus and Sexual Deviants», *Christianity Today*, 17 agosto 2011, http://www.Christianitytoday.com/edstetzer/2011/august/Jesus-and-sexual-deviants.html.

9. Stetzer, «Jesus and Sexual Deviants».

SINCÉRATE

Le pedí a un psicólogo amigo que escribiera una declaración en que pidiera a los hombres que se sinceren. La declaración dice: «Por favor, sal de tu escondite. Jesús está listo y disponible para ayudarte a sanar. No estamos aquí para hacer sentir a alguien condenado ni para que permanezca oculto o privado. Sé que no puedes controlar lo que los demás piensan o perciben, pero nuestro deseo para los hombres atrapados en alguna esclavitud es que sientan que pueden arriesgarse a salir».

El secreto y el engaño dañan la unidad marital, dañan tu relación con Dios y dañan tu concepto personal. Ocasionan desconfianza e impiden que Dios gobierne tu vida. Te ruego en el nombre de Jesucristo que hoy sea el momento de parar. ¡Mira la señal de alto en la mano de Jesús el Rey! Hoy es el día de tomar la rampa de salida. ¡No sigas por ese camino! Solo se vuelve más peligroso. Sin confesar tu pecado a un amigo cercano y piadoso, o a un consejero o ministro (alguien que te pida cuentas y te dé algunos pasos prácticos para seguir) tienes pocas posibilidades de ser limpio alguna vez. La clave para liberarte es honrar lo que Santiago 5:16 expresa sobre confesar nuestras ofensas unos a otros y orar unos por otros para que podamos sanar.

¡La belleza de Cristo es mucho mejor! No es solo una canción. Jesucristo *es* realmente adorable. Está llamándote al arrepentimiento y a que te acerques a Él.

¿Por qué llevas una vida secreta? ¿Por qué vives en engaño, lo cual solo te hace morir por dentro? Decide ya no vivir una mentira.

Te suplico en el nombre de Cristo que te sinceres con alguien.

5

UN LLAMADO DE SABIDURÍA

Aunque los hombres típicamente no tienen problema para hablar de lo que denominan beber de «manera recreacional» o «con moderación», en realidad se quedan muy callados cuando sus hábitos de beber empiezan a cambiar. ¿Sabías que las dos señales principales de problemas con la bebida tienen que ver con secretismo? El centro de recuperación New Hope, una organización que ayuda a adictos a recuperar sus vidas, ha desarrollado una lista de catorce «señales» de un alcohólico secreto. Las dos primeras son muy significativas:

1. *Beber en secreto*: Beber solo, antes o después de salir. Hablar de «alistarse para salir» por lo general implica beber algo antes de ir a un evento. A medida que el uso de alcohol aumenta regularmente, una persona necesita más para conseguir el mismo efecto. Por eso, el alcohólico secreto bebe a menudo antes o después de asistir a eventos relacionados con alcohol para estar al mismo nivel de las amistades.

2. *Ocultamiento*: No solo que los alcohólicos secretos beben secretamente, sino que con frecuencia tienen lugares donde esconder alcohol. Si sospechas que alguien es un alcohólico secreto, busca botellas o latas de alcohol llenas o vacías en lugares donde normalmente no se guardan. Los lugares más comunes son cuartos de baño y estantes (a menudo elevados), garajes, clósets, ropa, bolsas y maletas, y en muebles de cocina ocultos detrás de latas, jarras y cajas. Botellas y latas vacías pueden encontrarse debajo de muebles y cojines. Busca también afuera en contenedores de basura y de reciclaje. ¿Notas que aparecen más botellas o latas de las normales en esos lugares?[1]

---
1. «14 Warning Signs of a Secret Alcoholic», http://www.new-hope-recovery.com/center/2013/10/08/14-warning-signs-of-a-secret-alcoholic.

La señal número 5 en esta lista es «excusas para beber», la 7 es «mayor aislamiento y pérdida de interés», y la 11 es «enfoque excesivo en el alcohol». Todas ellas hablan de un modo u otro sobre guardar silencio respecto a la verdad.

Aunque recomiendo que los cristianos no beban nada de alcohol (ya hablaremos de eso), sabes que tienes un grave problema una vez que empiezas a ocultar tu consumo de alcohol y a cuidarte de hablar de esto lo menos posible. En este capítulo quiero exponer lo que creo que es un sólido punto de vista bíblico, médico y filosófico del uso y abuso del alcohol.

CONTROVERSIA SOBRE LA BEBIDA

Empecemos citando lo que para mí es el versículo clave sobre el uso del alcohol por parte de un creyente. Proverbios 20:1 declara: «El vino lleva a la insolencia, y la bebida embriagante al escándalo; ¡nadie bajo sus efectos se comporta sabiamente!» (NVI).

Me doy cuenta de que mucha controversia rodea el tema del consumo de alcohol en el cristiano. ¿Puede usarse de manera responsable, moderada y recreacional? ¿Es solo asunto de libertad cristiana? Algunos evangélicos dentro de la comunidad reformada han levantado sus vasos como insignia de libertad cristiana. John MacArthur, destacado maestro bíblico, ha criticado esta tendencia:

> Si todo lo que sabes sobre la vida cristiana viene de blogs y sitios web en el joven e inquieto distrito de la comunidad reformada, podrías tener la impresión de que la cerveza es el símbolo principal de libertad cristiana. Para muchos que se autoidentifican como «jóvenes, inquietos y reformados» parece que la cerveza es un tema más popular de estudio y análisis que la doctrina de la predestinación... Está claro que la pasión por la cerveza es una insignia destacada de identidad para muchos en este movimiento... Lanza una mirada de desaprobación... y es probable que te invadan los inquietos reformadores denunciando legalismo y queriendo debatir si beber vino es «pecado».[2]

2. John MacArthur, «Beer, Bohemianism, and True Christian Liberty», 9 agosto 2011, Grace to You, https://www.gty.org/library/blog/B110809.

Muchos cristianos citarían Gálatas 5:13 a este respecto: «Vosotros, hermanos, a libertad fuisteis llamados; solamente que no uséis la libertad como ocasión para la carne, sino servíos por amor los unos a los otros». Sin embargo, ese versículo no cierra el debate. Es más, el mismo versículo que alguien podría usar para reclamar libertad es el mismo que yo usaría para decir que ningún cristiano debería abusar de su libertad al darle a la carne una oportunidad perfecta para pecar.

Debes saber que vengo de una familia de alcohólicos, y que mientras crecía seguí el mismo sendero insensato. Algunos podrían creer que tal trasfondo me dificultaría formar una opinión justa y bíblica sobre el tema. Pero el deseo de mi corazón genuino es tratar este asunto en forma equilibrada, con compasión y convicción. En este sentido, dudo que yo pueda decir mejor las cosas que un amigo mío, Josh Franklin:

> Argumentaré contra tomar alcohol como bebida y me enfrentaré a la industria de licores con cada fibra de mi ser. No obstante, sé que hay quienes están en desacuerdo conmigo. Ellos podrían creer que tienen pasajes bíblicos para apoyar su consumo moderado de alcohol. No tengo derecho, como tampoco ningún otro cristiano, de despreciar en una manera crítica a alguien que esté luchando por ser libre, o que por una u otra razón no crea que la Biblia condena la costumbre. Es más, la Biblia habla fuertemente contra el orgullo y la justicia propia. El alcohol no envía a una persona al infierno. No se trata de lo que llamaríamos una doctrina de primer nivel de nuestra fe y práctica como creyentes. Por tanto, no desprecio a los individuos que hayan tomado una noción sincera e imparcial de los problemas relacionados con el alcohol y que tengan una opinión diferente.[3]

No soy abstemio por ser legalista. Soy abstemio porque creo en mi corazón que Dios me liberó del alcohol. También soy abstemio porque me niego a alentar a algún hombre, en cualquier modo, a hacerse prisionero de la bebida embriagante.

---

3. Declaración de Josh Franklin, origen desconocido.

LA BATALLA POR BEBER

Muchos hombres piadosos debaten si los cristianos deberían beber. Viven para Cristo. Aman a Dios, y no quieren hacer algo inadecuado. Hace poco un hombre salió de mi oficina diciendo: «Quiero que sepas que salgo de aquí a tomarme una cerveza fría. Voy a sentarme y beberla para la gloria de Dios». Pensé: *Está bien, nos vemos.* A menudo la gente reta mi posición, y eso está bien para mí.

Hace poco me encontraba en un restaurante con un joven a quien aconsejo. El mesero trajo una cerveza y la colocó frente a mí.

—Este es un regalo para usted, señor Hunt —declaró—, de parte de alguien que lo aprecia mucho.

—No, gracias, señor —respondí—. Lo agradezco, pero puede llevársela.

—Pero es gratis —cuestionó el hombre.

En el fondo de mi mente pensé: *No, para muchas personas no es gratis. Les cuesta su matrimonio. Les cuesta su empleo. Les cuesta su hogar.*

¿Sabías que entre 2001 y 2007 la industria de bebidas alcohólicas gastó 6.600 millones de dólares en publicidad por televisión? Solo en 2007 más del 40% de la exposición de jóvenes al alcohol ocurrió durante programas destinados para ser vistos por ellos.[4]

Lo que me preocupa de veras es que la edad promedio a la que los niños empiezan a beber es de 14 años. Y «las personas que dijeron que comenzaron a beber antes de los 15 tuvieron cuatro veces más probabilidades de informar también que cumplen con los criterios de dependencia del alcohol en sus vidas».[5]

Se nos dice que aproximadamente a los 18 años de edad, el 60% de los adolescentes han tomado al menos una bebida alcohólica. Y que, en el 2015, 7.700 millones de individuos entre los 12 y los 20 años confesaron haber bebido alcohol en el mes anterior.[6]

¿Por qué deberían guardar silencio los líderes cristianos sobre este

---

4. «Youth Exposure to Alcohol Advertising on Television, 2001 to 2007», Centro sobre Comercialización de Alcohol y Juventud, resumen ejecutivo, 24 junio 2008, http://www.camy.org/_docs/resources/reports/archived-reports/youth-exposure-alcohol-advertising-tv-01-07-full-report.pdf.
5. «Underage Drinking», Instituto Nacional sobre Abuso de Alcohol y Alcoholismo, enero 2006, https://pubs.niaaa.nih.gov/publications/AA67/AA67.htm.
6. «Underage Drinking», Instituto Nacional sobre Abuso de Alcohol y Alcoholismo, https://pubs.niaaa.nih.gov/publications/underagedrinking/Underage_Fact.pdf.

problema cuando se está poniendo en riesgo a nuestros jóvenes? ¿No es responsabilidad nuestra, en casa y en la iglesia, brindar bases bíblicas de comportamiento cristiano a fin de que podamos fortalecer y preparar a nuestra juventud para una vida larga y fructífera?

Los adolescentes bebedores son más propensos a tener relaciones sexuales prematrimoniales. ¿Por qué? Porque el alcohol relaja la moral. Y estudios han demostrado que los jóvenes que beben alcohol en cualquier nivel son definitivamente más propensos a usar una droga ilícita que los que nunca han bebido.

Este es un llamado de sabiduría.

Como líder espiritual que intenta influir para Dios y para el bien de esta nación, debo cuestionarme cómo podría liderar el camino si alentara a la gente a beber alcohol.

Danny Akin, presidente del Southeastern Baptist Theological Seminary, manifestó: «Hoy día hay más de 40 millones de personas que tienen problemas con el alcohol en Estados Unidos. El alcohol es el principal problema de drogadicción entre los adolescentes. Una de cada tres familias estadounidenses sospecha que uno o más miembros de la familia están teniendo problema con la bebida».[7]

Yo mismo tengo un pariente cercano con quien encuentro difícil mantener una conversación coherente. ¿Por qué? Porque la mayor parte del tiempo está borracho.

NIVELES SANGUÍNEOS DE ALCOHOL

¿Puedo decirte qué me preocupa más como líder cristiano? Es fácil: la concentración de alcohol en la sangre.

Antes de volverme cristiano tomé prestado el automóvil de mi hermana para ir a una cita. Había estado bebiendo esa noche y, después de llevar a mi cita a casa, me metí en problemas. Para resumir la historia, destrocé al auto de mi hermana.

Desde entonces he estado pagando la deuda.

Esa noche, un oficial de policía me arrestó por conducir bajo influencia alcohólica. Pasé la noche en la cárcel del condado de New Hanover. A la mañana siguiente llegó mi madre a sacarme. En aquellos días, si al

7. Daniel Akin, «The Case for Alcohol Abstinence», http://www.danielakin.com/wp-content /uploads/old/Resource_617/The%20Case%20for%20Alcohol%20Abstinence.pdf.

realizar una prueba de alcoholemia resultaba .07 o más, la persona era culpable de conducir bajo los efectos del alcohol. Hoy día es .08 o más.

Pues bien, supongamos que crees en beber moderadamente y solo en momentos de recreo, y que te crees un bebedor responsable. Imagina que una noche sales con tus compañeros, quienes consumen una bebida tras otra frente a ti. En el camino a casa te detienen porque estás circulando un poco sobre el centro de la línea en la calzada. El policía te emite una notificación de *DUI*, lo que desde el punto de vista legal significa que estabas borracho.

¿Qué debería hacer una iglesia con un diácono, pastor o miembro del personal que acaba en los registros públicos con esta nota: «Apresado mientras conducía bajo influencia alcohólica»?

Este es un llamado de sabiduría.

¿Cómo afecta incluso un poco de alcohol al cuerpo humano? Consideremos un nivel de alcohol en la sangre entre .01 y .05. ¿Qué sucede cuando una persona toma una copa de vino, una lata de cerveza, o un vaso pequeño de bebida embriagante como whisky o vodka?

Algunos individuos inmediatamente sufren una pérdida importante de juicio y coordinación. Se les embota el pensamiento, resultando en cambios de estado de ánimo y conducta. Si alguien que pesa 58 kilos o menos se toma una lata de cerveza, una copa de vino o un vaso pequeño de licor de 80 grados, registrará un nivel de alcohol en la sangre entre .05 y .08, balanceándose justo en la línea legal. La mayoría de mujeres soplarían en ese alcoholímetro y terminarían en la cárcel.

¿Qué otros efectos tendrá esa pequeña cantidad de alcohol? La manera de caminar, hablar y mover las manos de la persona se vuelve torpe. Puede tener "visión de túnel", borrosa o dividida. La probabilidad de sufrir un accidente aumenta hasta en un 300%.

Este es un llamado de sabiduría.

¿PARA QUIÉN SERÁ EL AY?

Salomón, el hombre más sabio que ha existido, preguntó: «¿Para quién será el ay? ¿Para quién el dolor? ¿Para quién las rencillas? ¿Para quién las quejas? ¿Para quién las heridas en balde? ¿Para quién lo amoratado de los ojos?». Entonces responde sus propias preguntas: «Para los que se detienen mucho en el vino» (Proverbios 23:29-30). Cuando

Salomón habló de «ay» y de «dolor» se refería a que el alcohol puede llevar a un montón de problemas emocionales. «Rencillas» y «quejas» se refiere a una serie de problemas sociales. «Heridas» y «lo amoratado de los ojos» señalan a problemas físicos. Proverbios 23:35 habla de la perspectiva de un hombre que ha bebido demasiado: «Me han herido, pero no me duele. Me han golpeado, pero no lo siento. ¿Cuándo despertaré de este sueño para ir a buscar otro trago?» (NVI).

¿Has considerado que la persona que bebe contigo podría convertirse en el siguiente alcohólico? Podrías estar ayudando a crear otro adicto. Al final, la Biblia dice que el alcohol muerde como una serpiente y duele como una víbora (Proverbios 23:32). El pastor James Merritt declara: «Es imposible ser mordido por una serpiente con la que nunca juegas».[8]

Todo esto lleva a las siguientes preguntas: ¿Deberías beber o no? ¿Está mal? ¿Está bien? La ley dice que está bien, pero la ley también dice que el aborto está bien y que el matrimonio entre personas del mismo sexo está bien. ¿Dejas entonces que las leyes hechas por los hombres sean tu guía?

He aquí la conclusión: Te guste o no, podrías *ya* estar categorizado por la comunidad médica como alcohólico social. Todas las noches quieres una cerveza. Todas las noches quieres un vino. Nunca piensas en cenar sin consumir una bebida alcohólica. Para ti esto se ha convertido en parte regular de tu rutina nocturna.

El ex presidente George W. Bush dejó de beber a los cuarenta años. Su esposa Laura lo había retado a dejar de beber, pero nada cambió realmente hasta después que ella le hiciera una pregunta inquietante. Le preguntó si lograba recordar cuál había sido el último día *sin* beber. Ahí fue cuando George comenzó a darse cuenta de que debía elegir entre el alcohol o Dios. Entre las cosas que le ayudaron a dejar de beber estuvieron «una reunión con el evangelista Billy Graham y la asistencia regular a estudios bíblicos».[9]

8. Joe Thorn, «Akin on Alcohol», JoeThorn.net, 1 julio 2006, http://www.joethorn.net/blog/2006/07/01/akin-on-alcohol.
9. Russell Goldman, «Laura Bush Reveals How George W. Stopped Drinking», ABC News, 4 mayo 2010, http://abcnews.go.com/Politics/laura-bush-reveals-george-stopped-drinking/story?id=10552148.

¿QUÉ ES BEBIDA EMBRIAGANTE?

Me he preguntado si entendemos de veras lo que la Biblia quiere decir cuando se refiere a bebida embriagante, o cuando nos advierte que no debemos dejarnos engañar por ella. La realidad es que el vino que la gente bebía en la época de la Biblia era muy diferente al modo en que el vino se hace hoy día.

En tiempos antiguos, las bebidas fermentadas no contenían alcohol. Se bebía vino sin alcohol, al cual a veces le agregaban otros ingredientes como higos. El alcohol se produce solo cuando algún proceso mecánico de destilación interfiere con el proceso normal de fermentación. Los hebreos de la antigüedad se habrían referido a nuestro vino y nuestra cerveza como bebidas embriagantes.

No puedo decirte cuántas veces he oído decir a alguien: «No creo que tomar vino sea malo. ¿No tomó vino Jesús? ¿No usaban vino en la iglesia primitiva para celebrar la Cena del Señor? ¿No dijo Jesús que tomaría vino una vez más con sus discípulos al final de los tiempos?».

Todo eso es cierto, pero el vino que Jesús bebió, y que beberemos de nuevo un día, no era como el moderno ni se parecerá en nada al vino que conocemos actualmente. Es una comparación entre dos cosas totalmente distintas. Jesús no estaba en el negocio de los licores.

El erudito del Nuevo Testamento, doctor Robert Stein, investigó el consumo de vino en el mundo antiguo, rastreando fuentes judías y también la Biblia. Hizo un descubrimiento fascinante acerca del vino de la era bíblica en comparación con el vino actual. El vino de entonces se parecía muy poco al producto moderno.[10]

Es más, nuestro vino es realmente la «bebida embriagante» de la Biblia y cada vez que las bebidas embriagantes se mencionan en las Escrituras, están condenadas. Ni una sola vez se tolera. El vino, la cerveza y las bebidas alcohólicas de nuestra época no equivalen remotamente al vino del primer siglo. Al contrario, encajan en la categoría de bebidas embriagantes, las cuales la Biblia condena universalmente.

Era típico que la gente del primer siglo mezclara vino con agua, normalmente una parte de vino por tres partes de agua. En otras palabras, lo que la Biblia llama «vino» era esencialmente agua purificada. En el

---

10. Bob Stein, «Wine Drinking in New Testament Times», *Christianity Today*, 20 junio 1975, pp. 10-11.

mundo antiguo el agua corriente no era segura para beber. La hacían segura hirviéndola, filtrándola o por el método más seguro y fácil: mezclándola con vino (lo que mataba los gérmenes presentes en el agua).

Nuestro problema hoy día es que el vino, la cerveza y otras bebidas fermentadas tienen alto contenido de alcohol. Tales concentraciones elevadas de alcohol no se extendieron hasta la Edad Media, cuando los árabes inventaron la destilación. Por eso, lo que ahora llamamos «licor», la Biblia lo llama «bebidas embriagantes». El 20% de los vinos fortificados con alcohol que tenemos en la actualidad simplemente eran desconocidos en los tiempos bíblicos.

Podrías optar por no estar de acuerdo conmigo, pero no cites por favor el vino de la era del Nuevo Testamento como tu argumento para consumir bebidas embriagantes en esta generación. Está claro que ambas cosas son diferentes. El doctor Stein observó que se tendrían que beber veintidós vasos de vino del primer siglo para consumir la misma cantidad de alcohol que tenemos en solo dos martinis.[11]

Los ejecutivos de *Fox movies* nos invitaron una vez a Janet y a mí, por cuenta de ellos, a volar a Los Ángeles. Querían que viéramos la película más reciente de la serie Crónicas de Narnia. Otros cuarenta pastores se nos unieron. Fox nos llevó a un partido de baloncesto y nos concedió el uso de la suite de propietarios, que tenía bar abierto. Podría equivocarme, pero de todos los predicadores allí, creo que solo tres éramos abstemios. Los otros pastores tomaron botellas de cerveza de entre 500 y 750 mililitros, lo cual ponía a cada uno de ellos por encima de la definición legal de embriaguez. Estaban bebiendo licor puro. Yo fui bebedor, así que sé cómo es.

Cuando regresamos al autobús, ¡vaya! Un fuerte aroma a alcohol inundó nuestras fosas nasales. Qué bueno que nuestros anfitriones hubieran designado a alguien para que nos llevara de regreso al hotel.

Conozco pastores que pondrían una botella de cerveza justo al lado de una Biblia y dirían: «No hay nada en este libro que nos advierta que beber es malo». Yo les diría: «La cerveza que estás usando como apoyo ni siquiera se menciona en la Biblia, excepto cuando se la condena como bebida embriagante». Una vez más, no se puede comparar al vino del primer siglo con el de hoy.

---

11. Stein, «Wine Drinking in New Testament Times».

Norman Geisler, un maravilloso erudito bíblico conservador, declaró: «Los cristianos no deberían tomar vino, cerveza ni otras bebidas alcohólicas porque en realidad son licores embriagantes que están prohibidos en las Escrituras. Ni siquiera los antiguos paganos bebían lo que los cristianos beben hoy día».[12]

Danny Akin escribió: «Es verdad que Jesús bebió vino, y estoy seguro de que yo lo hubiera hecho si hubiera vivido en el primer siglo. Sin embargo, no existe evidencia en absoluto de que alguna vez Jesús consumiera "bebidas embriagantes"». Danny siguió citando a Bob Stein, quien afirmó: «Es posible intoxicarse con vino mezclado con tres partes de agua, pero lo más probable es que, si alguien lo bebe, le afecte la vejiga mucho antes que la mente». Danny aseguró luego:

> También debe tenerse en cuenta que los niños habrían bebido esta mezcla diluida de agua y vino, y es imposible imaginar a padres piadosos dándoles a sus hijos una bebida que podría embriagarlos… Una vez más parece claro que no existe correspondencia exacta entre el vino del siglo I y el licor etílico destilado del siglo XXI. Con relación a este último, creo que el Señor Jesucristo no lo habría consumido.[13]

INFLUENCIA DEL ALCOHOL

Incluso si las Escrituras guardaran silencio sobre este tema, la horrible influencia del alcohol en la sociedad moderna me llevaría a condenar públicamente su uso. Retaría a todo hombre cristiano con las palabras de Romanos 14:21: «Bueno es no comer carne, ni beber vino, ni nada en que tu hermano tropiece, o se ofenda, o se debilite».

Cada año mueren 1.825 estudiantes universitarios por daños involuntarios relacionados con el alcohol, incluidos accidentes automovilísticos.[14] Esto equivale a cuatro aviones jumbo repletos de estudiantes

12. Norman Geisler, «A Christian Perspective on Wine Drinking», *Bibliotheca Sacra*, enero-marzo 1982, p. 51.

13. Danny Akin, «God's Guidelines for the "Gray Areas" of Life: Wise Decision-Making in a Wicked World, Part 8», Between the Times, 8 septiembre 2008, http://betweenthetimes .com/index.php/tag/robert-stein/.

14. Instituto Nacional sobre Abuso de Alcohol y Alcoholismo, «College Drinking», diciembre 2015, https://pubs.niaaa.nih.gov/publications/collegefactsheet/collegefact.htm.

universitarios. ¿Qué le pasaría al fabricante de aviones si en un solo año cuatro de sus aeronaves se estrellaran y mataran a todos a bordo? Sabemos que muchos de los problemas relativos a la disciplina en los recintos universitarios de hoy se relacionan con el alcohol. Por ejemplo, «alrededor de 696.000 estudiantes entre 18 y 24 años de edad resultan agredidos por otro estudiante que ha estado bebiendo», y «alrededor de 97.000 estudiantes entre 18 y 24 años de edad reportan haber sufrido asalto sexual o violación con relación al alcohol».[15] Está claro que el alcohol tiene una influencia dañina. Shakespeare lo dijo de este modo: «¡Oh! ¡Que los hombres se introduzcan un enemigo en la boca para que les robe los sesos».

¿Y qué hay de tu influencia en los demás? En tu casa, en tu trabajo, en tu colegio, puedes influir en otros para bien o para mal. Hablo en muchos eventos. Hace poco hablé a 1.200 empresarios en la Universidad High Point en Carolina del Norte. ¿Sabes por qué me pidieron que fuera? Querían que les contara mi historia personal, la cual llamo «Del billar al púlpito». No me preocupan las bebidas que podrían servir en estos eventos. Me quedo con mi agenda de contar la historia de cómo Jesucristo cambió mi vida y me liberó de un destino alcohólico.

Adrián Rogers habló una vez de la época en que mientras pastoreaba una iglesia en Fort Pierce, Florida, le pidió a un artista que le ayudara a volver a crear un elegante anuncio en que se alababa «el mejor producto del arte del cervecero», pero con un pequeño giro. En lugar de representar «el mejor producto», describió el «producto terminado» del arte del cervecero: un hombre desaliñado en un callejón, con una botella rota, recipientes de basura a su lado, y una gran rata corriéndole por un costado. Esto apareció en una valla publicitaria en el estacionamiento de la iglesia.

Después Adrián recibió una llamada de un distribuidor de cerveza que le pidió que se reuniera con él. El ejecutivo estaba ofendido y le pidió que retirara el aviso. Adrián dijo que lo haría solo si el distribuidor retiraba todos sus letreros.[16]

Piensa en esto. Un ejecutivo de la industria de licores trató de evitar que un pastor colocara una valla publicitaria para advertir a su congre-

15. Instituto Nacional sobre Abuso de Alcohol y Alcoholismo, «College Drinking».

16. Colecciones históricas de Adrian Rogers, «James», https://adrianrogerslibrary.com /wp-content/uploads/2016/08/James-2016.pdf.

gación de los peligros del alcohol, cuando esa misma industria gasta millones en publicidad para decirles a los estadounidenses que deben beber. ¡Asombroso!

NO BEBAS

Hay una colección de declaraciones cortas que quizá ya hayas escuchado, y que abordan el hecho de que el vino es un engañador. He aquí un extracto:

Bebemos de felicidad y nos volvimos infelices.

Bebemos de alegría y nos deprimimos.

Bebimos por sociabilidad y nos volvimos discutidores.

Bebimos por sofisticación y nos volvimos odiosos.

Bebimos por amistad y resultamos enemistados.[17]

Esa última línea me recuerda un incidente que alguien me contó y que se llevó a cabo en un partido de baloncesto de los Bravos de Atlanta. Dos individuos sentados frente a él parecían ser los mejores amigos. Se daban palmadas en la espalda, pasándola bien. Entonces empezaron a beber una buena cantidad de cervezas. Después de un rato ambos se emborracharon y terminaron peleando. ¿No es asombroso esto? Si hubieran permanecido sobrios probablemente nunca se habrían peleado.

Las declaraciones continúan:

Bebimos para dormir y despertamos cansados.

Bebimos para obtener fortaleza y nos debilitamos.

Bebimos para relajarnos y nos dieron ataques.

Bebimos para tener valor y nos acobardamos.

Bebimos para ganar confianza y nos volvimos dudosos.

Bebimos para conversar y nuestro lenguaje se volvió confuso.

17. La fuente original de donde obtuve esta información es desconocida, pero encontrarás estas declaraciones y otras parecidas citadas en sitios en la Internet relacionados con el abuso de alcohol.

Bebimos para sentirnos en el cielo y terminamos sintiéndonos en el infierno.

Bebimos para olvidar y nos atormentamos por siempre.

Bebimos por libertad y nos volvimos esclavos.

Bebimos para erradicar los problemas y los vimos multiplicarse.

Bebimos para enfrentar la vida e invitamos a la muerte.[18]

¿Sabes cuál creo que es el mejor consejo cuando de beber se trata? No bebas.

PREGUNTAS A CONSIDERAR

Como ya dije, me convertí de una vida de abuso de alcohol. Por la gracia de Dios, muchos otros individuos y yo hemos sido liberados y fortalecidos. Uno de nuestros diáconos me detuvo mientras yo caminaba por un pasillo de nuestra iglesia. «Mi vida nunca tuvo sentido —declaró—, hasta que pude hacer a un lado la botella y aceptar a Jesucristo como mi Señor y Salvador».

Podrías creer que bebes de manera responsable. Podrías señalar que bebes con moderación. Podrías creer que tienes libertad para hacerlo, y por tanto discrepas con mi posición.

Hazme un favor, ¿quieres? Investiga todo lo que puedas, y cuando termines envíame la prueba de que lo que bebes hoy día es equivalente a lo que Jesús bebía en el primer siglo.

Sería mucho más fácil para mí dejar este tema y hacer que cada individuo se sienta cómodo en su «moderación», pero permíteme hacerte una última serie de preguntas. En tu manera social de beber, ¿has bebido demasiado alguna vez? Si así es, ¿es eso alcoholismo? ¿Conoces a un alcohólico? ¿Has conocido alguna vez un alcohólico? ¿Te preocupan los alcohólicos? ¿Quieres contribuir con una industria que ha ayudado a arruinar innumerables vidas a lo largo de los siglos?

Agradezco a Dios por cada padre que ha adoptado la posición de

---

18. Ibíd.

guiar a sus hijos a ser abstemios totales. Y oro en el nombre de Cristo porque todos vivamos primero para Jesucristo, y después para otros.

En resumen: decido ser abstemio. He tomado esa decisión durante los últimos cuarenta y cinco años, después de nueve años deprimentes de abusar del alcohol. No me avergüenza hablar al respecto.

Por casualidad, ¿dudas en hablar de tu propio consumo de alcohol?

6

La presión de proveer

Muchos hombres hoy día están bajo gran presión por cumplir con las expectativas de cuidar adecuadamente a sus familias. Según un artículo, incluso los que aún no se han casado sienten una «profunda necesidad de ser competentes y exitosos, unida a la convicción consciente de que la sociedad siempre los observa y les juzga el desempeño».[1]

Alguien mencionado en el artículo, un consejero de veintiocho años en adicciones que trabaja en un posgrado en Psicología, declaró: «Los hombres estamos bajo mucha presión por rendir, y sentimos que todos nos observan y juzgan: ¿Dónde trabajamos? ¿A qué escuela van nuestros hijos? ¿Cómo luce nuestra esposa? ¿Qué auto conducimos? Siempre estamos pensando: "¿Cómo nos está yendo? ¿Cuál es nuestra puntuación?". Claro está que nosotros mismos nos presionamos bastante sin presión externa, pero la manera más rápida de hacer sentir inadecuado a un hombre es recordarle constantemente que su desempeño no es muy bueno… sea como padre, esposo, amante, empleado, empresario, o sea que arregle el televisor… cualquier cosa».[2]

El escritor concluyó: «No importa cómo se haga esa pregunta inicial, no importa cuál sea el tema que se trate, todo siempre lleva de nuevo a esta expresión… el mismo centro de la identidad de cada hombre es el deseo y la carga profunda de proveer. Así es como dice "te amo"».[3]

Creo que eso pasa con el dinero. En el centro de la identidad de

---

1. «The things that make men feel insecure», *Daily Nation*, 11 septiembre 2015, http://www.nation.co.ke/lifestyle/saturday/The-things-that-make-men-feel-insecure/-/1216/2866340/-/ia2f2qz/-/index.html.
2. Ibíd.
3. Ibíd.

cada hombre está el deseo de proveer bien para su familia. Sin lugar a dudas esta presión puede convertirse en algo totalmente abrumador.

¿QUIÉN, YO?

Aunque muchos hombres vacilan bajo el peso de proveer para sus familias y tratar de cumplir con todas las expectativas que otros les ponen, la mayoría de hombres que conozco rara vez habla del tema. Podrían sentirse inadecuados, podrían fastidiarse, podría desagradarles la casa en que viven o desaprobar las escuelas a las que asisten sus hijos, pero casi nunca admitirán ante alguien: «Me está costando trabajo proveer para mi familia».

Lo cual me lleva a preguntar: ¿Cuándo *oíste* por última vez a alguno de tus amigos hacer tal admisión? ¿Has dicho eso alguna vez a alguno de ellos?

No lo creo.

Los hombres quieren ser buenos proveedores. Está en su ADN. Desde el mismo principio, allá por el huerto de Edén, el Señor le dio al hombre un trabajo. Se nos dice que «tomó, pues, Jehová Dios al hombre, y lo puso en el huerto de Edén, para que lo labrara y lo guardase» (Génesis 2:15). Hasta el día de hoy los hombres tienen una profunda y poderosa urgencia implantada divinamente dentro de ellos para trabajar duro y cuidar de sus familias.

Sería un reto notable si este mandato de proveer implicara solo empleo y finanzas. Tratar de ganar suficiente dinero para cuidar la familia ha llevado a los hombres al límite a lo largo de la historia, y hoy día no somos la excepción. Pero la vida moderna ha lanzado a la mezcla una cantidad adicional de elementos.

En primer lugar, nunca antes en la historia el panorama laboral ha cambiado de manera tan continua, rápida, total e inesperada. Los avances en tecnología alimentan el desarrollo y la demolición de industrias enteras casi de la noche a la mañana. Es más, me cuesta pensar en *alguna* industria de las décadas pasadas que haya evitado el cambio rápido y significativo. ¿Educación más elevada? No. ¿Difusión de medios? No. ¿Medicina? No. ¿La industria de música o cine? No. ¿El sector manufacturero? No. ¿Contabilidad? No. ¿Qué tal el ministerio de la iglesia? ¿Sin duda alguna el panorama se ve muy parecido a como era hace veinte o treinta años? No me hagas reír.

Con todas las transformaciones radicales y los cambios imprevistos en la forma en que el mundo funciona, los hombres de hoy se preguntan a menudo si el trabajo que tienen ahora existirá dentro de pocos años más. A mediados de 2017, *nueve* grandes cadenas minoristas se declararon en bancarrota, y casi 90.000 trabajadores minoristas perdieron sus empleos desde octubre anterior.[4] Mark Cohen, ex director ejecutivo de Sears Canadá, quien actualmente dirige estudios minoristas en Columbia Business School, declaró: «La alteración justo empieza a desarrollarse. Creo que la cantidad de cierres de tiendas continuará a un ritmo acelerado desde este año hasta el próximo».[5] Perder un trabajo o preguntarnos si seguiremos teniendo empleo dentro de seis meses puede cobrar su precio, más allá de la presión de ganar actualmente suficiente dinero para sostener la familia.

Sin embargo, proveer para la familia implica mucho más que lo económico. Incluso el diccionario nos dice que *proveer* puede significar «proporcionar, suministrar o equipar», así como «tomar medidas con la debida previsión». Un hombre que quiera proveer para su casa tiene que asegurarse de preparar a su familia para prosperar en todos los aspectos de la vida, dondequiera que el Señor los haya plantado, y eso toma cierta cantidad de planificación y previsión. También plantea un montón de preguntas.

¿Qué hay de las necesidades espirituales de la familia de un individuo? ¿Qué implica el hecho de que Dios considere al hombre como cabeza espiritual de su casa? ¿Debe enseñar a sus hijos a orar? ¿Les enseñará a leer y estudiar la Biblia? ¿Cómo puede ayudarles guiándolos hacia un conocimiento salvador de Jesucristo? ¿Cómo podría él guiar a su esposa en asuntos espirituales?

¿Qué pasa si ella piensa, habla o lidera mejor que él? ¿Cómo podría eso cambiar las dinámicas del hogar de ese hombre? ¿Cuál es su responsabilidad para con la iglesia a la que su familia asiste? ¿Van solo el domingo y nada más? ¿Está él involucrado en dictar una clase, asistir a una clase o dejar todo en orden después de una clase? ¿Está dándoles a sus hijos oportunidades de involucrarse con otros chicos en

---

4. Yuki Noguchi, «Retailers scrambling to adjust to changing consumer habits», http://www.npr.org/2017/05/02/526560158/a-rapid-shakeup-for-retailers-as-consumer-habits -change.

5. Ibíd.

la iglesia? ¿Cómo integra él su vida hogareña con la vida de la familia de su iglesia?

¿Cómo provee un hombre para las necesidades de disciplina en su casa? ¿Cómo puede asegurarse que él y su esposa estén de acuerdo cuando deben disciplinar? ¿Cómo es esa disciplina? ¿Tiene que ser el hombre quien imparta principalmente disciplina? Si no lo es, ¿cómo puede seguir dirigiendo en este sentido? ¿Cómo puede asegurarse de que su disciplina sea coherente, justa y positiva?

¿Qué sucede cuando la casa necesita reparaciones, un electrodoméstico o un aparato deja de funcionar, o cuando deben cortarse los árboles? ¿Tiene que ser él quien lo «arregle» todo? ¿Y qué pasa si él en particular no es hábil, pero tampoco tiene el dinero necesario para estar al día con el mantenimiento? ¿Cómo provee para su familia asegurándose que el ambiente hogareño permanezca seguro, atractivo y saludable?

¿Qué puede hacer el hombre para ayudar a su esposa cuando ella sufra una contrariedad personal y necesite apoyo emocional? ¿Cómo puede preparar a sus hijos para superar las pruebas de la enseñanza intermedia y secundaria? Cuando sus hijos crecen lo suficiente para empezar a salir, ¿cómo manejará él *esa* montaña rusa emocional? ¿Está preparado para enseñar a sus hijos acerca del sexo? ¿Cómo puede proporcionar la estabilidad emocional que su familia necesita en las buenas y en las malas?

Si el hombre ya no es el dios griego que (cree que) una vez fue, ¿dónde puede encontrar el tiempo para ponerse en forma? ¿Puede manejar una bicicleta, unirse a un gimnasio, hacer deporte, jugar en una liga recreacional? ¿Cómo puede animar a toda su familia a mantenerse en buena forma física? ¿Sabe él quién de su casa está programado para una cita con el médico o el dentista, y cuándo? ¿Trabaja con su esposa en proporcionar alimentos sanos y nutritivos para la familia, o suelen recurrir a comida rápida?

Y así sucesivamente.

La cruda realidad es que proveer para la familia cubre gran cantidad de territorio accidentado. Cuando incluyes las expectativas (razonables o no) de los demás, y luego tienes en cuenta la probabilidad de que multitudes de observadores estén tomando nota de lo que sucede bajo tu techo (al menos, tantos como puedan ver a través de las ventanas), todo esto se suma a la montaña de la *PRESIÓN*.

¿DÓNDE GANAS... O PIERDES?

Sé de algunos tipos que manejan con facilidad las presiones económicas familiares, pero que se desvían de los requisitos de liderazgo espiritual en la tarea. Otros se las arreglan para mantenerse y mantener a los miembros de sus familias en excelente estado físico, pero huyen siempre que alguien se les acerca con una necesidad emocional. ¿Con qué tipo de presiones tratas mientras provees para tu familia?

¿Dónde crees que te destacas como proveedor?

¿Dónde batallas?

¿Dónde deseas haber tenido un poco de ayuda para mejorar algún aspecto de tu desempeño como proveedor de la familia?

Sobre todo, ¿a quién acudes cuando necesitas hablar de las presiones de proveer? ¿A quién puedes llamar para que te ayude a procesar la carga que sientes? E igual de importante, ¿*eres* la clase de amigo en que otros hombres pueden apoyarse a fin de que les prestes atención piadosa y oído comprensivo?

Todos tenemos ocasiones en que parece que todo aquello para lo cual hemos trabajado y por lo que nos hemos esforzado podría derrumbarse bajo nuestras cabezas. Nos sentimos cansados, débiles, desanimados, desilusionados y tal vez un poco más que asustados, aunque no soñaríamos en hablar con alguien al respecto.

Sin embargo, ¿por qué no? ¿Cómo perjudicaría que alguien más supiera la enorme presión que sentimos? ¿No sería realmente más beneficioso hablar con alguien en quien podamos confiar?

En la Biblia encontramos unos hombres que hace muchos siglos tomaron la valiente decisión de admitir su propio momento: «No puedo más». Sus palabras me han dado en más de una ocasión la esperanza y el ánimo que necesitaba en medio de la aplastante presión.

RESURRECCIÓN DE LOS MUERTOS

Creo que todos necesitamos recordatorios periódicos de que la vida cristiana es un campo de batalla, no un parque infantil. Deberíamos esperar problemas, mientras seguimos previendo que Dios hará grandes cosas por nosotros y en nosotros.

Si te sientes bajo presión extrema debido a tus responsabilidades como proveedor, reconoce que otros han experimentado lo mismo mucho tiempo antes que tú. La vida tiene una manera de ponernos en una prensa y apretarnos. Nada menos que el apóstol Pablo escribió una vez a algunos amigos queridos: «Hermanos, no queremos que desconozcan las aflicciones que sufrimos en la provincia de Asia. Estábamos tan agobiados bajo tanta presión que hasta perdimos la esperanza de salir con vida: nos sentíamos como sentenciados a muerte» (2 Corintios 1:8-9, NVI).

Justo en este momento podrías sentirte «como sentenciado a muerte». Es posible que la presión haya aumentado hasta el punto de no ver cómo podrías dar un paso más. La carga que sientes, tal como lo describió Pablo hace mucho tiempo, está mucho más allá de tu capacidad de resistir.

¿Qué hacer entonces? Puedes seguir el ejemplo del apóstol. ¿Te das cuenta de que la única razón de que podamos leer sus palabras en 2 Corintios 1:8-9 es que él tomó la decisión de hablar a otros de su pesada carga? No la guardó para sí. Tampoco minimizó ni espiritualizó en extremo su difícil situación. No dijo: «Hermanos, las cosas se ven malas para nosotros, muy malas, pero alabado sea el Señor, acabamos de reclamar la victoria en el nombre de Jesús, y Él nos puso en la cima de la montaña». No, Pablo admitió la verdad, con toda su crudeza. Les dijo a sus amigos que las pruebas lo habían cargado «bajo tanta presión». Las presiones aumentaron tanto que el apóstol perdió «la esperanza de salir con vida», incluso hasta el punto de sentirse «como sentenciado a muerte». Bueno, *eso es* grave.

Si la presión está aplastándote, ¿por qué entonces no seguir el ejemplo de Pablo y hablarles al respecto a algunos amigos cercanos? Hazles saber cómo te sientes. No te contengas. No encubras tus temores ni enmascares tu ansiedad. El apóstol les dijo a sus amigos que creía que iba a morir. Pareció no importarle lo que algunos de ellos pudieran pensar: *Oye, amigo, tienes que controlarte.* No tenía necesidad de convencerlos de que era algún superhombre porque sabía que no lo era. Él fue directo y comunicó su situación sin ocultar nada.

Me alegra que Pablo no se detuviera allí, que no se limitara simplemente a lanzar todos los temores y las ansiedades sobre sus amigos y luego decir, al salir por la puerta: «Muchas gracias, muchachos». Él tuvo sabiduría para poner sus terribles pruebas en contexto. Dios le otorgó visión para ver que incluso en esos momentos desesperadamente tétricos el Señor tenía un propósito y una intención. Pablo siguió diciéndoles a sus amigos: «Eso sucedió para que no confiáramos en nosotros mismos, sino en Dios, que resucita a los muertos» (v. 9, NVI).

Siempre que te encuentres bajo la enorme presión que a menudo acompaña tu responsabilidad de proveer, Dios quiere que levantes la mirada. No puedes confiar en ti mismo. ¿Cómo podrías hacerlo? Puedes sentirte en el umbral de la muerte, a un paso de la tumba, y Dios es el único calificado para resucitar a los muertos.

Poco después en su carta, Pablo puso al día a sus amigos sobre su situación. Mientras el Señor lo rescató de la desesperación que poco antes lo había acosado, el apóstol aún no había estallado en ovaciones y saltos de victoria. Si bien la presión había disminuido un poco, no había desaparecido. Y Pablo también contó la verdad al respecto, pues escribió: «Nos vemos atribulados en todo, pero no abatidos; perplejos, pero no desesperados; perseguidos, pero no abandonados; derribados, pero no destruidos» (2 Corintios 4:8-9, NVI). Nota que todos esos verbos aparecen en tiempo presente: Pablo *está* atribulado, *está* perplejo, *está* perseguido, *está* derribado. Ya no se siente en el umbral de la muerte, pero se encuentra bajo importante presión.

Creo que es la obra del Espíritu Santo ponernos de rodillas cuando tenemos una necesidad apremiante. La provisión que recibimos de nuestro Padre amoroso podría no ser lo que le pedimos, pero en su propia manera nos lleva en medio de la presión. Puede que tengamos una necesidad más urgente que no hayamos comprendido. Él suplirá según *esa* necesidad.

UN ODRE ENNEGRECIDO POR EL HUMO

Mucho tiempo antes de la época de Pablo, otro hombre de Dios se sintió presionado y destrozado bajo circunstancias muy distintas. Aunque había estudiado fielmente la Palabra de Dios y puesto su confianza en el Señor, enemigos despiadados lo habían perseguido sin motivo. A pesar de muchas oraciones pidiendo liberación, la presión seguía aumentando, implacablemente, hasta que él se llamó «un odre ennegrecido por el humo» (Salmos 119:83, NVI).

En tiempos antiguos la gente usaba pieles de animales para hacer envases que contenían agua y vino. Con el tiempo, esos envases expuestos al humo y al calor del fuego de la cocina en el corazón del hogar se secaban y rajaban. Una vez que esto ocurría, eran inútiles. Los cueros secos y agrietados ya no podían cumplir con su propósito, y sus dueños los desechaban. ¡Qué triste autorretrato describió el salmista! Se vio demacrado, presionado al máximo, seco, rajado e inútil. Estaba agotado, ajado y consumido. Había perdido toda influencia. Se sentía puesto a un lado y olvidado. *Ni siquiera Dios se acuerda de mí*, habría pensado.

¿Te has sentido alguna vez como un odre ennegrecido por el humo? Tal vez las presiones de proveer para tu familia te han estirado como papel fino. Quizá te sientes seco, agrietado, agotado e inútil. Podrías sentirte como algunos hombres que conocí hace poco.

Una noche cené con tres parejas jóvenes. Cuando avanzó la noche empezamos a hablar de dinero. Cada una de las tres parejas tenía historias parecidas con relación a sus finanzas. Todas se habían endeudado cada vez más profundamente.

A medida que analizábamos los problemas difíciles que les producía su endeudamiento, todas las parejas expresaban arrepentimientos similares. Sin excepción, cada una de ellas tenía una sensación común de llamado divino, pero creían que sus malas decisiones con relación al dinero las había llevado al borde de la catástrofe. Un esposo confesó: «Yo estaría hoy en el ministerio si no fuera por mis deudas».

Al seguir hablando, no pude dejar de notar la evidente disposición y ansiedad de las esposas por tratar este delicado problema. Ellas tomaron la iniciativa. Por el contrario, todos los hombres se echaron para atrás y parecían renuentes a unirse a la conversación. Solo cuando nuestro debate avanzó, ellos finalmente comenzaron a hablar.

Creo que la renuencia de los hombres reflejaba su profundo sufrimiento como los principales sustentadores de la familia. Sin duda sentían la parte más pesada de la carga por su situación financiera. Los hombres claramente se sentían mermados y casi inútiles. No me sorprendería saber que uno o más de ellos ya hubieran empezado a dirigirse hacia la depresión.

No hago esta relación a la ligera. Mientras redacto este capítulo estoy tratando de animar a la esposa de un hombre muy desanimado. Después de perder el empleo y no encontrar otro, el esposo había caído en depresión. Cree que ha perdido la capacidad de proveer para su familia, y eso está matándolo. Se siente como un odre ennegrecido por el humo. Hace poco su esposa me enumeró las palabras y frases que oye más a menudo de él en estos días: «inútil», «incapaz de hacer frente», «fracasado» y «he decepcionado a mi familia».

Agradezco que al igual que el apóstol Pablo, el escritor de Salmos 119 no se detuviera en la sombría descripción de su vida lóbrega y llena de presiones. Me estimula observar que el salmista (otra vez al igual que Pablo) no sintiera vergüenza de hablar con otros de su situación desesperada. Tal como Pablo, admitió que la muerte estaba en su mente: «Casi me han echado por tierra» (v. 87). Pero una vez más, al igual que Pablo, se aferró a la idea de «casi».

Sí, la situación era urgente, la crisis era clara, la necesidad era grande. La situación se había vuelto crítica, y el polvo en el reloj de arena advertía: «Casi agotado». El hombre estaba al borde del desastre. Necesitaba rescate corporal y reactivación del espíritu.

Pero no se encontraba sin esperanza. Nunca estamos sin ella.

Nunca estás sin ella.

Sin embargo, el hombre tenía preguntas, como sin duda tú también las tienes. Primero le preguntó a Dios: «¿Cuándo me consolarás?» (v. 82). Esta es la reacción natural de la gente que sufre. Para la mayoría de nosotros es difícil esperar lo que *podemos* ver: que termine un embotellamiento de tráfico, que se acelere una fila de pago para avanzar, que pase una enfermedad temporal. Pero es mucho más difícil esperar a que nuestro invisible Señor cumpla su voluntad.

A pesar de ello, me pregunto si a veces padecemos innecesariamente. ¿Con qué frecuencia sufrimos mucho tiempo bajo la presión de proveer porque deseamos que Dios se encargue *directamente* de nuestro problema, sin recurrir a la ayuda de otras personas a nuestro alrededor? Al igual que el salmista, nuestra alma «desfallece» por la salvación de Dios (v. 81); pero en nuestro caso, a menudo se debe a que no queremos admitir nuestro problema ante alguien más.

No obstante, ¿y si otros seguidores de Jesucristo *son* la solución divina a tu problema? ¿Y si el Señor quiere darte alivio por medio de alguien más? ¿Y si Él desea empezar a darte ese alivio solo cuando buscas a un amigo de confianza para hablarle sobre la insoportable presión que estás sintiendo?

«Bendito sea el Dios y Padre de nuestro Señor Jesucristo, Padre de misericordias y Dios de toda consolación, el cual nos consuela en todas nuestras tribulaciones, *para que podamos también nosotros consolar a los que están en cualquier tribulación*, por medio de la consolación con que nosotros somos consolados por Dios» (2 Corintios 1:3-4). Dios nos ha puesto dentro del cuerpo de una iglesia para que el miembro que sufre con necesidad de desahogo pueda hallar alivio y consuelo por medio de otro miembro. De esa manera, es Dios quien «nos consuela en todas nuestras tribulaciones». *Dios* nos ministra y nos entrega su consuelo *por medio* de otros.

Sin embargo, para recibir ese tipo de consuelo debes dejar que alguien sepa que lo necesitas. ¿Estás dispuesto a hacer esto? ¿Estás dispuesto a dar a conocer a un hermano aquello de lo que no has hablado?

Dificultades como estas suelen ir de mal en peor. En Salmos 119:84, el salmista pregunta: «¿Cuántos son los días de tu siervo?». En otras palabras: «No creo que anhele este mundo, Señor. ¿No podrías apurarlo un poco? ¿Cuánto tiempo más puedo soportar esto? Mis días se están yendo, y sin embargo mis oraciones permanecen sin respuesta». A propósito, estas no son preguntas de incredulidad. Son preguntas de santos que sufren. Todos experimentamos lo que consideramos «extrañas demoras» en el manejo divino de situaciones difíciles. No nos gustan. No tienen sentido para nosotros. Se sienten injustas, y hasta crueles.

Debemos recordar que esas situaciones no son eternas.

Al igual que con Job, y también aquí con el salmista, Dios traza una línea en la arena, una línea que los perseguidores no pueden cruzar. El salmista dijo que sus enemigos «casi» lo echan por tierra, y el «casi» de Dios es una barrera impenetrable que ningún enemigo puede traspasar.

Es probable que no tengas la clase de enemigos del salmista, pero las presiones que te agobian siguen siendo enemigos de un tipo u otro. Dios también dice «casi» a esos enemigos. No pueden derrotarte a menos que intentes atacarlos por tu cuenta. Se necesita un grupo de hermanos que te ayuden a retroceder y mantenerte firme. ¿Quién está en tu grupo?

Necesitas la ayuda de otros hombres. Dios quiere usarlos para reanimar tu alma y fortalecer tu espíritu. Sé que quieres obedecer al Señor, pero también sé que no tienes las fuerzas para hacerlo solo. Necesitas que Dios te reanime, que sople en ti su poder vivificante y transformador. Necesitas un toque fresco de gracia divina para fortalecerte. Y es muy probable que Dios quiera usar a otros hombres para llevarte a ese lugar de renovado poder y fortaleza.

HÁBLALE

En 1979, cuando los gobernantes de la China comunista decidieron limitar el tamaño de las familias de esa nación (la infame «política de un solo hijo»), nadie en el gobierno previó claramente los problemas que tal política crearía. Hoy día esas dificultades se han evidenciado.

La primera generación de hijos criados bajo la política de un solo hijo ha alcanzado la mayoría de edad. Por lo general, estos adultos jóvenes viven bajo extraordinaria presión. ¿Por qué? Porque como hombres y mujeres jóvenes que a su vez son padres de un solo hijo, ahora también deben brindar cuidado a dos pares de padres ancianos. Según un artículo en una publicación china, los observadores han llamado a esto la estructura familiar «4-2-1», y está causando una angustia casi increíble en la China moderna.[6] Más de seis millones de padres chinos recibieron en 1979 un certificado de un solo hijo, y ahora millones de los hijos de un hijo único se están encontrando en lo que muchos de ellos sienten como una situación insoportable.

El artículo continúa contando la historia de un señor Wang y su esposa, quienes sienten extraordinaria presión por proveer para sus familias extendidas. Así dice el artículo: «Se sienten muy agotados por estar bajo la presión mental de apoyar a sus padres ancianos y a la vez enfrentar las dificultades realistas de criar a sus hijos. Al igual que el señor Wang, muchos de quienes son hijos únicos en la familia enfrentan el problema de apoyar a sus padres. Les preocupa no poder criar a sus propios hijos ni apoyar a sus padres».[7]

Aunque los estadounidenses no han tenido que vivir bajo tal política antibíblica, millones de hombres viven bajo la presión constante e implacable de proveer bien para sus familias. Leer un capítulo como este no los alivia de esa presión, pero espero que por ahora te des cuenta de lo que debes hacer para reducir lo suficiente la presión a fin de que puedas obtener una nueva sensación de esperanza.

¿Y qué es lo que debes hacer? Proverbios 18:24 declara: «Amigo hay más unido que un hermano». Encuentra ese amigo, y habla con él.

---

6. «Young Chinese couples face pressure from "4-2-1" family structure», 25 agosto 2010, http://en.people.cn/90001/90782/7117246.html.

7. «Young Chinese couples face pressure from "4-2-1" family structure».

Necesito un milagro económico

Hace algún tiempo el pastor de una gran iglesia del medio oeste decidió impartir una serie de conferencias sobre finanzas. Varios miembros y asistentes regulares de su iglesia habían acudido a él en privado para solicitarle asesoramiento fiscal que les ayudara a volver a encarrilarse en relación con sus hábitos malsanos de consumo. Comenzó su primera presentación un domingo por la mañana diciendo algo como esto:

«Me gustaría hacer una pregunta a cada persona en este auditorio. Pero antes de hacerla quisiera que todos cerraran los ojos. Por favor, cierren los ojos solo por un momento y no miren alrededor. Muchas gracias. Ahora he aquí la pregunta: ¿Cuántos de los aquí presentes esta mañana necesitan un milagro económico? Sea que necesites un milagro económico en tu casa o en tu negocio, levanta la mano, por favor».

El pastor esperaba que tal vez se levantara una decena de manos. Nunca imaginó la respuesta que tendría: *tres cuartas partes* de las personas levantaron las manos. La cantidad de manos levantadas lo sorprendió. Y lo sorprendió aún más que obtuviera prácticamente el mismo resultado en cada una de las tres reuniones la mañana de ese domingo.

Si hubieras estado en la audiencia esa mañana, ¿cómo habrías respondido? ¿Hubieras levantado la mano?

FINANZAS DESCONTROLADAS

Aunque Estados Unidos es con mucho la nación más rica del planeta, gran porcentaje de nosotros carece de hábitos financieros sanos. Considera, por ejemplo, que, a partir de junio de 2017, la tasa promedio estimada de ahorros en los hogares de Estados Unidos se situó en solo el 5,25%. Compara esa cantidad con las tasas de ahorros en naciones tales como Alemania y Suecia, que durante el mismo período fue del 10% o más.[1] Los estadounidenses podemos tener más dinero que otros alrededor del mundo, pero un sorprendente porcentaje no lo gastamos con sabiduría. ¡No es de extrañar que muchos tengamos problemas financieros!

Y sin embargo mantenemos la boca cerrada al respecto.

No queremos que nadie sepa que todos los meses oscilamos al borde de la ruina económica. Podemos hablar con nuestros amigos del nuevo auto que compramos, de las tremendas vacaciones que planificamos, de la gran parrilla que pedimos, o del elegante yate en que pusimos nuestra mirada, pero guardamos silencio ante la posibilidad muy real de que el embargador podría aparecer cualquier noche en nuestra puerta.

No estoy sugiriendo que divulguemos a los cuatro vientos nuestros problemas económicos, pero tampoco nos ayuda guardar silencio acerca de nuestro problema y pretender que no existe. La sabiduría insiste en que *tenemos* definitivamente que controlar el uso de nuestro dinero. No obstante, es muy difícil que eso ocurra si no admitimos dónde estamos financieramente y buscamos consejo sabio de fuentes informadas que nos ayuden a recuperar una sólida base económica.

En este capítulo me gustaría que viéramos lo que la Biblia dice acerca de algunos de nuestros errores más comunes. También deseo aprovechar la sabiduría de algunos asesores económicos piadosos cuyo consejo sé que ha permitido a muchos hombres pasar de la ansiedad profunda por su situación económica a fuerte confianza. También contaré una cantidad de historias de la vida real que dan cuerpo a la idea abstracta de dominar la responsabilidad financiera.

LA VIDA EN UNA CULTURA ALOCADA POR EL CRÉDITO

En general, la mayoría de nosotros nos metemos en problemas económicos simplemente porque no vigilamos de cerca cuánto dinero recibimos y cuánto gastamos. Vivimos en una cultura alocada por el

---

1. *OECD.* Estadísticas en http://stats.oecd.org/Index.aspx?QueryId=51648.

crédito en que constantemente nos bombardean con mensajes que nos instan a comprar lo que «merecemos» *ahora mismo*, tengamos o no los fondos. «Oye, ¡te haremos un préstamo! No te preocupes de cuánto cuesta… haremos que los pagos mensuales sean fáciles para ti».

Y antes de darnos cuenta nos encontramos profundamente endeudados. Despertamos en medio de la noche, llenos de ansiedad porque este mes no podemos pagar la cuota de nuestra hipoteca. Dejamos de ahorrar, dejamos de dar al Señor a través de nuestra iglesia, abandonamos cosas importantes como seguros de vida o incluso seguros de salud. Y cuando tenemos una emergencia, y la vida tiene una manera de asegurarnos que todos enfrentemos emergencias en los momentos más inoportunos, nos desmoronamos.

ERRORES ECONÓMICOS MÁS COMUNES

Pensemos solo en diez de los errores económicos más comunes que los estadounidenses suelen cometer. ¿Reconoces que tú o tu familia cometen alguno de ellos?

1. Demasiado gasto en artículos innecesarios

¿Te das cuenta de que gastar solo 25 dólares por semana saliendo a cenar equivale a 1.300 dólares al año? ¿Cuán a menudo compras un café en la cafetería del barrio en vez de preparar tu propio café? ¿Compras gasolina de máximo octanaje cuando tu vehículo no la necesita? ¿Con qué frecuencia haces compras compulsivas en el supermercado o la tienda por departamentos? ¿Qué tipo de pagos interminables tienes, tales como costosos planes de teléfonos inteligentes, suscripciones de televisión de lujo por cable, videojuegos y cosas por el estilo?

2. Falta de un presupuesto familiar

Fallar en planificar es planificar para fallar. ¿Cuánto gastas cada mes en alimentación, ropa, servicios públicos, hipoteca, seguro, restaurantes, teléfono, banda ancha, gasolina, servicios médicos y dentales, u otros? Si no lo sabes, casi con seguridad estás gastando demasiado. ¿Mantienes un registro de todos tus gastos? ¿O simplemente utilizas tu tarjeta de débito para pagarlo todo?

3. Uso imprudente de crédito

Para el primer trimestre de 2017, la deuda promedio en hogares estadounidenses era de $135.924, para un total nacional de $12,73 *billones* de dólares. El promedio de deuda por auto familiar era de $29.058 ($1,17 billones), el promedio de deuda universitaria era de $50.868 ($1,34 billones), y el promedio de deuda en tarjetas de crédito era $16.425 ($764 mil millones), el 11% más que la última década.[2]

¿Qué clase de deuda en concepto de crédito tienes? ¿Sabes cuáles son tus tasas de interés? Si pierdes un pago aquí o allá, tu tasa de interés fácilmente puede aumentar a más del 30%, y tal vez ni lo sepas. ¿Cuántas tarjetas de crédito tienes? ¿Las pagas en su totalidad cada mes? ¿Solo estás haciendo pagos mensuales mínimos? De ser así, ¿sabes cuánto te cuesta realmente eso? ¿Sabes cuánto tiempo te llevaría pagar tu saldo a ese ritmo? Recuerda que hacer pagos mensuales mínimos *no* significa pagar la compra.

4. Uso de una línea de crédito sobre el valor acumulado de la vivienda como alcancía

Demasiados estadounidenses obtienen una línea de crédito con garantía hipotecaria para financiar gastos diarios en lugar de pagar por las compras que aumentan el valor de sus viviendas o que se aprecian en valor.

5. Vivir de sueldo a sueldo

Algo debe cambiar en tu hogar si todo el dinero que ganas cada mes se va en pagar cuentas.

6. Ningún ahorro de dinero cada mes

Si no tienes una cuenta de ahorros o si el saldo no crece constantemente, algo está mal.

7. No pagar deudas lo más pronto posible

¿Cuánto tiempo llevas pagando tus deudas? ¿Has hecho compras importantes «opcionales» sin pagar primero las deudas que ya tienes?

---

2. Erin El Issa, «2016 American Household Credit Card Debt Study», nerdwallet, https://www.nerdwallet.com/blog/average-credit-card-debt-household/.

8. Mantener secretos de dinero con tu esposa

¿Hablan con regularidad tú y tu esposa (los gritos no cuentan) acerca del presupuesto y cuán bien se mantienen dentro de este? ¿O mantienes en «secreto» algunas de tus compras para evitar conversaciones desagradables o peleas?

9. No ahorrar al menos seis meses de gastos de manutención

¿Tienes un fondo de contingencia que te ayude a sobrevivir en emergencias inesperadas? Si tu auto se descompone hoy, o te quedas sin trabajo, ¿cómo sobrevivirías?

10. Compra de casa demasiado grande o auto demasiado costoso

¿Necesitas realmente una casa de 350 metros cuadrados? ¿Podrías tener una más pequeña, una más vieja que aún esté en buen estado, y no sacar un préstamo tan grande? Los expertos afirman que no deberías gastar más del 30% de tus ingresos en el pago de hipoteca. ¿Necesitas de veras comprar un auto nuevo a crédito? ¿Podrías tener un modelo más viejo en su lugar? Un auto es un activo en depreciación, y financieramente no es sensato gastar lo que no se tiene en un activo que pierde valor en el momento que lo sacas del almacén.

¿Estás cometiendo alguno de los errores monetarios descritos? Si es así, ¿qué plan tienes para corregir el problema? Si no tienes plan, ¿cómo puedes empezar a hacer uno? Hagas lo que hagas, ¡no esperes! Si no sabes qué hacer, encuentra un amigo confiable que maneje bien el dinero y pídele consejo. A pesar de lo que dice la antigua canción, el silencio no lleva a ninguna parte dorada.

TRES CLAVES PARA LA SALUD FINANCIERA

¿Cuántas familias pueden jactarse de no tener deudas? Al poco tiempo de casados, y a menudo antes de la boda misma, muchas parejas empiezan a sentir «el apretón del dinero». Se ha dicho que el problema principal en el conflicto marital es la comunicación, y el segundo son las finanzas. Pero tengo la teoría de que la pareja promedio no puede comunicarse porque están enojados respecto al dinero. Es más, el «apretón del dinero» es quizá el problema principal y *también* el segundo.

La Biblia habla mucho del dinero y del uso que le damos, principalmente porque, si no controlamos el dinero que Dios pone en nuestras manos, este pronto nos controlará. ¿Sabes que Jesús habló más del dinero que del cielo? El tema principal de las parábolas del Señor son las posesiones. Y el apóstol Pablo, a quien Dios usó para entregarnos trece epístolas, a menudo escribió acerca de dinero, ofrendas, compartir con otros, generosidad y temas relacionados.

En lugar de darte una lección bíblica integral sobre el manejo del dinero, te sugiero una manera sencilla de empezar a entender un enfoque eficaz respecto a las finanzas. Tiene solo tres puntos principales:

1. Todo le pertenece a Dios

El Señor nos dice: «Mía es toda bestia del bosque, y los millares de animales en los collados. Conozco a todas las aves de los montes, y todo lo que se mueve en los campos me pertenece. Si yo tuviese hambre, no te lo diría a ti; porque mío es el mundo y su plenitud» (Salmos 50:10-12).

Todo lo que tenemos le pertenece realmente a Dios. Por un tiempo somos simples mayordomos de la generosidad divina. Por eso es que debemos aprender a manejarla bien. De ahí que David orara como lo hizo cuando comisionó públicamente al pueblo de Israel a que ayudara a su hijo Salomón a construir el templo: «Oh Jehová Dios nuestro, toda esta abundancia que hemos preparado para edificar casa a tu santo nombre, de tu mano es, y todo es tuyo» (1 Crónicas 29:16).

2. Da a Dios de tus primeros frutos

Para ayudarnos a recordar que Dios es dueño de todo, la Biblia nos instruye a darle al Señor y a su obra una parte de las «primicias» de toda la riqueza material que recibimos. Al hacerlo damos gracias a Dios por su provisión, y nos preparamos para un futuro más brillante. Así lo declara Proverbios 3:9-10: «Honra a Jehová con tus bienes, y con las primicias de todos tus frutos; y serán llenos tus graneros con abundancia, y tus lagares rebosarán de mosto». Se necesita disciplina económica para darle a Dios de lo que ganamos al principio del mes, en vez de lo que nos sobra al final. Pero esa misma disciplina nos prepara para el éxito en la vida.

3. Deléitate en ser generoso

Las personas que luchan por mantener financieramente la cabeza fuera del agua no pueden hacer de la generosidad una parte de sus estilos de vida. Sin embargo, cuando controlas tus finanzas puedes comenzar a buscar maneras de bendecir a otros con el dinero que Dios pone en tus manos… y conozco pocas cosas más satisfactorias que dar. Pablo escribió: «Ustedes serán enriquecidos en todo sentido para que en toda ocasión puedan ser generosos, y para que por medio de nosotros la generosidad de ustedes resulte en acciones de gracias a Dios. Esta ayuda que es un servicio sagrado no solo suple las necesidades de los santos, sino que también redunda en abundantes acciones de gracias a Dios» (2 Corintios 9:11-12, NVI). ¿No te gustaría iniciar lo que «redunda» en acciones de gracias a Dios? Si es así, entonces descubre cómo puedes volverte un hombre que se deleita en la generosidad. Cuando empieces con ese objetivo en mente construirás un hogar fundado en la sabiduría bíblica y la fortaleza económica.

LA UNIVERSIDAD DE LA PAZ FINANCIERA

Como pastor he visto que muchas personas en la iglesia desean realmente ayudar a hacer que el reino de Dios avance. No obstante, algunos son nuevos en la fe cristiana y están muy endeudados. Otros han sido cristianos durante mucho tiempo pero no han aprendido a manejar eficazmente su dinero.

Me sorprende que aunque normalmente no cuestionamos la necesidad de enseñar a los cristianos a hablar de su fe, ni la necesidad de prepararlos para hacer discípulos, no se dice mucho acerca de enseñarles a manejar su dinero. Creo que es importante enseñar a los creyentes sobre cómo Dios quiere que sus hijos manejen el dinero que pone en manos de ellos.

Ya que los hombres cristianos deben desarrollar la mentalidad de administrador en vez de la de dueño, en nuestra iglesia ponemos a disposición «la universidad de la paz financiera» de Dave Ramsey, un recurso que recomiendo encarecidamente. Toda iglesia debería tener un plan para ayudar a su gente a manejar los activos de Dios a fin de que el pueblo del Señor pueda honrar las Escrituras. No debemos olvidar que Dios requiere que cada uno de nosotros sea hallado administrador fiel.

Me siento muy bendecido de ver a tantas familias jóvenes (y algunas no tan jóvenes) entrar a nuestras clases de adiestramiento financiero. Al final de cada período de nueve semanas damos un informe personal a la iglesia acerca de cuánta deuda fue pagada por las parejas en la clase, así como el promedio para cada pareja o individuo. Luego hablamos de cuánto ahorró cada persona, y el porcentaje de aumento en sus donaciones. ¡Los resultados han sido absolutamente extraordinarios!

LA NECESIDAD DE RECIBIR

Cada cristiano debe encontrar un equilibrio entre recibir dinero y obsequiarlo. En Filipenses 4:15, Pablo escribió de lo uno y de lo otro. Las palabras que utilizó son términos relacionados con crédito y débito; el débito se refiere a dar, mientras que el crédito se refiere a recibir. Algunos hombres reciben pero les resulta difícil dar, mientras que a otros les gusta dar pero les resulta difícil recibir.

Mi don espiritual principal es la exhortación, y después viene el don de dar. Aunque siempre me ha gustado dar, en algún momento no sabía cómo recibir.

En 1977 estaba pastoreando una pequeña iglesia rural, la Iglesia Bautista Lavonia, en Mooresville, Carolina del Norte. Un miércoles por la noche tuve el privilegio de recibir a una misionera en Indonesia llamada Sara Snell. Desdichadamente, su esposo Roy no pudo unírsenos durante la noche. Aún recuerdo la manera poderosa en que me afectó el mensaje de Sara de llevar el evangelio a las naciones.

Después que Sara habló esa noche, regresó a Charlotte, Carolina del Norte, donde estaba quedándose en un hogar que pertenecía a la Iglesia Bautista Chantilly. Dio la casualidad que unos días después planifiqué llevar de vacaciones a mi familia a mi ciudad natal de Wilmington, Carolina del Norte. Un comerciante de la iglesia me preguntó si sería tan amable de llevar un paquete para Sara a la residencia misionera. Me alegró honrar su petición y hacer el favor a esta tierna y piadosa misionera.

Después de saludarnos, Sara me dijo que el Señor le había hablado al corazón la noche que estuvo con nosotros. ¿Podría ella decirme lo que creía que el Señor le había dicho? Cuando le dije que siguiera adelante y me anunciara el mensaje, manifestó: «El Señor me dijo que tienes dificultad para recibir». En ese tiempo yo siempre había creído que cada vez que rechazaba una ofrenda de ayuda de alguien, lo hacía simplemente porque esperaba que Dios mismo proveyera para mi necesidad. Aún no había reconocido cómo Dios podría optar por proveer a través de quienes habían llegado a amar el ministerio que Dios me había dado.

Esa noche, después que salí de Charlotte, reflexioné en las palabras de Sara. Pronto recordé los días posteriores a mi conversión, cuando Howard Carter, el dueño y administrador de Sunset Roller Rink en Wilmington, Carolina del Norte, solía decirme lo orgulloso que se sentía del llamado de Dios en mi vida. Me daba la mano y yo sentía en la palma algo de dinero que él estaba tratando de entregarme, una inversión que deseaba hacer en mí y Janet durante nuestros primeros años de ministerio. En más de una ocasión lo avergoncé al dejar que el dinero cayera al suelo, y le decía: «Gracias, señor Carter, pero le diré que el Señor es quien provee para todas nuestras necesidades».

El señor Carter y su esposa Isabelle vinieron a pasar un fin de semana en la Iglesia Bautista Lavonia. Para entonces, él ya había aprendido que yo no sabía cómo recibir. En cierto momento visitaron nuestra casa, y durante días e incluso semanas después que se fueron, Janet y yo encontramos dinero escondido en varios lugares de la casa. Cuando sacábamos el papel higiénico del rollo encontrábamos billetes de diez y veinte dólares escondidos en el papel. Janet sacaba ollas y sartenes de nuestros armarios antes de cenar, y encontraba dinero escondido debajo de las tapas. Hallaba dinero debajo de nuestros productos enlatados en los gabinetes y en el refrigerador. No logro recordar todos los lugares donde el señor Carter había escondido el dinero.

Hoy día estoy muy agradecido por el señor Carter, quien ya está con el Señor desde hace muchos años. Lo traté mal en mis días de matón exacerbado por el alcohol, antes que nuestro misericordioso Señor Jesús me salvara y me cambiara para siempre. Y lo avergoncé en mis primeros días como creyente, antes que Dios me enseñara lo que debía conocer acerca del dinero. Siempre estaré en deuda con el señor Carter y nunca olvidaré su generosidad. Ojalá yo hubiera aprendido el principio de recibir antes que el Señor se lo llevara a casa.

EL GOZO DE DAR

Janet y yo hemos participado de la inmensa alegría de poder recibir y dar. Una de las mayores alegrías de poner en orden nuestra economía fue que nos puso en un lugar en que podíamos escuchar al Señor cuando nos señalaba necesidades, y luego nos uníamos a Él en satisfacerlas.

En el pasado, cada vez que alguien me daba un regalo monetario por hacer una boda o un funeral, yo se lo devolvía. Pero ahora tomo el regalo y le pido al Señor que me muestre alguna persona, familia, misionero, pastor o familia de pastor que pueda utilizarlo realmente. Luego escribo al dador una nota de aprecio, agradeciéndole por su generosidad y su inversión en mi vida. Le recuerdo que es un privilegio ser su pastor, y luego describo dónde invertí su generoso obsequio.

Al dar, en realidad recibimos de Dios. Cuando el apóstol Pablo recibió una ofrenda de la iglesia de Filipos, les dijo a sus amigos: «A Tesalónica me enviasteis una y otra vez para mis necesidades. No es que busque dádivas, sino que busco fruto que abunde en vuestra cuenta» (Filipenses 4:16-17). La frase «fruto que abunde en vuestra cuenta» habla de beneficio o bendición espiritual. En esencia, Pablo estaba diciendo: «Les presentamos una oportunidad de dar, no para que pudiéramos beneficiarnos, sino para que ustedes se beneficien. ¡No estamos pensando en nosotros, sino en ustedes!».

Ya que dar y la espiritualidad están inseparablemente ligados, Jesús pudo decir con toda razón: «Donde esté vuestro tesoro, allí estará también vuestro corazón» (Mateo 6:21). Se dice que Martín Lutero expresó: «He sostenido muchas cosas en mi mano, y las he perdido todas. Pero todavía poseo todo lo que he puesto en manos de Dios». Qué glorioso es poder persuadir al pueblo de Dios, en absoluta verdad, a dar para que pueda beneficiarse.

No hay nada como dar. Uno de mis versículos favoritos acerca de dar viene de Jesús y se encuentra en Lucas 6:38: «Dad, y se os dará; medida buena, apretada, remecida y rebosando darán en vuestro regazo; porque con la misma medida con que medís, os volverán a medir». Jesús nos invita a imaginarnos una túnica larga en la que Dios vierte gran cantidad de grano. ¡Y nos enseña que Dios la llenará hasta rebosarla!

Jesús también instruyó: «Más bienaventurado es dar que recibir».

Es interesante que encuentres eso registrado en Hechos 20:35 y en ningún otro lugar de la Biblia. Algunos teólogos han observado que la razón de que la declaración de Jesús no aparezca en los Evangelios es que es probable que la proclamara en varias ocasiones. Así que, por lo visto, el Hijo de Dios dijo de manera regular a las multitudes que lo seguían: «Más bienaventurado es dar que recibir». Si eso es exacto, entonces debemos esforzarnos mucho para convertirnos en dadores.

UN PROPÓSITO TRASCENDENTAL

Si quieres convertirte en dador generoso debes tener tus finanzas en orden. Y para hacer que eso ocurra necesitas un propósito poderoso y transcendental para energizar tus ofrendas. A fin de darle un giro a tus finanzas, *algo* en tu vida debe elevarse por encima del gasto. A menos que el dolor de permanecer económicamente en el mismo lugar se vuelva más grande que el dolor de realizar cambios en el modo en que manejas tus finanzas, no habrá ningún cambio verdadero.

Creo que nada puede retar mejor a un creyente a transformar la manera en que maneja el dinero, que saber que puede glorificar a Dios por medio del uso bíblico que le dé. Sé que quiero glorificar a Dios con los ingresos que me da, y eso me ha motivado a manejar con cuidado mis finanzas.

Una de las siete metas que Janet y yo tenemos en la vida es mostrar generosidad. Queremos que la generosidad sea un estilo de vida para nosotros, algo que hacemos la mayor parte del tiempo. Como resultado, siempre damos un mínimo del 10% de todo lo que Dios nos da. Nos consideramos dadores de «primicias» (Proverbios 3:9); sea que los fondos involucren regalías de un libro, un regalo inesperado, honorarios por hablar o mi salario semanal, nunca consideramos devolver al Señor nada menor al 10%.

Cuando se trata de dar es necesario tener una meta. Si no puedes dar el 10% ahora mismo, entonces empieza con un porcentaje más bajo y ponte como meta aumentar ese porcentaje a medida que Dios aumente tu capacidad de dar. Agustín, el padre de la iglesia primitiva, lo dijo de este modo: «Dios ha sido bueno conmigo. Me ha dado más de lo que necesito, pero me ha mostrado a otros que necesitan». Esto es lo que Janet y yo también sentimos cuando Dios nos bendice. Y, a medida que nuestros ingresos aumentan, damos más. Concuerdo con el escritor John Piper:

> Dios aumenta nuestra cosecha para que al dar podamos probar que esa cosecha no es nuestro dios. El Señor no prospera el negocio de un hombre para que pueda pasar de un Ford a un Cadillac, sino para que pueda llevarse el evangelio a 17.000 personas no alcanzadas. Él prospera un negocio para que el 12% de la población del mundo pueda retroceder un paso del precipicio de la inanición.[3]

Dios realiza milagros, y debemos confiar en su Palabra. La Biblia nos anima a creer que, cuando diezmamos, el Señor abrirá las ventanas de los cielos y derramará bendición mayor de la que podemos recibir.

RESULTADOS DE LA MAYORDOMÍA FIEL

Janet y yo también practicamos ahorrar un mínimo del 10% de todo lo que recibimos.

Mi mensaje para ti es que establezcas qué cantidad dar y qué cantidad ahorrar, y luego trates de tener un margen para que, si Dios te muestra una necesidad especial, pueda ayudarte a satisfacerla en algún nivel.

Una de las grandes promesas de la Biblia se encuentra en Filipenses 4:19, que expresa: «Mi Dios, pues, suplirá todo lo que os falta conforme a sus riquezas en gloria en Cristo Jesús».

La promesa es muy personal. Él es *mi* Dios.

La promesa es muy positiva. Él *suplirá*.

La promesa es muy clara. Todo lo que *falta*.

La promesa es abundante. Según sus *riquezas en gloria*.

La promesa es poderosa. Se halla *en Cristo Jesús*, el lugar más seguro y resguardado que cualquier creyente puede encontrar.

Recuerda también que Filipenses 4:19 no es un versículo independiente. Viene en el contexto de alguien que ha demostrado ser fiel con lo que Dios ya le ha dado. En *tal* contexto, Dios promete suplir todas las necesidades del creyente. Pablo es un gran modelo para nosotros.

3. John Piper, *Sed de Dios* (Barcelona: Publicaciones Andamio, 2001), capítulo 7.

¿A quién conoces que pueda mostrar la clase de estabilidad financiera y estilo generoso de vida que te gustaría disfrutar? Invítalo a tomar un café y analiza tu situación con él. Sé sincero, no ocultes nada. Pide su asesoría, su consejo y sus oraciones. Ve si está dispuesto a ayudarte a armar un plan práctico que te ayude a contar con una senda económica más saludable. Sin duda te hará saber algunas de las equivocaciones que has cometido, y cómo evitarlas. Escucha. Aprende. Y di la verdad, sabiendo que te esperan los días más brillantes si haces un esfuerzo por crecer en este ámbito clave de tu vida.

UN CAMBIO FELIZ

Siempre recordaré el día en que un querido amigo y miembro del personal hizo una cita para verme en mi oficina. Con voz temblorosa y vergüenza escrita en todo el rostro, me dijo que quería que yo estuviera entre los primeros en saber que se estaba declarando en bancarrota.

Me senté y escuché mientras me contaba su historia. Cuando terminó, le dije: «Antes que te declares en bancarrota me gustaría visitar contigo a nuestro planificador financiero». Entonces le presenté a un amigo cercano que había trabajado en la banca y había sido un constructor exitoso.

Después de que los dos hombres se reunieron varias veces, el planificador financiero sugirió una estrategia diferente a todo lo que mi amigo endeudado esperaba. Desechó la bancarrota y en su lugar creó un camino claro de reducción de gastos y agresividad en pagar las deudas. En solo unos meses mi amigo casi en bancarrota se liberó financieramente y se encontró en buena posición.

Debes saber que mi amigo, su esposa y sus hijos significan mucho para mí. Tuve el privilegio de llevarlo al Señor cuando él tenía diez años de edad. Tiempo después se casó con una chica, quien en 1973 asistía al mismo culto en que me convertí a Cristo. Digo todo esto para resaltar cuánto significa esta pareja para mí. Quería verlos ganar tanto como quiero *verte* ganar cuando de dinero se trata.

Desde esos días tensos de incertidumbre financiera, mi amigo ha mantenido sus finanzas en orden. Es fiel diezmador y generoso dador para causas misioneras en todo el mundo. Sirve en un ministerio de deportes que va a cárceles a predicar el evangelio, y que ha llevado a cientos de hombres a Cristo. También ha podido comprar una casa y ha bendecido a sus hijos con generosidad.

Cuento esta historia porque no hace mucho tiempo él no veía otra salida a su profundo agujero económico que la bancarrota. Creía que necesitaba un milagro financiero, pero con la ayuda de alguien más descubrió que, al aplicar principios bíblicos sanos para el uso del dinero, podía convertirse en buen administrador y experimentar libertad económica. Lo que antes ocultaba a otros ahora lo declara libremente ante cualquiera que necesite oírlo.

Y no hay motivo para creer que no puedas hacer exactamente lo mismo.

8

Mi esposa habla lo suficiente por los dos

Las mujeres hablan más que los hombres. *Mucho* más. Esa es una realidad biológica que explica por qué caen en oídos sordos (y bocas mudas) las súplicas para que los maridos hablen más y participen con sus esposas en conversaciones centradas en sentimientos.

Hay estudios que confirman el hecho de que las mujeres hablan más que los hombres. Por ejemplo, un estudio de 2013 realizado por investigadores de la Facultad de Medicina de la Universidad de Maryland estableció que, mientras las mujeres pronuncian cerca de 20.000 palabras en un día, los hombres solo pronuncian 7.000… lo que significa que ellas hablan aproximadamente el triple que ellos.

El estudio, publicado en el *Journal of Neuroscience*, indica que el mayor nivel femenino de una «proteína del lenguaje» llamada FOXP2 «podría explicar las disparidades en la verbosidad» entre hombres y mujeres. La investigadora Margaret McCarthy declaró que los hallazgos de su estudio «plantean la posibilidad de que las diferencias sexuales en el cerebro y en el comportamiento sean más dominantes y se establezcan más temprano de lo que se creía anteriormente».[1]

No obstante, para los hombres que quieren mantenerse en silencio principalmente en casa, un estudio no hace incuestionable a una excusa.

Algunos meses después que se publicara el estudio de McCarthy, un artículo titulado «Cuando de conversación se trata, ¿son realmente las

---

1. *Huffington Post*, «Biological Evidence May Support Idea That Women Talk More Than Men, Study Says», http://www.huffingtonpost.com/2013/02/21/women-talk-more-than-men -study_n_2734215.html.

mujeres más propensas a hablar más que los hombres?» rebatió fuertemente la declaración. El artículo citaba otro documento que combinaba los resultados de setenta y tres estudios sobre hábitos de lenguaje en los niños y descubrió que

> las niñas pronuncian más palabras que los niños, pero solo en una cantidad insignificante. Incluso esta pequeña diferencia era aparente solo cuando hablaban con uno de los padres, y no se veía cuando hablaban con sus amigos. Quizá lo más significativo solo se veía hasta los dos años y medio de edad, lo que significaba que podría simplemente reflejar las diferentes velocidades a las que niños y niñas desarrollan habilidades de lenguaje.[2]

Campbell Leaper, psicólogo de la Universidad de California, Santa Cruz, llevó a cabo un metaanálisis de estudios similares en adultos, y descubrió que los hombres hablaban más que las mujeres, aunque una vez más la diferencia era leve.

¿Qué debemos hacer con tan variados resultados? Eso es lo que suele suceder cuando vamos a estudios de investigación por argumentos, o para probar nuestra creencia o desaprobar la de alguien más. Los resultados pueden cambiar según la metodología, la audiencia, los sujetos de prueba, etc., de los investigadores.

Sin embargo, otro estudio publicado en julio de 2014 por *Scientific Reports* indica que el factor clave en si los hombres hablan más que las mujeres tiene que ver con el contexto. En el trabajo o en reuniones grandes, los hombres hablan más. En ambientes más pequeños, más sociales e íntimos, y en grandes grupos informales, las mujeres hablan más. El investigador principal de este estudio, Jukka-Pekka Onnela, profesor asistente de Bioestadística en la Facultad de Salud Pública de Harvard (*HSPH*, por sus siglas en inglés), indicó que su equipo

> recopiló información usando dispositivos electrónicos en interacciones en dos ambientes distintos: estudiantes que colaboraban en un proyecto y empleados que socializa-

2. Claudia Hammond, 12 noviembre 2013, «When it comes to conversation, are women really more likely to be bigger talkers than men?», http://www.bbc.com/future/story/20131112 -do-women-talk-more-than-men.

ban durante su hora de almuerzo. En el primer entorno las mujeres hablaron significativamente más que los hombres, excepto en grupos de siete o más personas en que los hombres hablaron más. En el segundo entorno hubo poca diferencia en la locuacidad entre los géneros; las diferencias surgieron solo para grupos más grandes, y aquí las mujeres hablaron más que los hombres.[3]

Onnela concluyó: «Tal vez sorprenda que el contexto sea tan determinante».[4]

Lo siento muchachos, pero no se excusen por no hablar en casa simplemente diciendo: «Mi esposa habla lo suficiente por los dos». Si quieres un matrimonio sano, creciente y satisfactorio, debes tomar la iniciativa en conversar.

¿Cuál es entonces la respuesta? ¿Mejores habilidades de comunicación?

GRAN CANTIDAD DE TÉCNICAS

No tienes que ir muy lejos en línea, libros, videos, artículos de revistas o entre consejeros matrimoniales para averiguar «Diez secretos para una comunicación mejor», «Cinco análisis secretos que salvaron mi matrimonio» o «Siete maneras de mejorar tu conversación en casa». La gran mayoría de estas sugerencias implica exhortaciones a escuchar con más atención y mostrar respeto cuando tu cónyuge está hablando. Por lo que puedo ver, todas son muy buenas.

Sin un orden particular, permíteme reproducir aquí los tipos de consejos comúnmente ofrecidos para ayudarnos a mejorar nuestra comunicación con nuestras esposas. La lista no es exhaustiva, pero te dará una buena idea de los consejos que se recomiendan con frecuencia.

- Evita decir «tú siempre...» o «tú nunca...».
- Reformula y repite lo que oíste decir a tu esposa.
- Programa con cuidado tus conversaciones más susceptibles.
- Usa declaraciones tipo «yo» en lugar de declaraciones tipo «tú».

3. Onnela, Jukka-Pekka, *et ál.*, «Using sociometers to quantify social interaction patterns», *Scientific Reports*, 15 julio 2014.
4. Ibíd.

- Sé franco y sincero.
- No digas todo lo que piensas.
- No esperes que tu esposa lea tu mente.
- Expresa gratitud.
- Escucha sin interrumpir.
- No traigas a colación el pasado.
- No ofrezcas consejo no solicitado ni trates de «resolver» el problema de tu esposa.
- Dile a tu esposa específicamente qué te gusta de ella.
- Ten un tiempo de espera cuando te enojes, y reanuda más tarde la conversación.
- Reconoce los sentimientos de tu esposa antes de explicar tu posición.
- Vigila tu tono.
- Asegúrate de expresar claramente tus deseos y necesidades.

En mi opinión, cada una de estas sugerencias es valiosa, junto con otras más no citadas (escribe notas amorosas, recuerda que tu esposa no es tu socio comercial, identifícate con tu esposa). Supongo que puedo desempacar montones de tan sabias recomendaciones e instarte a aprenderlas, recordarlas, practicarlas y aplicarlas. Pero eso no es lo que voy a hacer.

No me malinterpretes. No estoy eligiendo tomar un enfoque distinto porque dude del valor de estas sugerencias. Es solo que me conozco, y sé lo que pasa en mi propia casa cuando Janet y yo nos ponemos mal. Aunque los consejos escritos arriba son definitivamente útiles, en el calor del momento tendemos a olvidarlos. Cuando esto sucede, no son sugerencias lo que más necesitamos. Un artículo de *Psychology Today* me proporcionó claridad.

¿COMUNICACIÓN O RELACIÓN?

Steven Stosny, doctor en Psicología, el cual escribe en *Psychology Today*, duda de que los consejos de comunicación que había visto en varias publicaciones y presentaciones ayuden de veras a los matrimonios. Él suele agrupar a la mayoría de ellos en la misma categoría que la mayoría de los consejos para perder peso que veía en todas partes en los medios de comunicación. Preguntó: si fueran tan eficaces, ¿por qué entonces no había más personas obteniendo mejores resultados?[5]

Stosny escribió: «No es que los consejos de comunicación sean intrínsecamente malos. Los más buenos son como los mejores consejos de las dietas: come menos, muévete más; habla más respetuosamente, escucha con más atención». Sin embargo, los llama «inútiles» porque cree que

> parecen basarse en la suposición de que el matrimonio causa daño cerebral. Cuando las parejas describen la primera parte de sus relaciones, invariablemente informan que se comunicaban muy bien. (No muchos recién casados expresan el gran lamento matrimonial: «¡Simplemente no nos comunicamos!»). La prevalencia de consejos de comunicación en los medios indica que algo acerca del matrimonio degrada las neuronas que integran las habilidades de comunicación. Según parece, algunas parejas casadas pierden la habilidad de comunicarse de manera tan completa que gran cantidad de terapeutas y libros de autoayuda insisten en que debemos aprender y ensayar constantemente técnicas elaboradas para entendernos mutuamente.[6]

¿Detectas como yo mucho sarcasmo aquí? Pero imagino que ambos entendemos lo que él quiere decir.

Sin embargo, lo que el doctor Stosny afirma a continuación resuena profundamente dentro de mí. Declara que la buena comunicación en el matrimonio resulta de la buena *relación* en el matrimonio, y no al revés. En otras palabras, no nos relacionamos más profundamente con nuestra esposa al aprender a comunicarnos con mayor eficacia. Por el contrario, empezamos a comunicarnos mejor con nuestra esposa cuando volvemos a relacionarnos con ella como lo hacíamos al principio.

El doctor Stosny escribe:

> Los problemas en las relaciones amorosas no se dan porque las personas sean demasiado estúpidas para descubrir

---

5. Steven Stosny, «Marriage Problems: How Communication Techniques Can Make Them Worse», *Psychology Today*, 23 febrero 2010, https://www.psychologytoday.com/blog/anger-in -the-age-entitlement/201002/marriage-problems-how-communication-techniques-can-make.
6. Ibíd.

métodos comunes de comunicación, o porque muestren tanto daño cerebral debido a la experiencia del matrimonio como para recordar cómo solían comunicarse. En realidad, es erróneo decir que las personas en una relación íntima tengan problemas de comunicación en absoluto, aunque puedan sentirse así en su frustración y tristeza. Es más exacto afirmar que los amantes en relaciones difíciles e infelices tienen problemas de *relación*.[7]

El doctor Stosny insiste en que la mejor comunicación en las relaciones amorosas «es una función de vínculo emocional». Cuando el esposo y la esposa se sienten vinculados tienden a comunicarse bien, pero cuando se sienten aislados su comunicación sufre, «independientemente de la elección de palabras y técnicas de comunicación».[8]

Al pensar en mi propio matrimonio, las conclusiones de Stosny parecen ser ciertas. Cuando estoy realmente acoplado con Janet no tengo que recordar que debo decirle específicamente lo que me encanta de ella, escuchar con atención sus palabras o prestar atención a sus expresiones no verbales. La mayor parte de eso sucede porque me deleito en ella. No me canso. Quiero estar lo más cerca posible de ella, y todas esas ayudas prácticas de comunicación parecen venir de forma natural.

Stosny afirma que el problema en depender solo de las técnicas de comunicación es que su uso puede hacer sentir manipulado a tu cónyuge. Él dice que esto no sucede solo porque las más populares sean «evidentemente antinaturales, y más adecuadas para la consulta de un terapeuta que para una sala de estar». Más bien, según Stosny, el uso de tales técnicas casi siempre implica una agenda oculta, y afirma que un objetivo común «no es simplemente entender a tu cónyuge o hacerse entender por tu cónyuge, es manipularlo o manipularla para que haga lo que deseas».[9]

Me estremezco ante esta observación porque encuentro alguna verdad en ella. Cuando Janet y yo nos ponemos a pelear, en realidad no quiero oír claramente su posición ni identificarme con sus sentimientos.

7. Ibíd.
8. Ibíd.
9. Ibíd.

Al contrario, quiero ganar. Y si el uso de buenas técnicas de comunicación puede ayudarme a lograrlo, ¡fabuloso!

Stosny insiste en que las parejas no discuten y pelean porque carezcan de técnicas correctas de comunicación, sino porque no creen que sus cónyuges se preocupen por ellos o porque les falte interés verdadero en cómo se sienten. En otras palabras, sienten separación. Por tanto, Stosny recomienda que en lugar de tratar de poner en juego una o más técnicas de comunicación nos hagamos algunas preguntas:

- ¿Me siento emocionalmente unido con mi esposa?
- ¿Me importa cómo se siente ella ahora mismo?
- ¿Cuán curioso soy en aprender la perspectiva de mi esposa?
- ¿Qué me gusta y valoro acerca de ella?

A veces nos enojamos tanto con nuestra esposa que sinceramente tendríamos que responder a las dos primeras preguntas con un rotundo «¡no!», y a la última con un «¡nada!» igualmente rotundo. En tales casos, lo mejor es enfriarse primero antes de seguir hablando. Pero asegurémonos de que la sesión de enfriamiento no dure mucho tiempo. Cuando nuestro Señor nos dice: «Maridos, amad a vuestras mujeres, así como Cristo amó a la iglesia, y se entregó a sí mismo por ella» (Efesios 5:25), no está haciendo una simple sugerencia; es una orden. Y si queremos convertirnos en los hombres de Dios que estamos llamados a ser, entonces debemos prestar atención a este mandato.

Escucha por última vez un poco de la sabiduría del doctor Stosny:

> Piensa en las ocasiones en que te sentiste emocionalmente unido con tu cónyuge. La comunicación no fue una tarea que requiriera técnicas, estrategias, tiempos precisos o cuidadosa elección de palabras. Estabas *interesado*. Todo el tiempo dijiste torpemente algunas cosas, pero no importó, porque te interesaba la relación. El vínculo emocional es un estado mental que empieza con una determinación de mostrar compasión y amor. A principios de tu relación *decidiste* sentirte unido… Olvídate de las técnicas de comunicación y decide sentirte vinculado en este momento. Si lo haces, tendrás una oportunidad razonable de que tu cónyuge sea

recíproco. Entonces te comunicarás mejor. Más importante aún, te acercarás más a fin de restablecer un amor más allá de las palabras.[10]

Ese me parece un excelente consejo. Sin embargo, los hombres *cristianos* tenemos a nuestra disposición consejos que vienen de una autoridad superior: Dios mismo. Y ya que el Espíritu Santo habita en nosotros, tenemos un poder mucho mayor para mover nuestros corazones de estar desunidos a sentirnos vinculados. Consideremos brevemente los recursos que tenemos como creyentes.

COMUNICACIÓN CON GRACIA

Me conecto con Janet de manera más profunda y fácil cuando recuerdo varias verdades acerca de ella:

1. Nadie me conoce mejor que Janet.

2. Nadie me ama más profundamente que Janet.

3. Nadie tolera mis incongruencias más que Janet.

4. Nadie me ha perdonado más que Janet, salvo el Señor Jesucristo.

5. Nadie se preocupa por mí y desea que tenga éxito en la forma que lo hace Janet.

Hace poco, mientras leía el libro *Las disciplinas de la gracia*, de Jerry Bridges, recordé que debía predicarme a diario el evangelio. El matrimonio es un vehículo importante para la reconstrucción del evangelio del corazón de un hombre de dentro hacia afuera, y de su vida desde el principio, pero ese cambio no puede ocurrir a menos que nos rindamos a los mandamientos de Dios para los esposos, entre ellos Efesios 5:25.

Poco después de leer el libro, Janet y yo pasamos un día juntos. Tras llevarle a nuestra cama su bebida favorita, besarla y decirle cuánto la amaba, le dije que se preparara para un día de Efesios 5:25. Yo estaba tratando de decir que en lugar de vivir el día de manera egoísta pretendía por la gracia de Dios amarla y centrarme en ella.

Una cosa es cierta: Tengo una relación con el Señor porque Él la

---

10. Ibíd.

inició. Y en la misma manera que Jesús se entregó por mí, yo debo entregarme por mi esposa. Jesús renunció a su gloria y poder y se convirtió en siervo, muriendo a sus propios intereses y mirando nuestras necesidades e intereses. Qué tremendo mensaje le envío a mi esposa cuando permito que la gracia de Dios sea tan operativa y habilitante en mi vida que paso grandes períodos escuchándola, hablándole y cuidándola.

Tim Keller declaró que si Dios tenía en mente el evangelio de Jesús cuando estableció el matrimonio, entonces el matrimonio funciona solo en la medida que se apropia del patrón del amor abnegado de Dios en Cristo. No conozco nada que me haga enojar más con mi esposa que cuando me preocupo principalmente de mis propias necesidades.

Así que la pregunta en mi corazón en este momento es esta: ¿Edifican a mi esposa mis palabras o (la falta de ellas) la derriban? Jesucristo es el modelo para los esposos, y nuestro modelo de comunicación compasiva. Lucas 4:22 declara: «Todos daban buen testimonio de él, y estaban maravillados de las palabras de gracia que salían de su boca». Esperamos oír tal reporte acerca de Jesús, pero puesto que Él me extendió su misericordia, encuentro suficiente gracia no solo para mi salvación sino también para dar nueva vida a mi comunicación marital. Dios nunca pretendió que la gracia fuera un artículo para ser atesorado en una caja fuerte, sino para ser celebrada en nuestro corazón y pronunciada libremente como un medio de animar a los demás.

El contexto de Efesios 5:25 también habla de rendición plena al Espíritu en el matrimonio. Si quiero conversar con mi esposa en un nivel más profundo, y si deseo de veras oírle el corazón, entonces debo rendir mi vida al Espíritu Santo de Dios. Solo entonces tendré el matrimonio, la relación y la comunicación que anhelo. Una vez que esta rendición plena al Espíritu empiece a afianzarse en mi vida, me convertiré cada vez más en alguien dirigido por el Espíritu y dispuesto a sacrificar mis propios intereses por el bienestar de mi esposa.

No obstante, debo confesar que a menudo soy culpable de escuchar a mi esposa solo para poder responder. Santiago 1:19 enseña: «Todo hombre sea pronto para oír, tardo para hablar». Muy a menudo soy pronto para hablar y tardo para oír. Le he pedido a Dios que me ayude a escuchar más con el corazón.

Uno de mis amigos, el doctor Fred Lowery, me lanzó una vez este reto: «Siempre que tu esposa empiece a hablarte, deja a un lado todo lo demás, dale toda tu atención y escucha con cuidado para oír realmente lo que dice. Después que ella termine, usa estas palabras: "Dime más"». Dios ha usado mucho esa sencilla técnica a través de los años. Mi esposa la ha captado, pero aun así le encanta.

Entonces debo preguntarme continuamente: ¿Me he sacrificado al dar mi tiempo a la persona que elegí como alma gemela para toda la vida? Al hacerlo, con la ayuda de Dios, creo que me acercaré más al final de la insistencia enérgica en lo mío. Aunque nunca olvidaré algunas de las cosas que he hecho, puedo dejar de permanecer prisionero de ellas. Espero que esto suceda mientras recuerdo a Dios y su gloria. Andrew Murray expresó: «Humildad es la desaparición del yo en la visión de que Dios es todo».[11] Que esa sea la realidad hacia donde me dirijo, no simplemente con el fin de escuchar a Janet para poder responder, sino de escuchar para oírla de veras y decir de corazón: «Dime más».

UNA OPORTUNIDAD DE COMENZAR OTRA VEZ

A medida que escribo esto me encuentro atento a una de mis frases favoritas: «La blanda respuesta quita la ira» (Proverbios 15:1). A veces le he prometido a Janet que llegaré a casa a cierta hora para que supiera cuándo poner la cena en la mesa y poder tener juntos una velada especial. Cada vez que hacemos tales planes puedo sentir su ilusión en nuestras llamadas telefónicas o nuestros mensajes de texto. Pero ha habido ocasiones en que, por una razón u otra, he llegado tarde y no le he advertido por adelantado mi retraso. Ella nunca tiene que decir una palabra cuando eso sucede; su lenguaje corporal se comunica en forma vívida, fuerte y comprensible. A menudo intento defenderme. Pero finalmente debo admitir que no cumplí mi palabra, por lo que lo mejor para mí es pedirle perdón.

Hace muchos años, después de viajar toda una semana, apenas podía esperar que mi avión aterrizara para llegar a mi auto estacionado y comenzar mi viaje a casa. Mientras conducía le hablaba a mi esposa

---

11. Andrew Murray, *Humildad* (Barcelona: Editorial Clie, 1981), capítulo 7.

cada kilómetro. Le decía cuánto la extrañaba, cuánto la amaba y cómo me costaba esperar para abrazarla.

¿Has tenido alguna vez buenas intenciones que salieran mal? ¿Y planes que no resultaran para nada del modo en que esperabas?

En cuestión de minutos llegué a la entrada de nuestra casa. Salí del auto y abrí el baúl para sacar mi equipaje. Sin que me diera cuenta, Janet se había deslizado hasta la parte trasera del auto para sorprenderme con un cálido abrazo por detrás. Cuando me tocó, casi me mata del susto. Reaccioné terriblemente.

«¿En qué estás pensando? ¡Me diste un susto de muerte!», vociferé. Y seguí diciéndole muchas otras palabras duras. «Casi haces que me golpee la cabeza con el maletero del auto. ¡Pudiste haberme provocado un ataque cardíaco!».

Vi a mi esposa dar media vuelta y regresar tristemente a la casa. Me quedé allí durante algunos momentos, todavía enojado con ella, y entonces la ira cambió de dirección. Me enojé mucho conmigo mismo por no reaccionar como debí hacerlo. ¿Qué debía hacer entonces?

Volví a subir al auto y conduje algunos kilómetros. Me calmé, y le pedí a Dios que me perdonara. Levanté el teléfono y llamé a Janet. Cuando contestó, oí cierta clase enojada de voz, y con razón. Le hablé como si no hubiera hablado con ella en todo ese día.

—Hola cariño. Te amo mucho. ¿Cómo estás? Me cuesta esperar para llegar a casa.

De inmediato mis suaves palabras le derritieron el corazón.

—También me cuesta esperar para verte —contestó—. ¡Apúrate! ¡Estoy esperándote!

En breves momentos volví a esa misma entrada, bajé y me dirigí al maletero del auto, pero esta vez esperando un abrazo. Efectivamente, no quedé decepcionado. Nos abrazamos, nos dijimos cuánto nos amábamos e incluso solté una declaración divertida: «Soñé que este otro tipo se detuvo y actuó como si fuera yo, ¡pero era un imbécil! No sé quién era, pero sea quien sea, me alegro que se haya ido».

Ambos reímos, entramos a la casa, y pasamos una velada maravillosa.

¿No te alegra que podamos dejar atrás nuestro pasado y comenzar de nuevo?

ESTO PUEDE SALVARTE LA VIDA

La cantidad de hombres que les gusta reunirse en un grupo grande para orar siempre me sorprende. Lo veo cada año en nuestras conferencias de varones. De buena gana, incluso con entusiasmo, hablan en esos entornos. Siempre me he sentido bendecido cuando veo hombres reunirse para orar.

Sin embargo, también es importante que los maridos dediquemos tiempo a orar con nuestras esposas. A través de los años he tratado de practicar no solo orar *por* mi esposa, sino también orar *con* ella. A menudo Janet me oye pedir perdón en oración porque he mostrado deficiencias, pidiéndole a Dios que me limpie y me ayude a amarla como Cristo amó a la iglesia. Sí, orar con un grupo de hombres es maravilloso, pero es especialmente maravilloso cuando esposo y esposa oran juntos.

La Biblia declara: «Cordón de tres dobleces no se rompe pronto» (Eclesiastés 4:12). En mi casa eso significa Jesucristo, Janet y Johnny.

Al leer relatos como este, podrías sentir la tentación de pensar: *Vaya, desearía ser como este hombre de Dios.* Mi recomendación: No permitas que Janet te oiga decir algo así.

¡Ah, realmente deseo que mi vida no muestre incongruencias! Quisiera poder decirte que nunca decepciono, pero temo que Janet lea esas palabras y escriba un libro diciendo la verdad. A menudo la oigo decir a quienes me oyen hablar: «¿A cuántos de ustedes les gustaría conocer la historia verdadera?». Eso siempre me hace estremecer, pero también recuerdo que *nadie* como Janet se preocupa por mí y desea mi éxito.

El don espiritual de mi esposa es la profecía: hablar sin rodeos, ver a través de lo confuso y llegar a la verdad. Sé que me hablará la verdad porque desea que yo viva la verdad. Ella quiere ayudarme a ser lo que yo declaro que deseo ser.

A lo largo de este capítulo he tratado de ser lo más sincero y transparente posible con el tema esencial, pero a menudo muy difícil, de la comunicación. La mayoría de hombres nos esforzamos constantemente en esto, pero nunca lo perfeccionamos.

En cierto momento hace años debí hablar con Janet acerca de un problema creciente, aunque no estaba seguro de cómo me sentía o por qué me sentía así. Era algo que parecía más profundo de lo palpable y más oscuro que la luz que yo podía irradiar allí. Daré más detalles al respecto en el capítulo 10, pero por ahora solo diré que atravesaba un período muy difícil. Mantenía los pensamientos en mi interior por mucho tiempo y no hablaba de ellos con nadie, hasta una mañana en que Janet me confrontó.

—Bueno, esposo, dime cómo te sientes *de veras*.

Esa mañana sentí la libertad de hablarle.

—Cariño, me siento como si algo dentro de mí hubiera muerto.

Como ya dije, Janet típicamente habla sin rodeos, ve lo irreal, cuestiona la sinceridad de una declaración peculiar, y la mayoría de las veces da en el clavo. En lugar de tener un mensaje para mí, esa mañana mis palabras la asustaron. A los pocos minutos llamó por teléfono a un respetado consejero quien decidió volar al día siguiente a nuestro «hogar» sabático. Pasamos todo el día en un parque, caminando y analizando cómo me sentía y cómo esa sensación había traído vergüenza, temor y culpa a mi vida.

Si no hubiera estado dispuesto a comunicarme con mi esposa, pudo haber ocurrido toda clase de cosas terribles. Después que comencé a comunicarme, no solo con mi médico, con mi consejero y con mi esposa, sino más tarde con toda nuestra familia de la iglesia y con muchos amigos, descubrí que contar mi historia abrió una puerta a un aluvión de personas que buscaban ayuda.

Nunca he sido capaz de fingir en mi caminar cristiano. Si estoy lleno de alegría, la expreso. Si me siento triste, se nota. Pero, esta vez, ser sincero respecto a lo que estaba pasando dentro de mí se convirtió en un salvavidas.

No hay suficientes palabras para hablar de la necesidad de comunicarse. Parte clave de eso es volverse mejor oyente. Quiero ser un hombre que tome el tiempo requerido para ayudar a otros que necesitan que los escuche. Solo puedo esperar que todos nosotros, los hombres, por reacios a hablar que creamos ser, comencemos a escuchar y hablar en maneras que edifiquen a otros.

9

Arroja el veneno

Los patriarcas y las matriarcas tienen un poder único de atracción. Durante muchos años la abuela de mi esposa solía celebrar en su casa cada Día de Acción de Gracias. Ella era la matriarca, quien podía unir a toda la familia. Después de su muerte se volvió casi imposible reunir de nuevo a los Allen.

De igual modo, los Hunt *siempre* nos reuníamos en casa de mi madre para Acción de Gracias. Ella era la matriarca de nuestra familia. No la llamabas para decirle: «No vamos a ir este año». Simplemente, ibas. Pero, desde que la señora Bessie nos dejó, es difícil reunir a los Hunt. Todos afirmábamos que mamá «es el aglutinante que mantiene unida a nuestra familia».

Sin embargo, una vez que el adhesivo se fue al cielo, ¿quién asume la responsabilidad de suministrar nuevo aglutinante?

Siempre me he visto como el hombre de Dios en nuestra casa, mucho antes que algunos chicos llegaran y se llevaran a mis hijas. Los perdoné cuando me dieron nietos. Pero ahora que soy abuelo me doy cuenta de que debo *convertirme* en el patriarca de nuestra familia.

Me veo como una especie de protección sobre mi familia extendida. Más que nada, quiero honrar a Jesucristo en mi vida. No quiero traer vergüenza ni deshonra a su nombre. Si no vivo como debería, mi mal comportamiento podría perforar algunos agujeros importantes en la cobertura protectora de nuestra familia. Mis malas decisiones podrían dañar seriamente a mis seres queridos. Y sé que una de las peores decisiones que podría tomar, tanto para mi familia como para mí, es permitir que la amargura se filtre en mi vida, contaminando así a todos los que amo.

UN RESENTIMIENTO DE LARGA VIDA

Los hombres no hablamos mucho de la amargura en nuestras almas, pero eso no significa que no nos amarguemos. La amargura no resuelta ha llevado a algunas de las peores peleas masculinas en la historia. Se me ocurren varias de ellas:

- Los Hatfield y los McCoy
- Alexander Hamilton contra Aaron Burr
- Orson Welles contra William Randolph Hearst
- Vin Diesel contra Dwayne «The Rock» Johnson

¿Sabes qué motivó cada una de esas famosas rencillas? La amargura. Un hombre dijo algo ofensivo, hizo algo desagradable u organizó algo cruel que perjudicó u ofendió a otro hombre. Surgió rencor y, con el tiempo, uno de los hombres o ambos llegaron a ver al otro como maldad pura. Las cosas explotaron a partir de ahí: insultos crueles. Feos rumores. Golpes que van y vienen. Demandas. Incluso asesinatos.

Quisiera poder decir que los patriarcas son de alguna manera inmunes a la amargura, pero no puedo. Ni en los tiempos bíblicos, ni hoy.

Le agradezco a Dios que yo no tenga mucho de qué arrepentirme respecto a mis decisiones en la vida, y ninguna de las que tengo me mantienen despierto en la noche. Estoy agradecido de no ser Hatfield ni McCoy. Pero casi todos los remordimientos que tengo tienen que ver con relaciones, y muchas de ellas se derivan de amargura no resuelta. Una de las más tristes de todas me viene inmediatamente a la mente.

N. W. Pridgen era un hombre maravilloso; fue el primero en invitarme a la iglesia. Debido a él soy cristiano hoy. Cuando murió, su viuda me llamó para ver si yo podía participar en el funeral. Le dije que me sentiría profundamente honrado de hacerlo… hasta que supe que ya había pedido a alguien más que dirigiera el culto. Ella quería que yo representara solo un papel secundario. Aun así habría aceptado ayudar. Pero, tan pronto como la mujer nombró a quien había escogido para oficiar, pensé: ¡*Ese tipo no*! Le había guardado rencor a ese hombre durante años.

Todo empezó poco después que yo dejara la iglesia y la ciudad donde había conocido y amado a la familia Pridgen. Este hombre quiso manchar mi testimonio. Solía decir: «¿Crees que Johnny Hunt es tan maravilloso? ¿Sabes esto respecto a él?». Y entonces decía cosas negativas acerca de mi carácter y mi vida. El tipo creía que, si hablaba mal de mí, él quedaría como un buen tipo.

Empezó una serie de mentiras, añadiendo nuevas falsedades cada semana.

—Acabo de dejar la oficina de fulano —me decían las personas—. ¿Sabes lo que dijo de ti?

—No —decía yo —, ni quiero saberlo.

Pero luego comencé a recibir llamadas de Carolina del Norte, donde me habían programado para hablar en cierta cantidad de iglesias. Todos los días llamaban personas a nuestra iglesia: «El pastor Johnny Hunt vendrá a nuestra ciudad a hablar, pero debemos cancelar su visita». Las cancelaciones seguían llegando día tras día.

Puedes imaginarte cómo me sentía debido a las mentiras acerca de mí que la gente oía. La sola mención del nombre de este individuo, junto con la idea de que tendría que ayudarlo a dirigir el culto, me revolvió el estómago. La amargura del pasado surgió dentro de mí, y rápidamente me preparé para rechazar la invitación. Finalmente dije a la familia: «Lo siento mucho, pero ahora que he revisado con más cuidado mi calendario, me doy cuenta de que no voy a poder estar allí ese día». Me justifiqué, y puedo ser muy bueno en eso.

No me malinterpretes, por favor. Yo amaba a mi amigo, y amo a Cristo por encima de todo, pero ese día permití que la amargura se robara mi amor por los dos. La amargura te hará eso. Redefinirá lo que más aprecias.

En última instancia, no podemos estar amargados con alguien y seguir amando a Jesucristo como deberíamos hacerlo. Esto significa que debemos abandonar nuestra amargura para ser todo lo que Cristo quiere que seamos.

PATRIARCAS AMARGADOS

Un patriarca puede amargarse tan fácilmente como cualquier otro hombre. Sin duda, los patriarcas más famosos en la Biblia son Abraham, Isaac y Jacob. Sus tres nombres aparecen juntos a lo largo de las Escrituras.

Sin embargo, ¿has pensado alguna vez en Abraham, Isaac y *Esaú*?

Recordarás que Jacob y Esaú eran hermanos, los hijos de Isaac. Jacob, cuyo nombre significa «usurpador» o «engañador», justificó su nombre durante gran parte de su vida. Embaucó a su hermano el derecho de primogenitura, y después le estafó la codiciada bendición patriarcal. Cuando Esaú se dio cuenta de que su hermano menor había recibido la bendición patriarcal, enloqueció. La Biblia dice que «clamó con una muy grande y muy amarga exclamación, y le dijo: Bendíceme también a mí, padre mío» (Génesis 27:34). Esaú lloró a todo pulmón, suplicando también una bendición, pero Isaac no tenía nada más que dar. Como resultado, la Biblia afirma: «Aborreció Esaú a Jacob por la bendición con que su padre le había bendecido, y dijo en su corazón: Llegarán los días del luto de mi padre, y yo mataré a mi hermano Jacob» (v. 41).

Así es como se ve la amargura desenfrenada.

Comienza con un agravio, una afrenta que hiere profundamente. El acto hiriente enoja a la persona lastimada porque no merecía esto. Cuando somos los heridos, por lo general pensamos: *¡Es injusto!* Y tenemos razón; no es justo. No obstante, ¿quién dijo que vivir en un planeta caído siempre sería justo? ¿Fue «justo» que a Jesús lo clavaran en una cruz?

Si ahora mismo no tratamos decididamente con nuestros sentimientos debido a un hecho doloroso, a menudo nuestra ira «queda enterrada». Es posible que no hablemos de eso todos los días, pero poco a poco y con el tiempo se transforma en amargura. Y en algún momento posterior (podrían ser treinta *años* después) cuando algún desafortunado hace algo que *remotamente* nos recuerda lo que sucedió hace tanto tiempo, explotamos. Vociferamos, gritamos, amenazamos, las venas del cuello se nos abultan, y queremos vengarnos de la otra persona. A veces rememoramos cada detalle sangriento que sucedió hace tanto tiempo, con tan aterradora exactitud, que el nuevo y conmocionado ofensor imagina que ocurrió solo ayer. Pero no, vociferamos que sucedió hace *exactamente* treinta y tres años, cinco meses, cuatro días y dos horas y media. Y sí, *estábamos* contando el tiempo.

No es agradable, ¿verdad? El hecho de que no hablemos de la amargura no significa que no esté matándonos.

Echa un vistazo franco y sincero a tu propia vida. ¿Albergas sentimientos de amargura contra alguien? Cuando aparece el nombre de cierta persona, ¿empieza a hervirte la sangre? Cuando *ese* individuo entra al salón, ¿corres de inmediato en dirección opuesta? ¿Fantaseaste alguna vez con un meteorito deslizándose por el cielo y evaporando el auto del sujeto, con él adentro? ¿O tramas en secreto planes desagradables en tu mente sobre cómo vengarte (por supuesto, te dices que nunca harías realmente algo así)?

En el caso de Jacob y Esaú, la amargura no terminó en asesinato, como Esaú fantaseaba. Pero sí causó una brecha grave entre hermanos… que los consumió a ambos durante décadas. Esaú no mató a Jacob, incluso cuando tuvo la oportunidad. Pero la Biblia no nos ofrece indicio de que la relación se cultivara más allá de la rígida cordialidad.

Siglos más tarde, después que Dios liberara a los israelitas (los descendientes de Jacob) de la esclavitud en Egipto, la nación liberada marchó durante tres días por el desierto, y entonces se detuvo en un pozo de agua. Por desdicha, el agua era tan amarga que no podían beberla. Se convirtieron en una turba ingobernable, y empezaron a maldecir y refunfuñar, renunciando a toda esperanza de sobrevivir. El agua amarga reflejaba sus propios corazones amargados. Moisés dio al lugar un nombre: *Mara*, que significa «amargo».

Me parece fascinante que, durante todo el tenso episodio, los israelitas estuvieran solo a ocho kilómetros de Elim, un gran oasis en que había doce fuentes de agua y setenta palmeras (Éxodo 15:27). ¡Solo ocho kilómetros! ¿Has considerado alguna vez que, si en medio de tu amargura simplemente obedecieras a Dios y confiaras en Él, quizá podrías pasar de un lugar de amargura a un oasis? ¿Cuán lejos podrías estar ahora mismo de un oasis?

EL VENENO DE LA AMARGURA

Hace unos veinte años un amigo me dijo una frase muy cierta: «La amargura es como tomar veneno y esperar que la otra persona muera». Esa no es solo una observación contemporánea; la Biblia hizo la misma conexión hace mucho tiempo. En Deuteronomio 32 el Señor contrasta lo que espera de su pueblo con cómo vivían los cananeos paganos. Dios dijo de las naciones que estaba a punto de expulsar de la tierra prometida: «Sus uvas están llenas de veneno; sus racimos, preñados de amargura» (v. 32, NVI). La amargura envenena tu sistema y crea un resentimiento ardiente que con el tiempo te quemará. Muchos hombres construyen en silencio una vida de amargura al almacenar ira y resentimientos no resueltos.

Cuando no nos limpiamos de la amargura que crece en nuestros corazones, terminamos deseando venganza. Queremos tomar represalias. Si no obtenemos una disculpa, entonces queremos ver algún daño significativo infligido en quien nos hirió. Es lo justo, ¿verdad?

No niego que así es como los seres humanos caídos solemos pensar. Si nos dejan solos, todos vamos hacia allá. Sé que yo sí. Pero el apóstol Pablo nos reta: «Aún son inmaduros. Mientras haya entre ustedes celos y contiendas, ¿no serán inmaduros? ¿Acaso no se están comportando según criterios meramente humanos?» (1 Corintios 3:3, nvi). Todo hombre cristiano tiene el Espíritu Santo de Dios viviendo dentro de él, lo cual significa que comportarnos «según criterios meramente humanos» niega lo que Cristo ha hecho en nuestras vidas. Cuando manifestamos amargura llamamos mentiroso a Dios, quien dijo que *no debemos* vivir «según criterios meramente humanos».

Romanos 12:19 declara: «No os venguéis vosotros mismos, amados míos». Muy a menudo, eso es exactamente lo que nos gustaría hacer. ¿No estaríamos de acuerdo en que en ocasiones sentimos como si Dios no pagara a los demás tan rápido como creemos que debería hacerlo? Por eso actuamos en su lugar. Pablo continúa: «Dejad lugar a la ira de Dios; porque escrito está: Mía es la venganza, yo pagaré, dice el Señor».

Ten en cuenta que Dios expresa: *«Mía es la venganza»*. Cuando decidimos entregar a Cristo todo lo que nos lastima, obtenemos la victoria. ¿Pero qué pasa cuando decimos: «Mía es la venganza»? Entonces pasamos de la victoria a la perversidad. Y muy a menudo empezamos a hablar así: «Oye, siento mucho saber que él murió. ¿Cuándo será el funeral? Está bien. Sí, no veo por qué yo no podría ir. ¡Uf…! ¿Podrías decirme eso de nuevo? ¿Quieres que yo haga solamente la parte más pequeña, mientras *él* va a realizar el culto principal de funeral? Sí, ya veo. Ajá. Pero oye, ahora que reviso con más atención mi programación… te digo que… bueno, ya te daré una respuesta».

Pablo continúa en el versículo 20: «Si tu enemigo tuviere hambre…»
Por supuesto, ¡es mi enemigo! Por eso así es exactamente como lo trataré.
«…dale de comer».
¡Se morirá de hambre antes que yo le lleve algo!

«Si tuviere sed, dale de beber».

Ese será un día frío en «tú sabes dónde» antes que yo haga eso.

Cuando yo era una ofensa para Dios, el Señor derramó misericordia y gracia sobre mí. Él me amó cuando yo no era digno de amor. Me perdonó cuando no merecía perdón. Nada en mí merecía todo lo bueno que Él ha hecho por mí, en mí, conmigo y a través de mí.

Efesios 4:26 empieza con la palabra «airaos». ¿No es asombroso? ¡Dios está dándonos permiso de enojarnos! Cuando alguien te hiere injustamente, Dios no espera que te tragues la ira. El problema para nosotros es que el tipo de ira de la que Efesios 4:26 habla es ira *justa*. Lo sabemos porque el texto declara: «Airaos, *pero no pequéis*». ¿Cómo puedes enojarte y no pecar? La ira justa se irrita legítimamente por aquello que enoja a Dios. Pero no podemos dejar que la ira nos lleve a pensamientos, palabras o acciones malas. No podemos dejar que la amargura eche raíces en nuestros corazones, o que busquemos venganza.

Efesios 4:26 concluye: «No se ponga el sol sobre vuestro enojo». Si dejamos enconar el enfado, finalmente hervirá y se convertirá en ira. Y la ira, si no se trata, casi siempre lleva a la amargura.

CORTA DE RAÍZ

Un pasaje clásico del Nuevo Testamento sobre la amargura es Hebreos 12:14-15, que declara:

> Seguid la paz con todos, y la santidad, sin la cual nadie verá al Señor. Mirad bien, no sea que alguno deje de alcanzar la gracia de Dios; que brotando alguna raíz de amargura, os estorbe, y por ella muchos sean contaminados.

Las raíces se hunden, mientras el fruto aparece. Siempre que alguien te lastima o comete una ofensa contra ti, si no respondes adecuadamente das oportunidad a que la «raíz de amargura» se profundice más y más en el terreno de tu alma.

No soy muy jardinero, pero sé que cuando saco malas hierbas de mi patio tengo que agarrar con cuidado la base de la maleza para poder arrancar toda la planta, incluida la raíz. A veces agarro la mala hierba, trato de arrancarla y no pasa nada. Sus profundas raíces se agarran bien. Si me descuido y parto la maleza en la superficie, entonces las raíces quedan en la tierra. Cuando esto sucede, ¿adivina qué? En poco tiempo toda la planta nociva volverá a crecer.

El escritor de Hebreos afirma que esta «raíz de amargura» brota con el tiempo. *¡Sorpresa!* ¿Qué decimos a veces cuando sale ira de nuestras bocas? Preguntamos: «¿De dónde salió *eso*?» Y pensamos: *Creí que yo ya había tratado con eso.* Pero como no ha sido así, la ira brota. Durante mucho tiempo no vimos la amargura; mantuvo un perfil bajo. Pero permanecía justo debajo de la superficie, creciendo. Entonces, un día un incidente hace que brote.

¿Qué sucede entonces? Según expresa Hebreos 12:15, nos estorba y por ella muchos son contaminados. La palabra griega traducida «contaminados» se refiere a tinte. Es la expresión para *mancha*, una influencia corruptora. Si me convierto en una persona negativa y amargada, incluso sin darme cuenta echaré amargura sobre los demás.

He experimentado esto de que «brote raíz de amargura» y, gracias a Dios, otros me han corregido. Un hombre me dijo una vez que después de pasar una tarde conmigo sintió que debía bañarse. Yo lo había contaminado sin siquiera darme cuenta. Mis palabras corruptas surgieron de la amargura.

Me alegro cada vez que un hermano en Cristo me escribe una nota para decir que he sido un estímulo especial para él y que quiere seguir más a Jesucristo debido al tiempo pasado en mi compañía. Por eso me estremezco cuando me doy cuenta de que he «contaminado» a otros al derramar mi amargura sobre ellos.

Antes, de convertirme en cristiano, maldecía y no tenía idea de lo que estaba haciendo. Cuando trabajé como administrador del billar, si una dama entraba buscando a su esposo (o si mi madre llegaba para averiguar por qué yo no estaba en el colegio), yo solía gritar: «¡Alerta roja! ¡Alerta roja!». Eso significaba que había una dama en casa. A menudo yo también decía otras cosas.

Una vez un tipo me dijo: «Johnny, no hables así frente a mi esposa».

¿Hablar así? Yo había estado maldiciendo y ni siquiera me daba cuenta.

Cuando la amargura echa raíces puede volverse parte de nuestro ADN. Podemos desarrollar una actitud pésima sin darnos cuenta. Dios espera que seamos santos (separados del pecado y apartados para Él) y, a menos que cooperemos con Dios en esa actividad, Hebreos 12:14

nos promete que nunca *veremos* al Señor. La santidad no es un «extra» o algo simplemente opcional. Y no podemos ser santos si albergamos amargura en el corazón.

Dios no solo nos entrega verdad, también nos da el poder y la capacidad de obedecerla cuando nos sometemos a su Espíritu. Todo lo que debemos hacer es someternos. Saber y creer es solo una cara de la moneda; el otro es vivir y obedecer mediante el Espíritu. ¡Para la mayoría de nosotros, vivir y obedecer es mucho más difícil que conocer y creer! No es que no sepamos lo que debemos hacer. No es que no creamos. Al contrario, es que no estamos dispuestos a vivir y obedecer. Queremos aferrarnos a nuestra amargura en vez de arrancarla de raíz.

Muy a menudo tenemos una comprensión intelectual de las doctrinas y enseñanzas de la Biblia, pero sabemos poco de la vida cristiana práctica. Nos hemos convertido en una generación que puede citar la Biblia y definir sus palabras en sus lenguajes originales, pero casi no sabemos cómo vivirlas de manera práctica.

Según Hebreos 12:14-15, la amargura no solo se opone absolutamente a la santidad, sino que su presencia hace que dejemos «de alcanzar la gracia de Dios». Dejamos de alcanzar gracia divina, no porque no podamos acceder a ella sino porque nos negamos a apropiarnos de ella. Tolerar amargura en nuestras vidas no solo garantiza que no alcancemos gracia, sino que «contaminaremos» a quienes nos rodean. El lenguaje aquí parece prestado de Deuteronomio 29:18, que advirtió a los israelitas contra la práctica de los pecados horribles de los cananeos: «Tengan cuidado de que ninguno de ustedes sea como una raíz venenosa y amarga» (NVI).

¿Qué clase de raíz venenosa? Echemos una mirada.

VENENO DE AMARGURA

La amargura produce muchas variedades mortales de veneno. Consideremos solo algunas de ellas.

Prepara su caso

La amargura prepara su caso contra los que nos lastiman. Lo sé porque yo mismo lo he hecho. Por lo general empieza con un pensamiento como este: *No me sentiría así respecto a él si no me hubiera hecho lo que me hizo.* Luego preparamos una imagen mental del ofensor que lo hace parecer un monstruo. El doctor Dick Tibbits, autor de *Perdona para vivir*, llama a esto una «historia de agravio». Nos contamos esta historia de agravio una y otra vez, profundizando la raíz venenosa cada vez más en nuestra alma.

No permite ver posibilidades futuras

¿Has conocido alguna vez una pareja que se casó, quizá incluso después de estar saliendo durante un año, pero solo unas semanas después de la boda las ruedas matrimoniales comenzaron a desprenderse? Suelo decirles a tales parejas: «¿No vieron esto en cada uno de ustedes antes de casarse?». Pero como dice el dicho, el amor es ciego. No *quisieron* verlo. Solo querían casarse, por lo que decidieron no ver algo que podría sugerir que no debían hacerlo.

Si vamos a escuchar lo que Dios quiere decirnos, debemos ser receptivos para ver lo que tal vez no queremos ver, sea en nosotros mismos o en otros. La amargura nos ciega a posibilidades futuras.

Bloquea el crecimiento espiritual

Cuando permites que la amargura permanezca en tu corazón, su veneno bloquea tu crecimiento espiritual. Si te sientes inclinado a expresar: «Estoy amargado, pero no me ha afectado en absoluto», entonces debes saber que ya te ha afectado.

Empaña la visión

Un proverbio de liderazgo afirma: «Si no lo ves antes que lo vean, nunca lo verás». En otras palabras, los líderes deben poder ver más allá que sus seguidores. Deben ser capaces de examinar una situación y captar el panorama general; pero no pueden hacer esto si la amargura les ha empañado la visión. Por suerte, Dios tiene un remedio para la visión empañada: hombres piadosos con visión más clara que la nuestra nos dirán la verdad.

Si siento amargura en mi corazón, conozco a los hombres con quienes debo hablar (y aquellos con quienes no debo hablar). Ellos me darán consejos francos, bíblicos y sinceros delante de Dios, y no les importa mucho cómo yo reaccione. Me dirán la verdad mientras que otros no lo harán.

Un día, después de reñir con mi mejor amigo, entré a un grupo de rendición de cuentas. Uno de los hombres en mi grupo manifestó: «Te diré algo, pastor Johnny. Cuando nos reunamos el próximo viernes dinos tu plan de acción para aplicar medidas correctivas a tu relación». Hizo una pausa y luego preguntó: «¿Quién podría desear que tú y tu mejor amigo no se lleven bien?». ¡Con seguridad no es Dios!

Encadena la alegría

Por naturaleza soy una persona optimista, feliz, amorosa y tranquila. Soy una clase «superior» de individuo. Pero la amargura puede cambiar todo eso.

Cuando permites que la amargura resida en ti, encadenará la alegría. Hará sangrar tu espíritu gozoso y lo vaciará en el pantano de Satanás.

Sepulta la paz

¿No es maravilloso levantarse en la mañana, abrir la Biblia y tener una conciencia clara delante de Dios y un corazón lleno de paz? La amargura sepulta esa paz en la tumba del resentimiento. Si quieres conocer otra vez la paz tendrás que tratar con tu amargura.

Abusa del mal comportamiento

Un hombre amargado ya no tiene control de sí mismo; su amargura lo domina. La amargura te intimidará y controlará tanto tus actitudes como tus acciones, haciendo que vayas de mal en peor. Cuando cedemos el control de nosotros mismos a Cristo, la gente desea estar a nuestro alrededor. Pero cuando la amargura toma el control, esas mismas personas nos evitarán.

Arruina tus sentimientos

La amargura te hace sentir algo diferente por el ofensor. Y, cuando te sientes diferente, actúas de modo diferente. Dejas de actuar del modo en que deseas hacerlo. Más específicamente, ya que actúas según tus sentimientos y no según la verdad, te comportarás como alguien que no conoce a Dios.

«Pero no sabes lo que esa persona me hizo —diría alguien—. ¡No sabes el dolor que me ocasionó!».

No, no lo sé. Sin embargo, ¿estás guiando tu vida basado en la verdad de Dios o en tus sentimientos? La Biblia enseña: «Conoceréis la verdad, y la verdad os hará libres» (Juan 8:32). Por el contrario, tus sentimientos a menudo te mantendrán preso.

Destruye tu esperanza

El problema con la amargura es que destruye tu esperanza. No puedes imaginar que tu vida mejore. Se ha dicho que el hombre puede vivir cuarenta días sin alimento, cuatro días sin agua, cuatro minutos sin aire, pero ni un segundo sin esperanza. El punto es este: Cuando pierdes la esperanza, estás muerto. Y la amargura destruye la esperanza.

Traiciona el amor

La amargura traiciona el amor. Debemos amar a todas las personas, pero no lo hacemos. La amargura nos hace luchar con algunas de ellas. La amargura nos abofetea a todos con el nombre de *Judas*.

CÓMO LUCHAR CONTRA LA AMARGURA

¿Qué puedes hacer entonces para luchar contra la amargura? Podría sugerirte un montón de técnicas, pero al fin de cuentas Dios quiere mostrarnos que nuestra única esperanza es Jesucristo.

Francamente, estoy cansado de combatir veneno con veneno. Prefiero pelear con la compasión de Cristo. ¿Y cómo combate la amargura la compasión de Dios? En primer lugar, convierte el veneno en piedad. Le pedimos a Dios que nos ayude a ver los monstruos en nuestras vidas como personas de carne y hueso que necesitan gracia. La Biblia asegura que Jesucristo se compadeció de nosotros. ¿Qué tal que si Cristo se hubiera puesto contra mí cuando yo lo maldecía? Decidió no hacerlo. Al contrario, se compadeció de mí en medio de mi pecado. Me mostró misericordia, bondad y amor… y me ha pedido que perdone a otros como me ha perdonado, por amor a Él. No perdonas a las personas por amor a ellas; lo haces por amor a Cristo.

En segundo lugar, combates la amargura con la gracia de Dios. La gracia divina es lo que hace posible los cambios positivos en nosotros. La gracia de Cristo hace una cirugía en corazones desesperadamente heridos… como el mío.

Por último, admites la verdad, *en voz alta*, y luego haces algo al respecto. Mi libro favorito del Nuevo Testamento me recuerda: «Si tenéis celos amargos y contención en vuestro corazón, no os jactéis, ni mintáis contra la verdad» (Santiago 3:14). No lo niegues. No lo mantengas en secreto. Puedes sacarla a la luz cuando hablas sinceramente acerca de tu amargura con un amigo confiable, y eso es algo bueno. Dios mismo nos dice: «En otro tiempo erais tinieblas, mas ahora sois luz en el Señor; andad como hijos de luz» (Efesios 5:8).

LIBÉRATE

Cada vez que pido a las personas que hagan peticiones de oración en la iglesia, por lo general unas pocas manos se levantan. Sin embargo, ¿qué sucede cuando solicito peticiones en silencio? Se levantan manos en todo el lugar. ¿Por qué ocurre eso?

Algunas cosas no solo nos molestan sino que nos sentimos profundamente avergonzados hasta de mencionarlas. Dudamos de que alguien más pueda lidiar con el mismo problema que nos causa tanto dolor. No hablamos porque no queremos que otros conozcan nuestros problemas, y más bien preferiríamos tan solo que oraran por nosotros cuando fingimos marchar hacia la victoria.

Piensa por un momento en la naturaleza de las peticiones en silencio que *has* hecho. Supongo que la mayoría de ellas son relacionales. Si nos atreviéramos a expresarlas, dirían cosas como: «Ora por mí. Ahora mismo estoy tan enojado como es posible con _____».

Aún me duele cada vez que pienso en mi negativa a servir en el funeral de mi amigo. Por eso un día llamé a la viuda.

—Debo hablar contigo —le dije—. Recordarás que no fui al funeral.

Nunca olvidaré la respuesta que me dio.

—¿Sabes? Mis hijos no entendieron tu actitud —comentó después de hacer una pausa.

¿Cómo *podrían* haber entendido? Mis acciones no tenían sentido. La amargura no resuelta nunca tiene sentido. Yo había hecho algo pecaminoso que no podía deshacer... y la amargura te hará lo mismo. Te atrapará por completo.

—Realmente quiero que me perdones —solicité.

Gracias a Dios ella lo hizo.

La Biblia dice que en el cielo sabremos incluso cómo se nos conoce. Por eso, cuando llegue al cielo, una de las primeras cosas que diré cuando vea a mi amigo es:

—Debí haber estado allí.

—Lo sé —creo que él dirá—. Todos tenemos remordimientos. ¡Pero Jesús se encarga de todos ellos!

Esa esperanza realmente me libera.

Te insto a admitir cualquier amargura que haya en tu corazón. Luego haz lo que debas hacer para deshacerte de ella. Eso te liberará, y restaurará dentro de ti la esperanza, el gozo y la paz que Dios desea que experimentes.

10

Hay esperanza
para la depresión

¿Cómo responderías si recibieras una carta como la siguiente?

> Pastor, ore por mí. Sé que soy salvo, pero debo saber si las personas salvas van al cielo si se suicidan.

Tendrías que responder esa carta con mucho cuidado, ¿verdad? Si contestaste simplemente diciendo que nada puede separar a un creyente del amor de Cristo, casi podría ser como si dijeras: «Oye, ¿por qué no ir al cielo ahora mismo?». Tu respuesta podría empujar al individuo hacia el suicido.

Recibí una carta así y decía mucho más:

> Intento resistir hasta oír su mensaje este domingo sobre depresión y suicidio, pero realmente necesito que me responda esta pregunta. Me encuentro en este estado desde los últimos meses, y las sensaciones son indescriptibles. Me siento vacío y muy solo.

> Siento que algunas partes de mí han muerto. Siento mi cerebro como si lo hubieran reconectado, y el único mensaje que sigue saliendo a la superficie es: «Aprieta el gatillo», o «Lanza el auto por el puente». Es muy aterrador. Ahora despierto durante la noche. Voy a trabajar y no puedo concentrarme en nada. Siento como si la cabeza me fuera a explotar y me siento atrapado. Los pensamientos están consumiendo cada aspecto de mi vida, pero estoy obligado a pasar todo

el día haciendo que los demás crean que estoy bien. En este momento lo único que me impide hacer esto son mis hijos. Pero cuando despierto cada día, el primer y único pensamiento que entra en mi cabeza es: *¿Será hoy el día en que siga adelante y acabe con todo?*

Pasé mucho tiempo en el teléfono con esta alma agobiada. Le agradezco a Dios que hayamos podido ayudar a esta persona. La depresión es un asunto serio, incluso entre cristianos. No podemos simplemente decir con ligereza: «Hermano, eres muy bendecido de estar estresado».

MI PROPIO VIAJE HACIA LA DEPRESIÓN

Conozco algo respecto a la depresión porque pasé un tiempo muy tenebroso en mi propia vida. ¿Lo llamas tocar fondo? ¿Darse contra la pared? No lo sé; lo que sí sé es que significó varios meses de oscuridad personal.

Todo comenzó una mañana cuando dije algo que asustó a mi esposa. Recuerdo haber despertado diciéndole que algo de mí había muerto. Siguieron varios meses de grave depresión.

Más de una vez durante ese tiempo escribí mi renuncia como pastor. Estaba seguro de que no tenía los medios para seguir cumpliendo las responsabilidades de mi ministerio. Durante mi depresión miré todas mis opciones de jubilación y traté de imaginar qué sanciones me costarían jubilarme temprano. Me hallaba tan abatido que no veía cómo seguir adelante.

Normalmente soy un tipo «despierto». Tengo mucha energía y estoy en movimiento, pero mi ataque de depresión me dejó sin fuerzas. Después que hice pública mi situación, otros pastores de todo el mundo me enviaron correos electrónicos. Dijeron cosas como: «No puedo creer que te hayas presentado delante de tu gran congregación y hayas ido a la Internet para hablar de haber pasado un tiempo tan difícil». Muchos de ellos añadieron: «Nadie sabe respecto a mi depresión, excepto el médico que me receta medicación». La mayoría de estos hombres nunca habla a nadie de su problema, y por tanto permanecen solos, en la oscuridad… exactamente donde la depresión quiere mantenerlos.

¿QUÉ ES LA DEPRESIÓN?

La depresión quiere aislarte hasta el punto de que no hables con *nadie* más que tú. Quiere ponerte en un lugar oscuro y solo donde no puedas ver ni sentir nada. Quiere alejarte de tus amigos y de las personas que pueden animarte.

El muy respetado psiquiatra, doctor Keith Ablow, escribió: «Sé que la depresión es tan dolorosa y tan sigilosa como el cáncer (los estudios lo han demostrado)».[1] He tenido cáncer y no lo supe hasta que los médicos lo descubrieron. A veces los hombres padecen de depresión y nadie lo sabe. Por eso es que nos sorprende tanto cuando un hombre, al parecer de manera inexplicable, intenta suicidarse o se suicida.

Los que nunca han sufrido de depresión no se dan cuenta de lo poderosamente debilitante que es. La depresión te hace dudar de que la vida vuelva a la normalidad. Aunque muchas experiencias nuevas y maravillosas te esperen en el futuro, no puedes ver cómo podría terminar alguna vez la oscuridad.

La depresión quiere drenar toda esperanza de ti. Quiere hacerte creer que no tienes posibilidad de ir más allá de tus actuales circunstancias sombrías. Te hace temer que nunca volverás a sentirte bien.

La depresión distorsiona tu capacidad de pensar con claridad. Por eso es que necesitas amigos a tu alrededor que te amen, que puedan ayudarte a salir del estado en que te encuentras. La depresión te hace dudar de todo: de ti mismo, de tus seres queridos y de tus amigos, e incluso de Dios. La depresión te hace dudar del amor, de la amistad y de Dios.

La depresión te llevará al punto de dudar que algo bueno vuelva a suceder. Al contrario, toda la vida se convierte en un callejón sin salida.

Alguien de mi iglesia escribió: «He sentido la nube tenebrosa y he vivido seis años con cielos nublados. Mi médico me aumentó la medicación para la ansiedad y la depresión, pero a veces me encuentro verdaderamente celoso de las personas que han muerto. ¿No es horrible decir eso? Dios me ha bendecido. Tengo una familia maravillosa. Tengo el trabajo que quiero. Pero, a veces, incluso aunque sé que Dios tiene el control y conozco todos los versículos correctos para leer, la depresión no desaparece por mucho tiempo».

---

1. Dr. Keith Ablow, «Robin Williams' death: Depression as bad as cancer and as stealthy», Fox News Opinion, 13 agosto 2014, http://www.foxnews.com/opinion/2014/08/12/robin-williams-what-would-have-told-actor-about-depression.html.

La depresión afecta todo aspecto de la vida de un individuo. Lo afecta espiritual, emocional, mental y relacionalmente, tanto que no quiere tener personas a su alrededor. Lo afecta físicamente, dándole sentimientos de inutilidad, desesperanza y culpa inapropiada. Al no ver normalidad en su vida, empieza a preguntarse si incluso vale la pena estar en el mundo.

Ningún hombre es inmune al dolor de la depresión. Todos se han sentido abrumados en algún momento de sus vidas. *Cada uno* ha tenido tiempos de tristeza o depresión.

Una de las cosas más asombrosas acerca de la depresión es que casi sin excepción, antes de golpear, la persona que se convierte en víctima acaba de experimentar uno de los puntos más altos en la vida. Cuando la depresión me aplastó, acababa de entregar las riendas del cuerpo cristiano evangélico más grande de Estados Unidos. Me desempeñé como presidente de la Convención Bautista del Sur, con sus 16 millones de miembros. Como presidente, yo era el portavoz, y me pedían que hablara sobre casi todos los temas que surgían. Durante mi tiempo en el cargo traté de cambiar algunas normas de la denominación. La presidencia me cambió en muchas formas y, al terminar mi mandato, me encontraba… acabado. Ese es el balance final. Me sentía consumido, y necesitaba un alivio.

Muchos suponemos que la depresión es causada por circunstancias difíciles. Sin embargo, ¿sabías que puedes estar tan deprimido en una mansión en California como en uno de los barrios bajos en Atlanta?

Jesús habló de la ansiedad, de temer lo que *podría* ocurrir, cuando insistió en que cada día tiene ya suficientes preocupaciones (Mateo 6:34). Con demasiada frecuencia construimos puentes hacia cosas temibles que nunca se vuelven realidad. ¿Has temido alguna vez, como me ha pasado, una próxima reunión? No obstante, la mayor parte del tiempo la reunión no resulta tan mala como yo había temido. Esa es una de las peores realidades acerca de la depresión: Es mentirosa.

MENTIRAS DE LA DEPRESIÓN

Elías, el gran profeta de Dios, atravesó un período agobiante de depresión, incluso hasta el punto de provocarle pensamientos de suicidio. En 1 Reyes 19:4 se nos informa que Elías «se fue por el desierto un día de camino, y vino y se sentó debajo de un enebro; y deseando morirse, dijo: Basta ya, oh Jehová, quítame la vida, pues no soy yo mejor que mis padres».

Cuando Satanás quiere poner una mentira en tu vida, la mezclará con más verdad que mentira. Podrías tratar de determinar dónde estás enfocándote en la parte de verdad en el engaño del diablo, sin siquiera reconocer la mentira que él incrustó en ella. Entonces quedas atascado.

Dos veces, en 1 Reyes 19, Dios le preguntó a Elías por qué estaba tan abatido. El profeta respondió con una mezcla de verdad y error, pero la mentira fue lo que realmente lo atrapó. En el versículo 10 declaró: «He sentido un vivo celo por Jehová Dios de los ejércitos». Eso es cierto. «Porque los hijos de Israel han dejado tu pacto, han derribado tus altares». También es verdad. «Y han matado a espada a tus profetas». De nuevo es cierto. «Sólo yo he quedado». ¡Falso!

Elías básicamente se quejó: «A nadie le importa, Señor. Soy una persona afectuosa, pero a nadie más le importa. Soy el único que queda que se preocupa por ti, ¿y es *así* como me tratas?». En realidad, Elías no estaba solo en absoluto. Pero esto es lo que la desesperación y la depresión hacen a un hombre. Antes de darnos cuenta nos encontramos creyendo una letanía de mentiras:

Estás perdiéndolo todo.

Tu familia nunca cambiará.

Nunca mejorarás.

Nadie se preocupa por ti.

Todo esto es falso. Todas son mentiras. Y de alguna manera las creemos.

Tu ser deprimido te susurrará muchas de tales mentiras, y tienes que dejar de escucharlas. Jared Wilson escribió un libro titulado *Gospel Wakefulness*,[2] en el que afirma que debes desafiar a tu «yo» deprimido. Debes dejar de escuchar y empezar a hablar. Debes predicarte tú mismo el evangelio. Cada mañana salgo a dar una larga caminata y me predico el evangelio. Un amigo me dijo que es importante que hagamos esto, aunque debamos ser prolijos.

Debo recordarme que no estoy solo. Alguien se preocupa por mí; la cruz de Jesucristo lo prueba. Mi futuro no es desalentador; la resu-

---

2. Jared C. Wilson, *Gospel Wakefulness* (Wheaton, IL: Crossway, 2011).

rrección me asegura eso. Debemos decirle a nuestra depresión que sus días están contados. Y nos ayuda tener amigos a nuestro alrededor que nos escuchen y nos digan la verdad.

LA DEPRESIÓN COMO IMPOSTORA

El doctor Ablow llamó a la depresión «la gran impostora, que se hace pasar por todopoderosa».[3] Parece omnipotente, pero puedes derrotarla negándote a creer las mentiras que te dice.

Como una impostora, la depresión insiste en que nadie se preocupa por ti, ni siquiera Dios. Empequeñece todo lo que has hecho y te hace creer que tu vida no ha servido de nada. Pinta todo en lúgubres tonos grises, creando una imagen sombría y sin esperanza en el horizonte. Por esto es que muchos hombres finalmente empiezan a preguntarse: *¿Para qué vivir otro día?*

Cada domingo miro a mi congregación, llena de buenos amigos y sus familias, consciente del hecho de que he oficiado en los funerales de sus seres queridos después que se suicidaran. A veces se trató de un niño. Otras veces de un padre. En ocasiones de un hermano.

¿Sabías que cada dieciséis minutos alguien se suicida en los Estados Unidos? Alrededor de 30.000 estadounidenses mueren cada año por suicidio.[4] El suicidio ocurre entre cristianos esencialmente con la misma tasa que entre los no cristianos.[5] En otras palabras, los que tienen Biblias en las manos, a Cristo en sus corazones y familias a su lado, están quitándose la vida básicamente en la misma proporción que los que carecen de tal apoyo.

El suicidio mata una cantidad desproporcionada de jóvenes y ancianos, y se ha vuelto cada vez más frecuente entre veteranos militares que han regresado. Esa última estadística me impresionó. Más soldados en servicio activo mueren ahora por suicidio que por combate. Un estudio del año 2012 del Departamento de Asuntos de Veteranos descubrió

3. Ablow, «Robin Williams' death».

4. «11 Facts About Suicide», DoSomething.org, https://www.dosomething.org/us/facts/11-facts-about-suicide.

5. Al Hsu, «When Suicide Strikes in the Body of Christ», *Christianity Today*, 9 abril 2013, http://www.christianitytoday.com/ct/2013/april-web-only/when-suicide-strikes-in-body-of-Christ.html.

que cada día se suicidan entre dieciocho y veintidós veteranos.[6] Por eso, cada día veinte o más personas que han arriesgado sus vidas para protegernos a ti y a mí, y mantenernos libres, se quitan sus propias vidas. Eso equivale a más de 7.000 vidas al año. Y cada suicida deja múltiples sobrevivientes.

¿Y sabías que una de las principales causas de suicidio es la depresión no tratada?

Las señales de alerta de suicidio incluyen depresión prolongada, desesperanza, aislamiento, retraimiento, pérdida de interés en actividades habituales, obsequio de posesiones, pensamientos suicidas y fantasías de intentos de suicidio.

Hace poco volví a leer la historia de Walter Thomas White, ex director ejecutivo de La Voz de los Mártires, ministerio al que Janet y yo hemos apoyado durante muchos años. Él se suicidó a los sesenta y cinco años de edad con una mezcla tóxica de drogas. He aquí un hombre que había pasado diecisiete meses en una prisión cubana, una de las peores cárceles del mundo. Su muerte asombró a muchas personas. En abril de 2012, este abuelo y esposo con dos hijos se dirigió al depósito de La Voz de los Mártires y se suicidó. Solo más tarde nos enteramos que lo estaban acusando de acosar a una niña de diez años de edad. Esa amenaza lo llevó a un abismo. Pensó que ser acusado de un delito tan atroz significaba que para él no podría haber otro día.

Esa es la mentira de la depresión.

Una de mis amigas más simpáticas de la iglesia me escribió una carta acerca del suicidio de su esposo. Me contó que él había perdido un trabajo en el pasado, pero que en el momento de su muerte tenía un empleo estable. Sin embargo, en su ansiedad y depresión temía que lo despidieran. Ella está convencida de que ese temor tuvo mucho que ver con su suicidio.

En realidad, no importa quién seas o qué hagas. Sé de un hombre muy acaudalado que buscó consejería profesional después que la depresión empezara a acorralarlo. La ansiedad y la depresión finalmente lo abrumaron y lo convencieron de que estaba a punto de perderlo todo. En última instancia su temor lo llevó a suicidarse.

---

6. «2012 Suicide Data Report», Departamento de Asuntos de Veteranos, https://www.va.gov/opa/docs/Response-and-ExecSum-Suicide-Data-Report-2012-final.pdf.

Sé de otro hombre que fue a consejería después de tener una aventura amorosa. Dios sanó milagrosamente su matrimonio, pero la ansiedad lo atacó de todos modos. «Vas a perderla», le mentía. Finalmente llegó a creer que su esposa no lo había perdonado de veras, y un día se quitó la vida.

Los hombres deprimidos se vuelven suicidas cuando pierden la esperanza. Se olvidan de la resurrección de Jesucristo, lo único en la fe cristiana que ofrece más esperanza que todo lo demás. Jesús murió para derrotar el pecado. Conquistó tanto el pecado como la muerte cuando resucitó de la tumba. La verdad del evangelio es que, incluso en medio de los peores episodios depresivos, *no* estamos sin esperanza; pero nuestro adversario puede ser sumamente eficaz en hacernos sentir como si no la tuviéramos.

SATANÁS EL DESTRUCTOR

El diablo no quiere simplemente molestarte, acosarte o hacerte daño. Quiere tu muerte. Quiere matarte. Jesús advirtió: «El ladrón no viene sino para hurtar y matar y destruir; yo he venido para que tengan vida, y para que la tengan en abundancia» (Juan 10:10).

Satanás promete una buena vida, pero al final solo entrega muerte. Pedro nos recuerda: «Sed sobrios, y velad; porque vuestro adversario el diablo, como león rugiente, anda alrededor buscando a quien devorar» (1 Pedro 5:8). No sorprende que, en cierta ocasión, Jesús dijera a unos hombres malvados: «Vosotros sois de vuestro padre el diablo, y los deseos de vuestro padre queréis hacer. Él ha sido homicida desde el principio, y no ha permanecido en la verdad, porque no hay verdad en él. Cuando habla mentira, de suyo habla; porque es mentiroso, y padre de mentira» (Juan 8:44).

¿Por qué debería sorprender a alguno de nosotros que la depresión sea una de las herramientas favoritas (y más eficaces) de Satanás? Esta arma miente y mata. Por medio de ella el enemigo de tu alma te dirá que no vales, que tu vida no importa, que no puedes tener influencia positiva. Debes contrarrestar sus mentiras y decirte que nunca se desperdicia *nada* de lo que se hace en nombre de Cristo. Debes escuchar lo que el apóstol Pablo manifestó: «Vuestro trabajo en el Señor no es en vano» (1 Corintios 15:58).

COMPONENTES DEL ALMA HUMANA

El salmista describió una vez que su alma se abate (Salmos 42:5). Solo para que conste, tú eres un alma. No posees una; *eres* una. Esto se vuelve particularmente importante para entender la depresión.

Dios te ha dado una voluntad que te permite tomar decisiones. Gran parte de lo que tu voluntad decide se basa en tus pensamientos y emociones, que después actúan en tu cuerpo. Todos estos tres componentes (cuerpo, voluntad, emociones) están envueltos en ti como un alma viva.

La depresión tiene muchas facetas y muchas causas. Parte de la depresión es mental. Parte es emocional. Parte es relacional. Parte es física. Y parte es espiritual. Somos seres espirituales, formados a imagen de Dios. No estoy seguro de qué componente es más activo durante la depresión, pero no creo que realmente debamos saberlo. Los humanos somos criaturas psicosomáticas cuyas partes materiales e inmateriales nos afectan. La depresión es a menudo resultado de una compleja combinación de problemas que involucran tanto cuerpo como mente. Pero hasta en las depresiones más fisiológicas, el elemento espiritual es difícilmente insignificante. En cada caso de depresión, nuestro aspecto espiritual juega un papel más importante de lo que creemos.

No hay duda de que mi ataque de depresión fue espiritual en naturaleza, pero no puedo afirmar que el componente espiritual fuera la única causa. Es más, lo que hace a la depresión tan difícil de entender es que a menudo no sabes por qué te sientes tan deprimido. La incertidumbre misma produce ansiedad.

LA NOCHE OSCURA DEL ALMA

Un monje español del siglo XVI, conocido como San Juan de la Cruz, acuñó el término «la noche oscura del alma». Como John Ortberg observó, esta frase no se refiere «simplemente a la experiencia del sufrimiento. Es en el sufrimiento en lo que se siente como el silencio de Dios».[7]

Ortberg sigue observando que en los primeros días de caminar con Dios nos deleitamos en actividades devocionales tales como leer la

---

7. John Ortberg, «Joyful Confidence in God: The Dark Night of the Soul», 18 mayo 2016, http://www.faithgateway.com/joyful-confidence-god-dark-night-soul/#.WZNfoGCpXcs.

Biblia, adorar a Dios y orar. Sin embargo, a medida que crecemos, Dios nos llamará a una relación más profunda con Él. Dios puede «eliminar el anterior consuelo del alma a fin de enseñarle virtud».[8]

Es más, Ortberg afirma que esta clase de noche oscura puede ser «iniciada por Dios».[9]

Juan de la Cruz escribió: «El amor de Dios no se contenta con dejarnos en nuestra debilidad, y por tanto nos lleva a una noche oscura. Nos libera de todos los placeres al darnos tiempos secos y oscuridad interior».[10]

Todo esto está diseñado por Dios para que profundice nuestra vida espiritual. Aunque tal vez no nos guste esta oscuridad, cuando nos encontramos en ella debemos esperar en Dios. Y tengamos en cuenta que es una herramienta temporal que Dios usa para acercarnos a Él, para ayudarnos a crecer.

Confieso que debido a la oscuridad que pasé soy mejor esposo. Soy un pastor más compasivo. Soy mejor oyente. ¡Oro porque nunca tenga que volver a deprimirme! Pero la depresión me ha convertido en mejor persona. ¿Estaría tan dispuesto como estoy hoy día a llamar y ayudar a las personas en angustia si yo mismo no hubiera padecido tanto tiempo en penumbra?

ALGUNOS PASOS ÚTILES

Un equipo de psicólogos me ayudó a formular algunas recomendaciones sobre cómo combatir la depresión. Estoy agradecido por cada persona que me ayudó a formar esta lista. A continuación indico ocho pasos que puedes dar cuando estás deprimido.

1. Encuentra consuelo en la Palabra de Dios, aferrándote a las promesas del Señor de que nunca te dejará ni te abandonará.

Cuando se deprimen, algunos hombres ni siquiera pueden levantarse de la cama. Las esposas me han llamado y me han dicho: «Ore por mi marido; él ni siquiera se levanta para ir a trabajar». Esta clase de depresión es debilitadora y paralizante.

---

8. Juan de la Cruz, según lo citó Ortberg, «Joyful Confidence in God».
9. Ibíd.
10. Ibíd.

Yo podía levantarme durante mi depresión, pero también me acostaba muy temprano. Alrededor de las 9 de la noche, tan pronto como oscurecía, iba a la cama *porque esa era la única paz que conocía*. En vez de querer permanecer en cama una vez que despertaba, me levantaba a las 4:30 de la mañana. ¿Por qué? No era la fortaleza de mi fe. Solo esperaba que Dios me dijera algo en su Palabra que me ayudara a superar otro día.

Empezaba a leer mi Biblia tan pronto me levantaba. Apenas podía esperar para abrirla. Luego daba un paseo largo y le hablaba a mi alma. Le decía lo que Jesucristo me había dicho esa mañana. Podrías creer que estoy loco, pero si hubieras estado allí ya habrías creído que yo estaba loco. Aférrate a la verdad del amor de Dios por ti, aunque no lo sientas (ver 1 Pedro 5:7; Hebreos 13:5).

2. *Responde al Espíritu Santo si Él pone el dedo sobre algún pecado en tu vida, o sobre algún aspecto que desea que cambies.*

Salmos 139:23-24 expresa: «Examíname, oh Dios, y conoce mi corazón; pruébame y conoce mis pensamientos; Y ve si hay en mí camino de perversidad». Y si lo hay, entonces haz como hizo el salmista. Pídele a Dios: «guíame en el camino eterno». Esa debe ser tu oración y también tu práctica.

3. *Pon la mira en la verdad, a pesar de las acusaciones mentirosas del enemigo.*

Como hemos visto, el diablo te dirá que no tienes ningún valor. Mira hacia la cruz de Jesús y recuérdate que tienes valor inmenso y eterno.

4. *Acércate a otros.*

Esto tiene importancia crítica. ¡Nunca descartes el poder disponible para ti a través de animar, amar y apoyar a otros en el cuerpo de Cristo!

Un hombre deprimido a veces no necesita tanto oír otro versículo bíblico como recibir un abrazo y un oído atento. Un corazón bondadoso puede obrar maravillas. He dicho a las personas: «No sé lo que estás sintiendo, pero te amo y estoy aquí para ti. Estaré contigo hasta el final. Oye, llámame a cualquier hora que lo necesites».

Un hombre en mi congregación hace esto por mí. Durante todos los treinta años que he sido su pastor, me ha dicho: «Llámame a cualquier hora». De vez en cuando me envía correos electrónicos: «No lo has olvidado, ¿verdad? Estoy disponible en cualquier momento. No importa lo que hayas hecho ni lo que hagas; siempre te apreciaré».

¡Qué bueno es saber que tienes personas como esta en tu vida! No te aprecian solo mientras hagas todo bien. Algunas personas *afirman* quererte, pero cuando te equivocas ven sangre en el agua y se convierten en tiburones.

Toda persona deprimida necesita un corazón bondadoso.

En un tiempo durante mi depresión me aislé. No quería ver a nadie. Hablaba con mis hijos, pero no tomaba la iniciativa de ir a verlos. No quería a nadie cerca de mí. Solo Janet y yo, y de vez en cuando nuestro consejero.

Sin embargo, finalmente extrañé de veras a mis amigos. Un día llamé a uno de ellos y le dije: «Me muero por tener camaradería. He estado fuera por un tiempo. Estoy en Tennessee. ¿Podrías venir a verme? En realidad necesito un amigo». Y él vino.

Una mujer deprimida me contó una vez que noche tras noche había dormido con una pistola a su lado. Hablamos bastante tiempo por teléfono. Más tarde me envió una nota en Facebook en que me decía: «No sabes cuánto me animó tu llamada».

Un misionero me llamó y expresó: «Mi hija ha estado en profunda depresión durante tres meses. ¿Podrías orar por ella?». No solo oré por ella; le pedí su número y la llamé. Resultó que Janet y yo estuvimos en esa parte del mundo, así que concertamos una cita para llevarla a cenar. Pasamos un buen tiempo con ella, solo escuchando.

5. Busca consejo para descubrir y cambiar las formas poco saludables en que podrías estar tratando con la vida.

Cuando le confesé a Janet que algo dentro de mí había muerto, a la mañana siguiente un consejero voló a reunirse con nosotros. Nos encontramos en un parque. A pesar del calor, pasamos todo el día caminando allí, hablando, departiendo y tratando de darle sentido a la vida. Yo tenía algunas maneras poco saludables de tratarme, y algunos pensamientos distorsionados. Él escuchó, tuvo un corazón bondadoso y me ayudó.

6. Da los pasos necesarios para mejorar tu salud en general, como dieta, ejercicios y descanso apropiado.

Durante los meses de mi depresión me levantaba a las cuatro y treinta de la mañana. Con el tiempo Janet se me acercaba.

—¿Cómo estuvo tu paseo? —preguntaba.

—No caminé esta mañana —contestaba yo.

De inmediato ella regresaba a nuestra habitación, abría un cajón, sacaba mis pantalones cortos y una camiseta, además de mis zapatillas de caminar, y volvía donde yo estaba.

—Está bien —decía—. Póntelos, amigo. Vamos.

—Hoy no voy a ir —decía yo.

—Voy a quedarme aquí hasta que lo hagas —anunciaba ella.

Y si alguna vez has visto el modo en que Janet puede mirarte… yo prefería salir a dar el paseo. Cuando el dolor de permanecer deprimido se volvía más grande que el dolor de cambiar, salía a caminar.

Hasta el día de hoy todavía camino. Todo médico o psicólogo que he leído afirma que el ejercicio ayuda a un hombre a tratar con la depresión. Por eso es que soy tan agresivo con el ejercicio.

7. Habla con tu médico acerca de tu depresión y su posible tratamiento.

Le dije a mi médico cómo me sentía. Mientras viva, nunca olvidaré su respuesta. Con toda naturalidad expresó: «Estás envejeciendo». En ese momento me sentí como el predicador que expresó sus propias quejas a su médico.

—Bueno, estás envejeciendo —le dijo el médico igual que a mí.

—Pediré una segunda opinión —manifestó el predicador al no gustarle esa respuesta.

—También te la daré —informó el galeno—. Eres feo.

Mi médico me explicó: «Escucha, tienes sesenta y dos años. Eres un hombre viejo. Tu cuerpo ha cambiado».

Los medicamentos pueden ayudar en algunos casos, así como un yeso puede ayudar cuanto te rompes un brazo. No rechazaré el yeso ni las medicinas. En ocasiones un desequilibrio químico en tu cerebro necesita intervención médica, así como podrías necesitar medicamentos para curar una infección peligrosa. Si no consideramos falta de fe el tomar antibióticos para matar gérmenes mortales dentro de nuestro cuerpo, ¿por qué entonces deberíamos considerar falta de fe que tomemos medicinas para ayudar a restablecer un saludable equilibrio químico en nuestros cerebros? Alguien me dijo una vez: «Pastor, escuché que si solo hubiera tenido suficiente fe, yo no habría tomado medicamentos para la depresión. Así que dejé de lado la medicina y más tarde en esa semana intenté suicidarme».

James Dobson ha influido mucho en mí a través de sus escritos. Incluso he tenido el privilegio de estar con él en varias ocasiones. Dobson dijo que cuando estás deprimido realmente, lo primero que debes hacer es ir a ver a tu médico. Mi médico me dio una receta y me explicó: «Si llega el momento en que no puedas dormir, si la situación se vuelve insoportable, esto podría ayudarte a descansar. Podría ayudarte con tu ansiedad».

Deja que tu médico cumpla su misión. Sigue su consejo. Si estás teniendo pensamientos de suicidio, ve de inmediato al hospital. Ve directo a la sala de emergencias. Muchos lugares tienen un número gratis para los casos de personas con pensamientos suicidas. Llama. Consigue alguien con quien hablar.

Y apoya siempre a alguien que busca ayuda profesional y médica. Podría necesitarla más de lo que crees.

8. Sigue orando y asegúrate de agradecer.

Durante mi tiempo sombrío me postraba sobre el rostro. Seguí el consejo de Adrián Rogers: Puedes sentarte y orar cuando la condición no está demasiado mal. Cuando se vuelva realmente mala, arrodíllate. Cuando empeora más, póstrate sobre el rostro. Y cuando se vuelva aún peor, cava un hoyo y mete la nariz allí. Me agachaba en ese hoyo y decía: «Dios, apreciaría que me sacaras de aquí. ¿Usarías al cuerpo de Cristo, a mi consejero o a mi médico para ayudarme? No quiero estar en esta condición».

Creo que es importante que cuando estés deprimido, hasta donde puedas, alaba a Dios y agradécele por su obra en tu vida y en las vidas de otras personas. Cuando oras solo por las cosas difíciles que te suceden, allí es donde tu mente tiende a permanecer. Por eso es que Pablo expresó: «Por nada estéis afanosos, sino sean conocidas vuestras peticiones delante de Dios en toda oración y ruego, *con acción de gracias*» (Filipenses 4:6).

HABLA AL RESPECTO

Jesucristo vino a consolar a los que lloran. Vino a poner en libertad a los cautivos, oprimidos, abatidos, deprimidos y afligidos (Lucas 4:18).

Isaías 61:3 promete que el Mesías dará «gloria en lugar de ceniza, óleo de gozo en lugar de luto, manto de alegría en lugar del espíritu angustiado». ¿Tienes hoy día pesadez sobre tu corazón? Si es así, oro a Dios que pronto seas llamado árbol de justicia para que el Señor sea glorificado. Por encima de todo, no elijas sufrir en silencio con tu depresión. Habla de ella. Deja que otros sepan lo que te sucede. No excluyas a las personas.

Oro que la luz resplandeciente y brillante de la Palabra de Dios y su Hijo te brinden esperanza. ¡*Hay* esperanza para la depresión! Como ministro del evangelio de Jesucristo y como alguien que salió de una condición muy lóbrega, quiero decirte:

¡Hay esperanza para la depresión!

11

En manos de los verdugos

Más relaciones se han destruido, más matrimonios se han arruinado, más iglesias se han demolido por falta de perdón que por cualquier otra causa. Por tanto, podrías suponer que nos gustaría hablar de eso. ¿Cómo podríamos negarnos a hablar de algo que inflige tanto daño y sufrimiento?

Sin embargo, en realidad los hombres por lo general ni siquiera pensamos en nuestro fracaso en perdonar hasta que nuestras vidas se vuelven insoportables.

Un día, después de predicar un sermón sobre el perdón, un hombre abatido vino a verme. Admitió: «He estado cautivo por mi falta de perdón durante años». Para él, confesar la horrible verdad y sacarla a la luz fue el primer paso en recuperar el rumbo de su vida.

Cristo insiste en que perdonar debe venir del corazón. Y si te has negado a perdonar a alguien debes saber que estás en esclavitud. La Biblia incluso dice que Jesús te entregará a los verdugos.

EL PERDÓN NO OCURRE NATURALMENTE

El perdón no es algo natural para la mayoría de nosotros. Los hombres, en general, encuentran difícil perdonar a quienes los han herido profundamente. Muchas personas estarían de acuerdo con el rey Luis XII, quien declaró: «Nada huele tan dulce como el cadáver de tu enemigo».

¿Quién entre nosotros no puede nombrar algún daño profundo en su vida? Quizá incluso ahora estés separado de tu esposa. Tal vez ella ya se fue a vivir con otro. Podrías decir: «¡Ella debe ponerse a cuentas con Dios!». Tienes razón, pero si no manejas bien la situación te encontrarás igual que tu esposa, en esclavitud al pecado. Tu renuencia a perdonar te llevará a una especie de tormento personal que ni siquiera puedes imaginar. Jesús dijo que debes perdonar *de corazón* a los demás. Esto no es fácil.

Un día el apóstol Pedro hizo a Jesús una pregunta crucial acerca del perdón. Debes agradecer a Dios por Pedro, porque siempre estaba dispuesto a preguntar lo que todos los demás pensaban.

Pedro inquirió: «Señor, ¿cuántas veces perdonaré a mi hermano que peque contra mí? ¿Hasta siete?» (Mateo 18:21). La ley rabínica enseñaba que cuando alguien había pecado contra ti, debías perdonarlo hasta tres veces. Simón Pedro probablemente quería mostrar su generosidad, así que pensó: *Lo duplicaré y añadiré uno por si acaso.*

Jesús contestó: «No te digo hasta siete, sino aun hasta setenta veces siete».

¿Cuatrocientas noventa veces? ¡Esas son muchas veces para perdonar a la misma persona por la misma ofensa! El pasaje sugiere que mientras nosotros trabajamos en el contexto de la suma, Jesús trabaja en el contexto de la multiplicación. En la práctica, está diciendo: «La cantidad correcta es incontable».

Para asegurarse de que Pedro y los demás discípulos entendieran, Jesús contó entonces una historia memorable acerca del perdón y la falta de perdón… de las bendiciones de lo primero y las consecuencias de lo último.

> Por lo cual el reino de los cielos es semejante a un rey que quiso hacer cuentas con sus siervos. Y comenzando a hacer cuentas, le fue presentado uno que le debía diez mil talentos. A éste, como no pudo pagar, ordenó su señor venderle, y a su mujer e hijos, y todo lo que tenía, para que se le pagase la deuda. Entonces aquel siervo, postrado, le suplicaba, diciendo: Señor, ten paciencia conmigo, y yo te lo pagaré todo. El señor de aquel siervo, movido a misericordia, le soltó y le perdonó la deuda. Pero saliendo aquel siervo, halló a uno de sus consiervos, que le debía cien denarios; y asiendo de él, le ahogaba, diciendo: Págame lo que me debes. Entonces su consiervo, postrándose a sus pies, le rogaba diciendo: Ten paciencia conmigo, y yo te lo pagaré

todo. Mas él no quiso, sino fue y le echó en la cárcel, hasta que pagase la deuda. Viendo sus consiervos lo que pasaba, se entristecieron mucho, y fueron y refirieron a su señor todo lo que había pasado. Entonces, llamándole su señor, le dijo: Siervo malvado, toda aquella deuda te perdoné, porque me rogaste. ¿No debías tú también tener misericordia de tu consiervo, como yo tuve misericordia de ti? Entonces su señor, enojado, le entregó a los verdugos, hasta que pagase todo lo que le debía. Así también mi Padre celestial hará con vosotros si no perdonáis de todo corazón cada uno a su hermano sus ofensas (vv. 23-35).

A menos que entendamos la titánica diferencia entre deber a alguien 10.000 talentos a deber 100 denarios, nunca entenderemos el propósito de la historia de Jesús. Así que, ¿cuánto son 10.000 talentos?

En la economía de esa época un talento era la mayor denominación de divisas en el Imperio romano. Un hombre tendría que trabajar veinte años para ganar un solo talento. Un gobernador podía apoyar a una región entera de Palestina con 800 talentos por año. La mayor cantidad para la que el lenguaje griego antiguo tenía un término específico era 10.000. Por tanto, 10.000 talentos estaban en el límite de lo que la mente antigua podía imaginar en términos de dinero. Este siervo debía más de lo que la mente de alguien podía imaginar, y sin duda excedía cualquier cosa que pudiera pagar en toda su vida. William Barclay escribió que se necesitaría un ejército de 8.600 hombres, cada uno cargando en la espalda un saco de 27 kilos, para trasportar todo ese dinero.[1] Barclay dijo que si pones a esos hombres en fila y les pides que se paren a un metro de distancia, la fila se extendería más de ocho kilómetros. Y, sin embargo, el rey perdonó a su siervo esta gigantesca deuda simplemente porque tuvo piedad de este individuo humillado.

Compara ahora esa enorme deuda con los míseros 100 denarios que debía el segundo siervo. Un hombre podía portar fácilmente 100 denarios en el bolsillo. Un siervo promedio podía ganar esa cantidad de dinero en tres meses.

---

1. William Barclay, William Barclay's Daily Study Bible, Matthew 18, https://www.studylight.org/commentaries/dsb/matthew-18.html.

La diferencia entre las dos deudas no es de solo manzanas y naranjas; es de átomos y galaxias. Creerías que el primer siervo habría estado tan aturdido porque el rey le perdonara tan inmensa deuda que con gusto habría sido recíproco, quizá hasta invitando al segundo siervo a una fiesta para celebrar juntos sus deudas canceladas. Pero no. En vez de eso, el siervo perdonado agarró al segundo siervo por el cuello y le exigió el pago inmediato. Cuando el segundo hombre no pudo cumplir, el primero lo hizo meter en la cárcel de deudores.

Este tipo de comportamiento infame parece impensable e incluso extraño. Es difícil creer que un hombre podría actuar de forma tan insensata… y eso es exactamente lo que el Señor le señala a Pedro. Que un cristiano sea renuente a perdonar a alguien es impensable y hasta extraño.

TODOS DEBEMOS MÁS QUE EL PRIMER SIERVO

¿Cuánto nos perdonó Jesús en la cruz? Todos tenemos con Dios una deuda que es infinitamente más grande que diez mil talentos. Ninguno de nosotros podría pagarla alguna vez.

«Pero yo he sido buena persona —podría decir alguien—. Aunque nunca he confiado en Jesucristo como mi Señor y Salvador, he sido muy bueno. Creo que Dios entenderá. Cuando pese mis buenas obras junto a las malas, creo que saldré bien librado».

¿*Bromeas?* Mediante esta historia Jesús está tratando de ayudarnos a entender que *nadie* tiene alguna forma posible de pagar su propia deuda de pecado. *Nadie* puede hacer su camino hacia Dios. *Nadie* puede ganar su entrada al cielo. *Nadie* merece ni siquiera remotamente ir allá. Todos debemos más a Dios de lo que podríamos pagar en toda una vida, o en mil vidas. Todos estamos bajo el juicio justo de Dios, porque Él dice que la paga del pecado es muerte (Romanos 6:23).

Sin embargo, Dios tuvo misericordia de nosotros, se apiadó, y en el momento que pusimos nuestra fe en Jesucristo nos perdonó toda la deuda. Canceló *toda* nuestra responsabilidad. Quitó de nosotros *todo* pecado, como lejos está el oriente del occidente (ver Salmos 103:12). Él lo lanzó todo al mar del olvido para nunca volver a recordarlo. Ni siquiera podemos concebir cuánto debíamos al Señor, y sin embargo Él nos lo ha perdonado todo.

¿Cómo entonces podríamos alguna vez negarnos a perdonar a alguien que nos ha lastimado? No puedes hablarme de alguna situación comparativa que incluso *remotamente* iguale la deuda que teníamos con Dios (galaxias) con cualquier deuda que nos deban (átomos).

Fíjate en la palabra que Jesús utilizó para describir al siervo implacable. El rey dijo que el siervo era «*malvado*». El Señor Jesucristo declara que si eres cristiano y aun así te niegas a perdonar a alguien que te ha hecho daño, eres como ese siervo malvado. Cuando Dios en su gracia te perdonó una deuda imposible de pagar, y luego alguien te hace daño y sin embargo de alguna manera crees que tienes justificación para negarte a perdonarlo, te conviertes en malvado. *¡Malvado!*

EN MANOS DE LOS VERDUGOS

El furioso rey le dijo al siervo implacable: «Toda aquella deuda te perdoné, porque me rogaste» (Mateo 18:32). El rey entonces exigió: «¿No debías tú también tener misericordia de tu consiervo, como yo tuve misericordia de ti?» (v. 33).

Desde luego que la respuesta es «sí». Pero el siervo había dicho «no». ¿Qué pasó entonces?

Jesús agregó: «Entonces su señor, enojado, le entregó a los verdugos» (v. 34).

Un domingo después que prediqué un sermón sobre el perdón, un hombre se me acercó y me dijo: «Acabas de darme mi merecido con ese sermón. Estoy en esclavitud. Me he negado a perdonar a un hombre que me hizo daño, y eso ha estado atormentándome». Se sentía así no porque hubiera perjudicado a alguien, sino porque alguien *lo* había perjudicado, por lo que se había negado a perdonar la herida.

Muchos de nosotros suponemos que cuando otra persona nos ofende, es esa persona quien tiene el problema, independientemente de nuestra respuesta. Imaginamos que Dios ni siquiera considera que nuestra reacción sea parte del panorama. Pero Jesús nos dice: «Piénsalo otra vez».

Podrías ser el espectador inocente. Quizá alguien te atacó, te criticó, te ofendió de algún modo y se niega a reparar el daño. Está claro que dicha persona está equivocada. Pero, si no tienes cuidado, después de un tiempo comenzarás a estar resentido con ella. Albergarás falta de perdón en tu corazón. Y he aquí la parte difícil: *Eres* aquel que entregan a los verdugos. *Eres* quien está en esclavitud, aunque Dios desea que seas libre.

La buena noticia es que no tienes que permanecer en tal estado. Jesucristo dijo que el rey entregó al siervo implacable a los verdugos «hasta que pagase todo lo que le debía» (v. 34). La pregunta es: ¿qué le debía el primer siervo al rey? No le debía los 10.000 talentos, pues ya se le había perdonado esa deuda. ¿Qué deuda seguía teniendo el hombre?

El siervo aún tenía la obligación permanente de perdonar a los demás, así como él mismo había sido perdonado. Hasta que estuviera dispuesto a pagar *esa* deuda, estaría encerrado y sometido a los verdugos.

Y así estaremos tú y yo.

UN SELLO DE TODOS LOS CREYENTES

Si Jesús hubiera hablado tan solemnemente solo en este pasaje acerca de la importancia del perdón, entonces quizá podríamos tratar de entender sus palabras en forma distinta. Pero, en realidad, Cristo hizo de este mensaje sobre el perdón un tema muy importante de su enseñanza.

Cuando los discípulos le pidieron al Señor que les enseñara a orar, Él les entregó lo que llamamos el Padrenuestro, y añadió: «Si perdonáis a los hombres sus ofensas, os perdonará también a vosotros vuestro Padre celestial; mas si no perdonáis a los hombres sus ofensas, tampoco vuestro Padre os perdonará vuestras ofensas» (Mateo 6:14-15).

Jesús dio un paso más al declarar: «Cuando estéis orando, perdonad, si tenéis algo contra alguno, para que también vuestro Padre que está en los cielos os perdone a vosotros vuestras ofensas. Porque si vosotros no perdonáis, tampoco vuestro Padre que está en los cielos os perdonará vuestras ofensas» (Marcos 11:25-26). Lucas 6:37 nos ofrece otro eco de este tema: «No juzguéis, y no seréis juzgados; no condenéis, y no seréis condenados; perdonad, y seréis perdonados». A esto es a lo que llamo un mensaje consecuente.

Varios años después que Jesús ascendiera al cielo, su Espíritu inspiró al apóstol Pablo a escribir: «Sean comprensivos con las faltas de los demás y perdonen a todo el que los ofenda. Recuerden que el Señor los perdonó a ustedes, así que ustedes deben perdonar a otros» (Colosenses 3:13, NTV). Pablo escribió a otro grupo de cristianos: «Sed benignos unos con otros, misericordiosos, perdonándoos unos a otros, como Dios también os perdonó a vosotros en Cristo» (Efesios 4:32).

Cuando en su lista de cosas por hacer Jesús puso en alto al perdón, simplemente estaba siguiendo el modelo de su Padre. Salmos 78:38 nos recuerda que Dios, quien es «misericordioso, perdonaba la maldad, y no los destruía; y apartó muchas veces su ira, y no despertó todo su enojo». De manera similar el salmista ora: «Tú, Señor, eres bueno y perdonador, y grande en misericordia para con todos los que te invocan» (Salmos 86:5). Desde el principio, Dios ha llamado a *todos* sus hijos a imitar su disposición de perdonar. Él desea que este sea un sello característico de todos en su familia.

CONSECUENCIAS DE NO PERDONAR

Cuando un hombre se niega a perdonar de corazón, hay varios resultados desagradables, ninguno bueno:

1. Resulta en ingratitud.

Podríamos poner el título «Desagradecido» sobre la historia en Mateo 18. El siervo perdonado de una colosal deuda debió haber estado feliz. Debió estar agradecido. Debió haber entonado alabanzas al Dios todopoderoso. En lugar de eso, mostró montañas de ingratitud.

Sabemos que ese individuo fue desagradecido porque lo primero que hizo después de ser perdonado fue buscar a un hombre que le debía unas pocas monedas. Lo agarró por el cuello y exigió que le pagara. Cuando el segundo hombre le pidió más tiempo para cubrir la deuda, exactamente lo que el primero había pedido al rey, el primer hombre mandó encarcelar al segundo. ¡Qué desagradecido!

No perdonar es ser ingrato. Expresar: «Me han agraviado y creo tener justificación para guardar rencor» muestra claramente que un espíritu de ingratitud ha invadido tu corazón.

2. Hace que trates de mantener como rehén a alguien.

Cuando toman como rehén a una persona, los secuestradores, por lo general, quieren algo a cambio de devolverla: dinero, armas, liberación de prisioneros. Declaran: «Si nos das lo que queremos, te devolveremos la persona que hemos secuestrado». Siempre hay una condición adherida, una exigencia de algún tipo de recompensa.

Al negarnos a perdonar a otros por lo que nos han hecho estamos diciendo esencialmente lo mismo que los secuestradores. Tratamos de mantener como rehenes a los ofensores hasta que nuestras demandas se cumplan. No pedimos dinero, pero en lugar de eso exigimos que quienes nos han agraviado enderecen las cosas. Y les negamos el perdón a menos que lo hagan.

Supongamos que alguien te hace daño, y luego algo malo le ocurre a esa persona. Si respondes: «Eso es justo lo que merecía», estás mostrando pruebas evidentes de un corazón implacable. Dios quiere que trates con eso. La paz de Dios y el gozo de Jesucristo nunca fluirán a través del corazón de quien no perdona.

3. Te impide entender la gracia divina.

Dios nos ayuda a entender su gracia no solo perdonándonos, sino permitiéndonos perdonar a otros. La gracia nos hace cada vez más como Cristo, quien perdonó voluntariamente.

Si hay alguien en la Biblia que entendió realmente el alcance de la gracia de Dios, al menos desde una perspectiva terrenal, fue José. Sus hermanos lo odiaban, lo envidiaban, lo lanzaron a un foso y lo vendieron como esclavo. Fueron a casa y le informaron a su padre que un animal salvaje había matado a José. Después de todo lo que sus hermanos le habían hecho, José de algún modo encontró la fortaleza para perdonarlos.

No solo que José perdonó auténticamente de corazón a sus hermanos, sino que incluso creyó que Dios había permitido que lo trataran en forma tan despreciable para sacar bien de la maldad de ellos. Él pudo alegrarse de lo que había sucedido, pese a los muchos años de profundo dolor personal que esto le había causado. ¡Qué obra de Dios! Si el Señor pudo hacer eso en la vida de José, ¿qué podría hacer a través de ti cuando estés dispuesto a perdonar?

4. Levanta una barrera.

¿Has tenido alguna vez una pelea con tu esposa? Cuando eso sucede, las cosas se ponen feas. Una barrera podría levantarse entre los dos.

No obstante, si uno de ustedes hace las paces con Dios y se acerca al otro, ese es el primer paso para quitar la barrera. Al hacerlo, es persona permite que la relación se restaure.

Cuando dos hombres se ofenden, las cosas también pueden ponerse feas. Quizá han sido buenos amigos. Son hermanos en Cristo, y ambos aman a Jesús. Pero entonces sucede algo y surge una barrera. Inmediatamente esa barrera de falta de perdón corta todas las reservas de amor, gozo, aceptación y cuidado. Solo cuando estén dispuestos a decir, por un acto de la voluntad: «¡Esto es una locura! Es estar en esclavitud. Es ser entregado a los verdugos. En el nombre de Jesucristo decido perdonar» es que ocurre algo asombroso. Una vez derribada esa barrera de falta de perdón, todos los antiguos sentimientos agradables de amistad vuelven a fluir. ¡La restauración produce verdadero gozo! Lo creo porque lo he experimentado.

5. Te entrega a los verdugos.

La Biblia nos enseña que el perdón libera. Nos libera de una carga pesada de culpa, amargura y enojo albergado por mucho tiempo. La falta de perdón, por el contrario, paraliza tu fe. El veneno de un espíritu no perdonador impregna toda tu vida, separándote de la comunión con Dios, con tus amigos y con tu familia. Además, la falta de perdón no puede defendérsele legítimamente. ¡Nunca!

ELEMENTOS DEL PERDÓN

Perdonar es un acto de la voluntad. Charles Stanley escribió un librito maravilloso sobre el perdón en el que dice que en perdonar participan siempre tres elementos.

1. Alguien te hace daño.

Alguien te lastima, quizá mediante otra relación. Sin embargo, te lastimaron, te causaron una herida.

2. Una deuda resulta del agravio.

Como resultado del agravio se crea una deuda: «¿Sabes lo que esa persona me hizo? ¡Me la debe!». Siempre que alguien hiere a otra persona, existe una obligación de resarcir el mal. La parte ofensora tiene el deber de disculparse, de pagar la deuda, de enderezar las cosas.

3. La deuda debe cancelarse.

De un modo u otro, la deuda debe borrarse. Es más fácil cuando la parte ofensora dice: «Me equivoqué al hacer eso, perdóname por favor. ¿Qué puedo hacer para corregir las cosas?». Pero a menudo el ofensor no admite su error, no pide perdón y no trata de enderezar lo malo. ¿Significa esto que estás estancado?

No, no es así. *Independientemente de lo que el ofensor pueda hacer,* Jesucristo llama a los creyentes a perdonar la deuda, lo cual a su vez libera a ese creyente herido de las manos de los verdugos. La amargura no tiene control del corazón de tal creyente.

—¡No comprendes! —me dijo una vez un hombre—. Mi esposa y yo tenemos dos hermosos hijitos. Todo estaba yendo bien. He trabajado, trabajado y trabajado para que ella pudiera quedarse en casa, solo para descubrir que mientras yo trabajaba ella se veía con otro tipo. Mi esposa huyó con él y me dejó con los niños. Parece que ese es el final. ¡Me arruinó la vida! No puedo pasar de aquí, y tampoco puedo perdonarle lo que hizo.

—Sí, sí puedes pasar de aquí —opiné—, pero tienes que empezar por perdonarla de todo corazón.

Desde luego, nadie puede perdonar realmente de corazón sin la ayuda del Espíritu Santo de Dios. ¡Eso es lo maravilloso de la familia cristiana! Solo Jesucristo, por medio de su Espíritu y su iglesia, puede hacer que este proceso funcione.

EL VERDADERO PERDEDOR

Un hombre con un espíritu implacable es siempre y por siempre el verdadero perdedor. Si nos negamos a tratar con nuestra falta de perdón, lo cual inevitablemente resulta en amargura y resentimiento que nos pone en esclavitud, no podemos tener la clase de comunión con el Padre y con la familia de Dios que Él nos dio, y por la cual Jesucristo murió y resucitó.

Tal vez hace años alguien te ofendió y nunca lo perdonaste… y lo sabes. Quizá en este momento el Espíritu de Dios está resucitando en tu mente el nombre de esta persona, hacia la cual hasta el día de hoy tienes una actitud de falta de perdón.

Podrías decir: «Johnny, basta. Lo único que estás haciendo es sacar viejas heridas creadas hace mucho tiempo». Pero si aún sientes la clase de dolor que te hace decir tales cosas, entonces puedo asegurarte que nunca has tratado con el asunto como Cristo exige. Si declaras: «Planeo dejar las cosas donde están, en el pasado, y seguir con mi vida», entonces nunca sabrás cómo es una relación auténtica y confiable con otra persona.

Si estás en las manos de los verdugos, debes saber que esto afectará *toda* relación que tengas. Por eso es que la gente afirma: «Se me hace difícil confiar en alguien; me han herido profundamente en el pasado». Cuando tratas sinceramente con ese problema en la cruz de Cristo, casi no tendrás mucho problema en volver a confiar en la gente.

¿CÓMO PUEDES ESTAR SEGURO?

¿Cómo puedes saber si has perdonado *de veras* a alguien? Supongamos que te han lastimado y que te has negado a perdonar a ese individuo. Un día lo ves por un pasillo en el supermercado. En ese momento preferirías dar media vuelta e ir por otro pasillo. ¿Por qué? No quieres interactuar con esa persona porque no la has perdonado de todo corazón. En tu mente podrías haberla perdonado, pero en el fondo de tu corazón simplemente no puedes enfrentarla con libertad. ¿Sabes por qué? Estás en esclavitud.

Imagina que ves a cinco personas formando un círculo y divirtiéndose. Al mirar más de cerca notas que una de ellas es alguien a quien tienes verdadera animadversión. En lo profundo de tu corazón albergas rencor hacia ese individuo.

Esto te deja con dos opciones. La primera es evitar a todo el grupo debido a tu actitud hacia un individuo. O, la segunda, armarte de valor, unirte al grupo e interactuar con cuatro de las personas mientras le das la espalda a quien no te gusta. Esta es tu manera de decir: «No he olvidado lo que pasó, viejo amigo. No puedes engañarme».

En realidad, el diablo es quien *te* engaña. Estás donde Satanás quiere tenerte.

Cuando en tu corazón no perdonas, estás negándote a amar a quien te hizo daño. Te niegas a aceptarlo, respetarlo o decir algo bueno respecto a él. Simplemente no puedes encontrar en tu corazón algo bueno que decir de ese individuo; y todo el tiempo te sientes realmente bien al respecto. El diablo te da palmaditas en la espalda y exclama: «¡Buen chico! Estás haciendo un buen trabajo. Lo tienes justo donde quieres». Pero la verdad, una vez más, es que el diablo *te* tiene justo donde quiere.

Jesús afirmó que, si te niegas a perdonar a alguien, estás en esclavitud y no ganarás a menos que perdones. Perdonar es el acto de liberar a alguien de una obligación en que incurrió al perjudicarte.

Todos nosotros hemos recibido perdón en un momento u otro. Sin embargo nos sentimos tentados a guardar rencor, permitiendo que el resentimiento se instale y ponga una barrera. A veces nos damos cuenta de que estamos reteniendo el perdón, y otras veces sinceramente no somos conscientes. ¿Cómo entonces puedes darte cuenta cuándo has caído en esta trampa mortal?

Una actitud implacable es algo así: «No *soporto* estar en la presencia de ese sujeto». Cuando pronuncias (o das a entender) declaraciones como esa, debes saber que estás atrapado en falta de perdón.

La falta de perdón es una atadura que sofoca tu capacidad de amar y aceptar a otros. Es una especie de esclavitud que ahoga la vida abundante que Jesucristo promete a todos los que creen en Él. La falta de perdón tampoco tiene sentido. Si Dios te perdonó por todo lo malo que hiciste en el pasado, todo lo malo que estás haciendo en el presente o todo lo malo que harás en el futuro, ¿qué razón tienes entonces para negarte a perdonar a alguien?

Podrías discutir: «Johnny, he perdonado a quienes me han hecho daño». Sin embargo, ¿los has perdonado *de veras*?

CUATRO CHEQUEOS DE ACTITUD

Te ofreceré cuatro chequeos de actitud para que puedas determinar si has perdonado de veras a alguien que te ha hecho daño.

1. *Tus sentimientos negativos empiezan a desaparecer.*

¿Sientes enojo si ves a la persona y oyes que se menciona su nombre? Cuando has perdonado de verdad a alguien, no sientes la misma ira que sentías antes al encontrarte inesperadamente con él.

2. Es más fácil aceptar a la persona que te lastimó sin sentir la necesidad de que cambie.

Cuando perdonas realmente a alguien, incluso si *no* cambia, sigues siendo libre. Ya no sientes la compulsión de manipularlo para que te pida perdón o para que te diga cuánto siente haberte lastimado. ¡Eres libre!

3. Tienes una nueva apreciación de la situación de esa persona.

Tal vez has dejado una iglesia debido a una situación difícil en que te sentiste tratado injustamente. Entiende que nunca serás lo que Dios quiere que seas en tu nueva confraternidad a menos que trates con tu renuencia a perdonar a esa persona en tu antigua congregación. ¡El problema seguirá existiendo sin importar lo lejos que te mudes! La ira que sentías cuando vivías al otro lado de la calle de alguien te volverá a la mente cuando estés a miles de kilómetros de distancia. Sin embargo, una vez quitados los anteojos del resentimiento, podrás empezar a comprender desde la perspectiva del otro individuo lo que sucedió y por qué. Y probablemente descubrirás que él no es el demonio en que lo has convertido.

4. Tu preocupación por las necesidades del otro individuo superará tu preocupación por lo que te hizo.

Como humanos caídos tendemos a ser egoístas y egocéntricos. Preguntamos: «¿Quieres saber lo que tal persona me hizo? ¿Te das cuenta del daño que me causó?». Te recomiendo que estudies la cruz en cada uno de los cuatro Evangelios. Recuérdate lo que le *hiciste* a Jesús en la cruz. A medida que reflexiones en el sacrificio que hizo por ti, la ofensa que has considerado un «gran agravio» comenzará a desvanecerse en el olvido. En su lugar es posible que crezca en tu corazón una preocupación auténtica por la otra persona. Esa, amigo mío, es una verdadera obra del Espíritu Santo de Dios.

Y es una obra que tú y yo necesitamos con urgencia.

PARTE 3:

UN LUGAR DONDE DESATAR NUESTRAS LENGUAS

12

NECESITAS MÁS AMIGOS VARONES

Cuando se trata de hablar de nuestras luchas, hay algunos pasos definitivos que podemos dar. La mejor parte es que Dios no nos pide que vayamos solos. Él nos ha dado recursos que pueden ayudarnos en esos momentos en que nos inclinamos a guardar silencio. Sea nuestra batalla contra la pornografía, el alcohol, la depresión o alguna otra dificultad, Dios está listo a ayudarnos por medio de estímulo, sabiduría y amistad de otros hombres. Ese va a ser nuestro enfoque en el resto de este libro.

UNA DIFICULTAD PERMANENTE

David W. Smith publicó en 1983 un fascinante libro titulado *The Friendless American Male* [El hombre estadounidense sin amigos]. Smith analizó la dificultad extrema que tienen los hombres estadounidenses con tratar de crear y sustentar amistades reales y sólidas. Smith habló del alto costo de ser varón, de cómo hombres y mujeres difieren en sus hábitos de hacer amistades, y de mucho más.

Treinta y cinco años más tarde, no sé cuánto ha cambiado eso.

Aunque el editor del libro de Smith ya no existe, el problema aún persiste y en gran medida. La mayoría de hombres que conozco suele llamar «amigos» a dos de sus conocidos, y eso es todo. Intentan navegar por las complejidades de la vida moderna prácticamente solos. En la iglesia pueden sonreír, asentir y saludar a algunos más, pero si les preguntas a algunos de ellos por algún detalle significativo en cuanto a las vidas de tales individuos (cuándo se comprometieron con Cristo, por ejemplo, o dónde crecieron) lo más probable es que obtengas miradas en blanco.

Hermanos, simplemente *no podemos* conformarnos con eso. Hay demasiado en juego.

¿QUIÉN TE LEVANTA EL BRAZO?

Una de mis historias favoritas sobre la importancia de los amigos viene de Éxodo 17. Moisés estaba en lo alto de la montaña mientras los israelitas peleaban con los amalecitas en el valle. Él levantó la vara de Dios, el símbolo del poder del Señor, pidiéndole a Dios la victoria. Mientras Moisés oraba, los brazos se le cansaban y empezaban a caer. Cuando bajaba la vara de Dios, los amalecitas prevalecían, cuando la levantaba, los israelitas prevalecían.

Cuando el cansancio de Moisés empeoró, Dios mandó a dos amigos, Aarón y Hur, quienes hicieron sentar a Moisés en una roca. Los amigos le levantaron entonces los brazos, uno a cada lado. Como resultado, Israel prevaleció ese día. Éxodo 17:12 afirma que «así hubo en sus manos [de Moisés] firmeza hasta que se puso el sol».

Que yo tenga tales amigos ha sido siempre mi oración. Un día el sol se pondrá en la vida que Dios nos ha dado. Nos daremos cuenta entonces, quizá como nunca antes, de cómo las muchas personas con las que Dios nos rodeó nos sostuvieron las manos y nos ayudaron a prevalecer. Ninguno de nosotros ha llegado donde está en solitario. Tuvimos necesidad de amigos que nos llevaran allí.

Con razón las Escrituras declaran: «Mejores son dos que uno; porque tienen mejor paga de su trabajo. Porque si cayeren, el uno levantará a su compañero; pero ¡ay del solo! que cuando cayere, no habrá segundo que lo levante» (Eclesiastés 4:9-10).

Dondequiera que mires en la Biblia, encontrarás que los hombres que lograron grandes cosas para Dios siempre tuvieron compañeros, ayudantes y amigos que acudieron a ayudarles. Ninguno de ellos tuvo éxito solo. Piensa en David, a quien a pesar de sus defectos todavía se le recuerda como el más grande rey de Israel. Se ganó tan venerado nombre que incluso a Jesucristo mismo se le conoce como «hijo de David» (ver, por ejemplo, Mateo 1:1).

Sin embargo, ¿habría vivido David la primera parte de su existencia adulta sin la ayuda de su amigo cercano Jonatán? Cuando Jonatán, el hijo mayor del rey Saúl, oyó cómo el joven David hablaba con el rey después de matar al gigante Goliat, la Biblia informa que «el alma de Jonatán quedó ligada con la de David, y lo amó Jonatán como a sí mismo» (1 Samuel 18:1). Desde ese momento los dos hombres formaron una amistad ferozmente leal que fue severamente probada más de una vez. Después que Saúl se volviera contra David y hasta intentara matarlo, Jonatán permaneció leal e hizo todo lo posible para mantener a salvo a su amigo. En un momento especialmente crítico, «se levantó Jonatán hijo de Saúl y vino a David a Hores, y fortaleció su mano en Dios» (1 Samuel 23:16).

¿Tienes amigos que te ayuden a encontrar fortaleza en Dios, especialmente cuando tus circunstancias se vuelven peligrosas, difíciles o desagradables? David tuvo a Jonatán; ¿a quién tienes tú?

Este sería un buen momento para darte una advertencia. El Señor había puesto a David en la vida de Saúl para animarlo, pero los celos de Saúl le hicieron mirar con sospecha a David. La misma persona que Dios había puesto en la vida del rey, quien con toda probabilidad se habría convertido en el mejor amigo que alguna vez conociera, se volvió su enemigo número uno. La misma persona que Dios puso en la vida del rey para amarlo y cuidar de él fue a quien Saúl finalmente trató de destruir mediante manipulación e incluso asesinato. ¿No es asombroso que podamos ser tan ciegos y no reconocer a un amigo cuando Dios lo envía? Quizá debamos orar no solo por más amigos, sino porque Dios nos dé claridad y discernimiento para reconocer a nuestros amigos verdaderos, las personas que nos quieren realmente.

Sé sin lugar a dudas que Odus y Viola Scruggs (quienes preferían no ser identificados) cuidaron de mí. Odus sabía de mi entorno desfavorecido, incluso de mi carencia de ropa y libros, y mi incapacidad de pagar mi educación universitaria. Sabía que yo dependía constantemente de algún tipo de ayuda. Él y su esposa no tenían hijos vivos; sus gemelos habían muerto a los dos años de edad a causa de una enfermedad renal. Ellos nos contaron a Janet y a mí que solían orar porque al menos uno de sus hijos llegara a ser pastor. Para entonces, a fines de la década de los setenta, supieron que su sueño nunca se haría realidad. Por tanto, Odus nos dijo que uno de sus deseos apasionados en la vida era que

Dios les permitiera «criar a un pastor». Por lo que nos preguntaron: «¿Nos permitirían ustedes dos adoptarlos?». Su petición nos sorprendió, por decir lo menos. Al comenzar a analizar cómo sería esto, declararon: «Ustedes son como una familia para nosotros», y lo éramos. Estábamos constantemente en su casa, comiendo juntos, saliendo, comprando o haciendo algo más juntos. Los visitábamos y les dábamos la oportunidad de amar a nuestros pequeños hijos, lo cual hicieron magistralmente.

Por último nos dijeron: «Queremos comprarles ropa, darles dinero para gastar y pagar su educación». Decir que me sentí desconcertado sería la subestimación del milenio. En segundos se convirtieron en padres para nosotros, dos de los mejores amigos que hemos conocido.

Cada dos semanas durante los siguientes tres años, tres meses y tres semanas, sin excepción, Odus me daría al menos cuarenta dólares en efectivo el domingo después de la iglesia. ¿Quién sabe cuántas comidas consumimos en su casa o en un restaurante? Él me compró algunos de los mejores trajes que he tenido, con corbatas y camisas que combinaban. Me compró mi primer par de zapatos Florsheim y mi primer par de mocasines de marca. ¡No se olvidan detalles como estos! Aún puedo ver algunos de los lindos trajes que usaban mis hijos y los hermosos vestidos usados por mi esposa. Podrías darte cuenta de que los Scruggs tenían el don de dar porque nunca esperaron nada a cambio. Simplemente lo hacían con alegría.

Tuve el privilegio de realizar el funeral de Odus y, aunque no pude estar presente en el funeral de su esposa, Janet sí asistió, y después escribí un largo discurso mortuorio para honrar a esa preciosa sierva de Dios. Antes que Odus muriera, lo visité en el hospital en la sala de terapia intensiva. Cuando despertó y me vio al pie de su cama, se agitó de alguna manera y pareció que estaba buscando algo detrás de él o a sus espaldas. No podía hablar debido a todos los tubos en su boca y nariz. Sin embargo, a los pocos momentos me di cuenta de que estaba tratando de hacer lo que siempre hacía al verme en la iglesia: buscaba su billetera para darme una ofrenda.

Odus murió del modo en que vivió: como un buen amigo. Era dador, no interesado, y lo considero uno de los hombres más generosos que he conocido. Gracias a Dios por mi amigo Odus Scruggs.

Toma un momento para pensar en tu lista de amigos cercanos. Este podría ser el día perfecto para redactar una carta o un correo electrónico, enviar un mensaje de texto o un regalo, o hacer una llamada para que ese amigo sepa cuán determinante ha sido en tu vida.

¿QUÉ ES UN AMIGO VERDADERO?

Si no tenemos cuidado podríamos olvidar qué es un amigo verdadero. Podríamos confundir un amigo verdadero con un simple conocido. He aquí un acróstico que uso para ayudarme a recordar cómo es un amigo verdadero.

A—Un amigo verdadero es alguien que se convierte en *aliado*. Nos tomó años a Janet y a mí encontrar hombres y mujeres que se acercaran tanto a nosotros como lo hacen nuestros parientes de sangre (y muchas veces más). Pero vaya, ¡valió la pena!

M—La relación con un amigo es *mutua*. Esta relación es profunda, permanente, afectuosa y compasiva.

I—Los amigos desarrollan verdadera *intimidad*. Cuando un amigo cercano pregunta: «¿Cómo estás?» y no le dices la verdad exacta, verá a través de tu respuesta y te hará una pregunta complementaria: «No, ¿cómo estás *realmente*?».

G—Un amigo nos inspira *gozo*. Pablo le dijo a su amigo Filemón: «Tenemos gran gozo y consolación en tu amor, porque por ti, oh hermano, han sido confortados los corazones de los santos» (v. 7). La palabra traducida «confortados» significa «infundir ánimo». Hablo de un ejército agotado que disfruta un descanso muy necesario. Todos podemos pensar en amigos que sean para nosotros como un soplo de aire fresco.

O—Los amigos nos *orientan* cuando es necesario. No siempre podrían estar a disposición, pero estarán disponibles lo más pronto posible.

Solamente la muerte separa a los amigos verdaderos. Hace poco perdí a un querido amigo de más de cuarenta años. El doctor Freddy Gage fue un evangelista en la Convención Bautista del Sur a quien Dios eligió usar en gran manera. Freddy decidió ser un amigo entrañable, incluso se refirió a mí como su quinto hijo. Hasta el día de hoy, a pesar de que está en el cielo, sigo orando por sus hijos y su esposa Bárbara. Nuestros amigos no siempre viven más que nosotros, pero cuando se van dejan una parte de ellos dentro de nuestro corazón. Durante el resto de nuestras vidas seguimos adelante con más valor, más convicción y más amor auténtico de lo que alguna vez hubiéramos tenido de no habernos topado con estos gigantes entre los hombres y de no haber podido contar con ellos como nuestros amigos queridos y cercanos.

Este acróstico me lleva a hacerte dos preguntas: primera, ¿tienes la clase de A-M-I-G-O que necesitas? Y segunda, ¿para quién *vas* a ser este tipo de amigo?

MEJORES AMIGOS

Uno de mis cuadros favoritos de amistad en la Biblia es el del apóstol Pablo y su joven pupilo Timoteo. Pablo se refirió a Timoteo como «verdadero hijo en la fe» (1 Timoteo 1:2), y en una ocasión el apóstol lo llamó «hombre de Dios» (1 Timoteo 6:11). ¿Te imaginas lo que debió significar para el joven Timoteo oír que un héroe espiritual como el apóstol Pablo lo llamara «hombre de Dios»?

En su segunda carta a Timoteo, Pablo hizo una serie de declaraciones increíbles acerca de su amistad (2 Timoteo 1:2-6). Si planificas servir al Señor toda tu vida necesitarás las cuatro características que Pablo mostró hacia Timoteo, a las cuales me refiero como «expresiones de aliento que infunden entusiasmo». Todos necesitamos aliento. Lo necesitamos para permanecer entusiasmados con relación a la obra que Dios nos ha llamado a hacer. Y cualquiera que sea esa obra, tu Padre celestial pondrá en tu vida amigos que te ayuden a permanecer comprometido.

Pablo amaba a Timoteo

En primer lugar, Pablo *amaba* a Timoteo. Cuando llamó a Timoteo «amado hijo» (2 Timoteo 1:2), utilizó el término griego *ágape*, la palabra más fuerte para «amor» en el antiguo idioma griego. En el Nuevo Testamento, el término por lo general se refiere al amor abnegado del Dios todopoderoso. Pablo no podía haber amado más a Timoteo.

Uno de mis héroes de por vida, James Dobson, me dio hace varios años un asombroso testimonio en un evento de NASCAR después que se recuperara de un ataque cardíaco. A mi esposa le encanta NASCAR, y cuando fuimos al oratorio NASCAR ese día, escuchamos al doctor

Dobson decir que dos cosas se destacaron después de su experiencia cercana a la muerte: Sabía a quién amaba y quién lo amaba. Creo que esa es una gran declaración de amistad.

Pablo oraba por Timoteo

En segundo lugar, Pablo *oraba* fielmente por Timoteo. Le dijo: «Sin cesar me acuerdo de ti en mis oraciones noche y día» (2 Timoteo 1:3). La Biblia enseña que el Señor Jesucristo vive siempre para interceder por su familia (ver Hebreos 7:25), ¡y nada es mejor que estar en la lista de oración del Señor Jesús! Pero dudo que fuera un mal segundo puesto estar en la lista de oración del apóstol Pablo.

Un día, mientras atravesaba el aeropuerto de Atlanta, creí reconocer a lo lejos a un caballero que se me acercaba. Efectivamente, no era otro que alguien a quien considero un héroe, el doctor Henry Blackaby. A medida que se acercaba, gritó: «¿Cómo está el hombre por quien el Señor me ordenó orar todos los días?». ¡Qué tremenda bendición saber que estoy en la lista de oraciones de este querido personaje! Él escribió el excelente libro *Mi experiencia con Dios*, que influyó grandemente en mi vida.

Pablo creía en Timoteo

En tercer lugar, Pablo *creía* en su amigo Timoteo. Todo hombre necesita alguien que lo ame, que ore por él y que crea en él. Pablo escribió a Timoteo: «Traigo a la memoria tu fe sincera, la cual animó primero a tu abuela Loida y a tu madre Eunice, y ahora te anima a ti. De eso estoy convencido» (2 Timoteo 1:5, NVI). Pablo llamó «sincera» la fe de Timoteo. El apóstol estaba diciéndole a su joven amigo: «Creo en ti, Timoteo, porque eres auténtico. Eres genuino, de verdad».

De una familia que estaba en la pobreza, Dios me llamó a predicar. Fui desertor del liceo y terminé mi educación secundaria solo después de estudiar en las noches en el Instituto Técnico Cape Fear. Yo mismo me preparé para el diploma de secundaria y finalmente pasé en mi tercer intento.

Mi pastor, Eugene Gibson, nos llevó luego a Janet y a mí en un viaje por carretera a la Universidad Gardner-Webb. Recomendó que nos dieran una oportunidad de asistir, aunque yo no tenía el dinero y sin duda no calificaba para una beca. Estaré eternamente en deuda con Eugene, el hombre que predicó la noche del 7 de enero de 1973, cuando me convertí. Solo el cielo revelará la clase de amigos que fueron para mí él y su esposa Marian. Los amaré por siempre.

El Señor hizo que las cosas resultaran para que nos inscribiéramos en Gardner-Webb, pero no sabíamos cuánto tiempo lograríamos quedarnos o si yo obtendría las calificaciones necesarias. Aun así, en tan solo unos meses fui invitado a sustituir en el púlpito de la Iglesia Bautista Lavonia. Después de tres meses ocurrió un milagro: en julio de 1976 la iglesia me pidió que me convirtiera en su pastor. Y así comencé el sendero que me llevó a donde aún sirvo hoy. Un amigo que creyó en mí inició ese sendero.

Pablo ayudó a Timoteo

En cuarto lugar, los amigos nos *ayudan*. Pablo escribió a Timoteo: «Te aconsejo que avives el fuego del don de Dios que está en ti por la imposición de mis manos» (2 Timoteo 1:6). Pablo deseaba ver a Timoteo apasionado por Cristo y su obra. La descripción gráfica de «avivar» el don de Dios se refiere a una llama en peligro de apagarse o que arde muy poco. Pablo quería recordarle a Timoteo que, aunque solo Dios puede poner a un hombre en el ministerio, el apóstol deseaba ayudar a avivar la llama de este joven. En realidad estaba diciéndole: «Te digo esto para animarte y hacerte saber que te amo, que oro por ti, que creo en ti y que quiero ayudarte».

A veces la mejor ayuda que un amigo puede ofrecer es proporcionar ánimo. Hace años, cuando acepté una invitación para hablar en el servicio de oración del Seminario Teológico Bautista Mid-América en Memphis, Tennessee, sentí mucho miedo. Nunca había hablado en una institución teológica a nivel de seminario. La noche antes de predicar estuve con un amigo, Donald Pope, quien era estudiante en Mid-América. Dormí muy poco esa noche. Me sentía tenso y más que un poco ansioso por ir a pararme delante de profesores, docentes, el presidente y los estudiantes para predicar la Palabra, a pesar de que el presidente, Gray Allison, y su hermano Phil ya me habían saludado calurosamente y me habían hecho sentir bienvenido.

La mañana en que iba a predicar, creí tener el mensaje de Dios para el instituto. Justo antes de disponerme a hablar, el doctor Allison me presentó a uno de sus profesores, el doctor Roy Beaman. Yo nunca había oído hablar del doctor Beaman, pero, cuando el doctor Allison me lo presentó, dijo que el hombre enseñaba griego en el Seminario Teológico Bautista de Nueva Orleans, donde Adrián Rogers y el mismo doctor Allison habían enseñado. Pensé: *Vaya, este hombre conoce el idioma; ha estado comunicándolo desde hace mucho tiempo. Será mejor que tenga cuidado con las palabras que hablo del texto griego y cómo las traduzco.* Decir que esto puso un poco de temor extra en mí es quedarme corto.

Durante mi sermón sentí paz y confianza de parte del Espíritu Santo. Después me pidieron que permaneciera disponible para hablar con los estudiantes y el profesorado. Todos fueron amables y alentadores, lo cual me produjo una sensación de alivio, pero en cierto momento en que levanté la mirada vi al doctor Beaman en la parte trasera de la fila. Pensé: *Oh Dios, ¿qué irá a decirme este hombre de Dios?*

No debí haberme preocupado. Él me dijo que, de todos los mensajes que había escuchado, el mío de esa mañana estaba entre los tres mejores. En ese momento el doctor Beaman tal vez tenía ochenta años de edad. Solo Dios sabe cómo me animaron sus alentadoras palabras. En esa época yo tenía poco más de treinta años y, probablemente, necesitaba oír esas palabras más de lo que él necesitaba pronunciarlas. El hombre me ayudó a tener un poco más de confianza en cómo manejar la Palabra de Dios y predicar su verdad. Esa mañana, el doctor Beaman se convirtió en un amigo verdadero para mí. Eso es lo que hacen los amigos verdaderos: Te marcan y Dios los utiliza para derretir y moldear algo en ti que llena tu corazón con gratitud y acción de gracias.

Todos necesitamos amigos que nos amen, oren por nosotros, crean en nosotros y nos ayuden. ¡Ruego a Dios que envíe hoy a alguien a tu camino para que avive por completo tu chispa de pasión!

UN RAMILLETE PERSONAL

Mi objetivo en este capítulo es sencillo: Deseo animarte a encontrar y desarrollar más amistades masculinas, o al menos profundizar en las que ya tienes. En lugar de darte una lista de razones por las que debes hacer esto, quiero hablarte de lo que algunos de mis amigos han significado para mí. No los puedo mencionar a todos, pero anhelo que veas lo indispensables que son los amigos en la vida de cada hombre. Por eso aquí me gustaría obsequiarles un ramo de flores a todos mis amigos, sea que los mencione o no.

A John, un hombre que va directo al grano. Él escoge con cuidado las palabras y siempre puedo contar con que sea sincero conmigo. Durante años me he reunido cada semana con él como compañero de rendición de cuentas, y hasta el día de hoy sé que solo está a una llamada de distancia.

A Morgan, la primera persona en mi vida que me dijo: «Si alguna vez necesitas hablar con alguien acerca de algo que incluso podría ser triste, algo que no querrías que nadie más supiera, prometo ser tu amigo, oír tu corazón y hablar verdad a tu vida». Durante los últimos treinta años, cada semana, con pocas excepciones, he recibido un mensaje de texto o un correo electrónico de él. Morgan siempre ha estado allí para mí.

A Buddy, un hombre que Dios ha usado para hacerme saber que está bien tener pies de barro, y que nadie es perfecto. Siempre me he sentido muy amado y aceptado por Buddy y su familia.

A Michael, un hombre que se ha puesto a mi disposición y que ha dejado todo en muchas maneras a fin de servirme. ¡Qué amigo tan generoso! Estoy eternamente agradecido por este hombre de Dios.

A Fred, un colega pastor y hermano en el ministerio. A través de los años, nuestra familia ha ido de vacaciones con él. Hemos predicado el uno para el otro, nos enviamos mensajes de texto cada semana, nos llama constantemente y siempre disfrutamos juntos de nuestras cenas. Esta no es una relación difícil; si no nos vemos durante meses, simplemente retomamos donde nos quedamos. Tenemos pocas expectativas pero un alto compromiso de amarnos y cuidarnos mutuamente. Tal vez es uno de los mejores amigos pastores que he tenido.

A Mark, un hombre que pasó por una crisis similar a mi propia depresión, a cuya vida pude hablar y a quien ayudé a conseguir la ayuda que necesitaba. A través de esa experiencia hemos disfrutado vacaciones tras vacaciones, y buenos momentos en su casa y en la mía. Ha predicado a mi iglesia y he predicado a la suya. Podemos dar a conocer los secretos más profundos y tristes de nuestras vidas. Nos hemos convertido en amigos personales muy cercanos.

A Greg, un hombre a quien Dios liberó sobrenaturalmente de profundo pecado relacionado con el alcohol, las drogas y el juego. Él no ha mirado hacia atrás y se ha convertido en ejemplo para muchos creyentes. Este hombre ha decidido ser un gran amigo para toda mi familia y para mí. Al parecer, su generosidad no tiene límite. Siempre está buscando a alguien con una necesidad. No tienes que acercarte a Greg para hacerle saber una necesidad; él parece obrar intuitivamente, sintiendo cuándo alguien tiene una, y preguntándole cómo puede satisfacerla.

Dennis es otro amigo de por vida; creo que nuestra relación comenzó cuando asistí al funeral de su madre poco después de convertirme en pastor de la Primera Iglesia Bautista de Woodstock. Nos hemos relacionado desde entonces. Nunca deja mi presencia sin decirme lo que he significado para él, o sin mencionar algo que hice y lo que eso significó para él. Si no tiene oportunidad de decírmelo personalmente, deja un largo mensaje de voz que a veces me llena los ojos de lágrimas. Cuando me mudé a mi actual casa hace más de veinte años, Dennis quiso venir, barrer mi garaje y limpiar el piso antes que mis autos entraran. Para mi sorpresa, también puso una capa especial de plástico sobre el piso que sigue dando protección contra la mayoría de las manchas. Estoy absolutamente seguro de algo: que amo a Dennis y que Dennis me ama.

A Mike, mi amigo por siempre. En los últimos veinte años ha sido ese amigo que ha permanecido más cerca que un hermano. Ha sido un consolador, un animador y más que un amigo. Solo puedo orar porque mi inversión en su vida también haya sido un estímulo para él.

Por último, al evangelista doctor Junior Hill. Mi padre abandonó nuestra familia cuando yo tenía siete años de edad, dejando a mi madre con seis hijos; soy el penúltimo. No estoy seguro de cómo el abandono de un padre influye en un niño, pero mi corazón está lleno de gratitud por los muchos hombres creyentes que Dios ha puesto en mi vida, tales como el doctor Hill. En uno de sus libros se refirió a mí como «mi hijo Johnny». Siempre se ha referido a mí como su tercer hijo. Con regularidad me envía mensajes de texto. Mientras escribía, recibí cinco mensajes de él, cinco días seguidos, con palabras de ánimo. El doctor Hill acaba de cumplir ochenta y un años, y sigue predicando por todo el mundo… y sin embargo encuentra tiempo para hablar frecuentemente a mi vida. Hombres como Junior Hill me brindan más valor, más convicción y más amor auténtico.

Gracias a Dios que en esta vida cristiana, que suele denominarse una carrera o incluso una pelea, alguien me cubre la espalda. ¡No estoy luchando solo! Tengo amigos que están apoyándome, orando por mí, animándome, amándome, ayudándome y creyendo en mí. La forma increíble que estos amigos me han ministrado me lleva a preguntar:

¿Para quién *voy* a ser esta clase de amigo? ¡Que Dios me haga ese tipo de amigo para otros!

UN SALUDO PARA MI MEJOR AMIGO

Concluiré este capítulo hablando de mi mejor amigo, el doctor Jim Law. Jim ha servido como mi asociado principal durante casi veintisiete años, y está bien descrito en el pasaje de Filipenses 2:19-24, donde Pablo vuelve a referirse a Timoteo. Me gustaría usar las palabras del apóstol para describir a Jim.

Al igual que Timoteo, Jim es un ejemplo de un gran siervo. Pablo describió a Timoteo como «del mismo ánimo», que significa «con alma semejante» (ver v. 20). Cuando Pablo necesitaba algo y no podía lograrlo él mismo, por lo general le pedía a Timoteo que lo hiciera. Así es exactamente como me siento respecto a Jim.

Los amigos cercanos comparten las obligaciones y cargas de los demás. Un amigo cercano se interesa sinceramente por ti (v. 20). Eso significa que se interesa natural y auténticamente; es real en su enfoque para hacer saber a los demás que desea sinceramente satisfacerles sus necesidades. Cuando leo esas palabras, es como si viera el rostro de Jim.

Timoteo ponía a Cristo por encima de sus propios intereses (v. 21), y cuando observas a un hombre durante veintisiete años como tu asociado principal y lo conoces como un amigo íntimo y compañero pastor, ves estas cosas y sabes que son ciertas en su vida. En contraste con Timoteo, Pablo escribió de aquellos que «buscan lo suyo propio, no lo que es de Cristo Jesús» (v. 21). Muy a menudo Jim ha puesto sus propios intereses en un segundo plano. Lo he observado durante años y he visto sus «méritos» (v. 22). Lo que he presenciado no es característico de un novato o una persona joven en la fe, sino de alguien que ha sido probado, que ha pasado por el fuego, que ha atravesado dificultades y que aun así se mantiene más cercano que un hermano.

Pablo dijo que Timoteo había servido con él «en el evangelio», y eso es lo que Jim ha hecho conmigo. La palabra griega que Pablo usa connota renunciar a todos los planes personales para servir a los demás. Jim Law ha puesto en espera capítulos enteros de su vida, o incluso los ha dejado de lado por completo, a fin de servir mi agenda a medida que trato de seguir a Cristo.

¿Cómo puedes agradecer a un amigo que ha preferido hacer tanto? Estaré eternamente agradecido por la inversión, el sacrificio, la compasión, el entendimiento, el amor, el perdón, la ayuda, la fe y la amistad de Jim Law.

Jerry Falwell solía decir que, si un hombre muere con cinco amigos de por vida, muere rico. Si yo muriera hoy, y estoy redactando estas palabras la mañana de mi cumpleaños sesenta y cinco, 17 de julio de 2017, moriría como un hombre *muy* rico. Gracias a *todos* mis amigos.

13

Necesitas un guía

Sabes que el individuo puede dirigir cuando el mejor jugador de baloncesto del planeta lo nombra como el mejor entrenador en la historia del deporte, y esa superestrella nunca ha jugado profesionalmente para el individuo.

«Creo que él es el entrenador más grande de todos los tiempos —declaró LeBron James acerca de Gregg Popovich, el entrenador por mucho tiempo de los Spurs de San Antonio en la NBA—. Tienes que ser perspicaz mental y físicamente cuando juegas contra su equipo».

En 2004, después de su temporada de novato en la NBA, James jugó para el equipo de Estados Unidos, al que Popovich servía como entrenador asistente. Pero James ha pasado la mayor parte de su tiempo observando a Popovich desde el lado de la oposición. «Poder hacer lo que él ha hecho… y cambiar con el juego [es impresionante] —comentó James—. Pop ha podido adaptarse cada vez y aún así, por alguna extraña razón, hacer que esos muchachos no llamen la atención. No lo entiendo».[1]

Sin duda alguna, el entrenador Popovich tiene credenciales impresionantes. Ha ganado cinco títulos con los Spurs, ha sido nombrado entrenador del año de la NBA en tres ocasiones, y es el entrenador con más tiempo en la liga. ¿Qué le hace tan bueno?

Un artículo de BusinessInsider.com en 2016 afirma que Popovich «podría ser el mejor entrenador que la NBA ha visto» y añade que el hombre insiste en que «ser sincero y hacer rendir cuentas a las

---

1. Brian Windhorst, «LeBron James says Gregg Popovich is greatest all-time NBA coach», ESPN, 20 enero 2017, http://www.espn.com/nba/story/_/id/18515342/cavaliers-lebron-james-says-spurs-gregg-popovich-nba-all-greatest-coach.

personas» tiende a producir los mejores resultados.[2] Pero escucha al mismo Popovich:

> Creo que debemos ser responsables. Lo que funciona mejor para nosotros es la sinceridad total, brutal, entre ceja y ceja. Nunca trato de engañar o manipular a un jugador, ni decirle algo que voy a tener que cambiar la semana entrante.
>
> Si se trata de Tim Duncan y es un tiempo de espera, y no creo que esté haciendo lo que debería estar haciendo, le preguntaré: «¿Vas a rebotar esta noche? ¿Vas a rebotar en algún momento? ¿O solo vas a andar de arriba para abajo y luego iremos a cenar? ¿Qué vamos a hacer?». Él escuchará, después regresará a la cancha y dirá: «Oye Pop, gracias por la motivación».
>
> Creo que ser sincero con la gente es genial. Alguien hace un buen trabajo y le dices que lo hizo bien. Pero no tienes un sistema diferente para Duncan, Parker y Ginobili que para los números 12, 13 y 14. Y mucha gente le tiene miedo a eso. Buscas que los mejores jugadores te quieran por todas las razones. No funcionará… Debes tener las mismas normas para todos.[3]

Popovich resalta la importancia del carácter, explicando que esto le permite ser totalmente sincero con sus jugadores. Y, a pesar de su reputación como cascarrabias, muchas de las estrellas alrededor de la liga han indicado que les encantaría jugar para él.

¿Y por qué no? Si Pop pudiera ayudarte a ganar un campeonato mediante su entrenamiento, ¿quién entonces no querría llamarlo su *entrenador*? Si la diferencia entre ganar un título y ver a alguien más ganar el título se reduce a un buen entrenador, ¿por qué entonces no someterte voluntariamente a su orientación?

Los hombres en todo tipo de situaciones de la vida ven la sabi-

2. Scott Davis, «Gregg Popovich has a brilliant philosophy on handling players, and it exemplifies the Spurs' unprecedented run of success», *Business Insider*, 18 marzo 2016, http://www.businessinsider.com/gregg-popovich-philosophy-on-handling-players-exemplifies -spurs-success-2016-3.

3. Ibíd.

duría de esta clase de razonamiento, por lo que hoy día una amplísima variedad de entrenadores se han puesto a disposición en ámbitos mucho más allá de lo deportivo: orientadores ejecutivos, comerciales, de vida, de rendimiento, de habilidades, de carrera, de salud y bienestar, de relaciones… nombra un área y probablemente habrá un orientador para eso.

¿Por qué entonces, en el ámbito más importante de la vida, muy pocos de nosotros ni tan siquiera pensamos en buscar un buen orientador y trabajar con él?

UN EJEMPLO PARA SEGUIR

La definición bíblica más simple de un orientador eficaz puede ser la escrita por el apóstol Pablo, quien declaró: «Sed imitadores de mí, así como yo de Cristo» (1 Corintios 11:1). Pablo sabía mucho sobre entrenamiento para ganar en la vida espiritual, y quizá su alumno más conocido fue un joven llamado Timoteo.

Pablo era el hombre mayor y más experimentado para el joven y menos experimentado Timoteo. El apóstol vio potencialidad en su alumno, y eso es lo que le hizo invertir en su vida. Pablo sabía que no iba a estar allí por siempre, y decidió adiestrar a Timoteo para que su influencia viviera después de haberse ido.

Compartió con Timoteo sus experiencias de vida. Lo llevó a viajes, lo instruyó y lo corrigió. Le abrió el corazón y voluntariamente se hizo vulnerable. Le demostró tanto sus fortalezas como sus debilidades. El dúo conversaba de éxitos y fracasos, hablaba cuando era necesario y escuchaba mucho, y en general se ponían a disposición uno del otro.

Con el tiempo se acercaron tanto que Pablo se refirió a Timoteo como su «verdadero hijo» (1 Timoteo 1:2) y su «amado hijo» (2 Timoteo 1:2). De vez en cuando el apóstol enviaba a Timoteo en tareas difíciles que, por una razón u otra, no podía emprender él mismo. Al final de su primera carta a su valioso protegido, Pablo escribió: «Oh Timoteo, guarda lo que se te ha encomendado» (1 Timoteo 6:20). Y en su segunda (y hasta donde sabemos, última) carta al joven, el apóstol manifestó:

> Doy gracias a Dios, al cual sirvo desde mis mayores con
> limpia conciencia, de que sin cesar me acuerdo de ti en mis

oraciones noche y día; deseando verte, al acordarme de tus lágrimas, para llenarme de gozo… Tú, pues, hijo mío, esfuérzate en la gracia que es en Cristo Jesús (2 Timoteo 1:3-4; 2:1).

En el ocaso de su vida y carrera apostólica, Pablo anhelaba ver a Timoteo. Había invertido mucho en este joven y, aunque seguía siendo su orientador y guía, el apóstol se apoyó en él en busca de ayuda y apoyo. Dos veces hacia el final de 2 Timoteo, Pablo le pidió que le hiciera una visita personal: «Procura venir pronto a verme… Procura venir antes del invierno» (4:9, 21).

IMITA SU FE

Un buen entrenador de baloncesto enseña a sus jugadores a jugar del modo más eficaz. Los instruye, les sirve de ejemplo, los corrige, los anima y hace gran parte del trabajo «sobre la marcha» a medida que surgen varias situaciones. Si fueras Gregg Popovich, todo lo que harías se basaría en la sinceridad y firmeza de carácter. Les dirías la verdad a tus jugadores y nunca los manipularías.

Los buenos entrenadores no insisten en que sus jugadores imiten su estilo o su manera de hacer las cosas. Sin duda alguna no exigen que los más jóvenes a su cargo imiten sus hábitos personales o su estilo de vida. Un buen entrenador sirve de ejemplo a sus jugadores de lo que espera de ellos, pero también quiere que sus jugadores sean lo que son como individuos. No se propone crear clones.

Una vida exitosa de fe tiene mucho en común con una exitosa carrera atlética. Pablo observó eso hace 2.000 años, por lo que salpicó sus cartas con referencias a varios eventos deportivos. En un momento u otro hizo referencia a boxeo, atletismo, espectadores y ceremonias de entrega de premios. Y aunque el apóstol no utilizó la palabra *entrenador*, claramente enseñó que todo hombre podía usar su mano más madura en la fe para ayudar a otros a convertirse en quienes Dios quiere que sean.

Aun así, no imitas los modales, la elección de vestuario, el acento o el gusto por los autos del orientador. Más bien, imitas su fe. Hebreos 13:7 nos instruye: «Acordaos de vuestros pastores, que os hablaron la palabra de Dios; considerad cuál haya sido el resultado de su conducta, e imitad su fe». Un buen orientador provee un modelo saludable de conducta cristiana, un poderoso camino de fe, un discurso inspirador y un enfoque en Cristo. Eso es lo que sigues.

De vez en cuando me preguntan: «Johnny, ¿quién es tu orientador? ¿Quién es tu mentor? ¿Quién ha afectado más tu vida?». No me están preguntando acerca del individuo a quien siento más cercano, sino quién ha tenido la mayor influencia en mi vida. Y para mí, no hay duda con relación a la respuesta.

Contesto: «Adrián Rogers». Si bien él fue uno de los predicadores más sobresalientes del siglo XX, a menudo agrego: «Probablemente nunca tuve más de una docena de las cintas de Adrián Rogers». Me encantaba escuchar sus sermones, pero me gustaba más la vida que le vi llevar. *Eso* es lo que más moldeó y dio forma a mi vida y ministerio.

MI GUÍA: ADRIÁN ROGERS

Todos hemos sido moldeados por quienes nos han precedido y han decidido pasar tiempo con nosotros durante meses o años cruciales. Estoy seguro de que soy el hombre que soy porque tuve el privilegio de contar con el doctor Adrián Rogers como mi orientador. Varios pensamientos me vienen a la mente.

El doctor Rogers siempre me hizo sentir especial cada vez que estuve con él. Parecía como si nadie más esperara verlo, ni hubiera otro lugar a donde debiera ir. Una vez visité la Iglesia Bautista Bellevue, donde él pastoreaba, solo para sentarme en la parte posterior del auditorio y observar a este hombre de Dios. Lo que le vi hacer, no solo en esta ocasión sino también otras veces, influyó grandemente en el modo en que ministro hoy día.

Ese domingo después del culto lo vi pararse al frente para saludar a jóvenes y mayores, visitantes y miembros. Sé qué debía tener un horario muy saturado, pero nunca lo habrías sabido por la manera relajada que dedicaba tiempo a todos. He visto a otros «pastores famosos» concluir sus sermones y luego hacer que alguien más termine la reunión en oración mientras ellos salen del auditorio y suben a sus autos para ir a casa. Pero no Adrián Rogers. Él era primero pastor y luego predicador, y veía a las personas como su ministerio principal.

En consecuencia, a través de los años he practicado ser una de las últimas personas en salir de nuestro centro de adoración. Si alguien planea almorzar conmigo, por lo general le digo que no podré salir inmediatamente después del culto, porque no acostumbro hacerlo hasta haber tenido la oportunidad de hablar y saludar a cada persona que desea hablar conmigo. En ocasiones comparto el evangelio con alguien, otras veces alguien necesita mi apoyo en oración o solo un mensaje de aliento.

El doctor Rogers también me hizo creer realmente que deseaba conocer*me*, saber quién era *yo*. Cada vez que me hallaba cerca de él, generalmente le pedía saber más acerca de cómo se convirtió en el hombre de Dios que era, o qué había hecho para ayudar a que la Iglesia Bautista Bellevue fuera poderosa tanto en evangelización como en misiones. Él nunca desestimaba mis preguntas, pero siempre cambiaba la conversación para averiguar más acerca de mí. Inevitablemente yo salía pensando que lo que había aprendido *realmente* de él era que se interesaba de veras en los demás y quería verdaderamente saber todo acerca de ellos. Parecía querer saber todo respecto a mi iglesia, en la cual en ese tiempo no más de noventa personas adoraban el domingo por la mañana. A medida que le describía las pequeñeces que yo estaba haciendo para tratar de influir, él me brindaba elogio tras otro.

En una ocasión, el doctor Rogers me pidió que fuera a su oficina para visitarlo personalmente. Su secretaria, Linda, me saludó, e imaginé que sería uno de muchos invitados a verlo. Pronto descubrí que era el único invitado ese día. Una vez más, cuando nos sentamos me acribilló a preguntas acerca de los sueños y aspiraciones que yo tenía para mi iglesia en ese tiempo, la Iglesia Bautista Long Leaf en Wilmington, Carolina del Norte, la congregación donde llegué a la fe en Cristo.

Después de describirle mis sueños y aspiraciones me pidió que me arrodillara en la alfombra frente a él, y luego puso sus manos sobre mi cabeza y oró pidiendo que se me concedieran todos los deseos de mi corazón que le agradaban a Dios. Incluso hizo peticiones específicas de oración. Janet y yo necesitábamos un milagro económico en ese tiempo, y él le pidió a Dios que enviara personas que fueran misericordiosas, generosas y capaces de ayudar a financiar la obra que Dios había puesto en mi corazón.

Tal como ya dije, muchos considerarían al doctor Rogers el más grande predicador producido por la Convención Bautista del Sur en el siglo xx. Siempre estaba bien preparado y, por ende, siempre tuvo mucho que decir. Por su ejemplo y exhortación me enseñó a estar bien preparado para predicar. A menudo he pensado que los sermones que predico el domingo tal vez no sean los mejores, pero serán los mejor preparados según sé hacer. Oro para que nunca tenga que disculparme por los mensajes que predico porque les habré dado lo mejor en estudio y tiempo de preparación. Eso se debe a mi orientador: Adrián Rogers.

Una vez oí al doctor Rogers decir: «Sé amable con los jóvenes predicadores en tu camino ascendente, pues te encontrarás con ellos en tu camino descendente». Dijo esto con una sonrisita y todavía me hace sonreír, ¡pero su observación fue acertada! Conocí a muchos jóvenes predicadores prometedores cuando recién comenzaban, y ahora que he sido pastor durante cuarenta años miro a mi alrededor y muchos se han convertido en grandes hombres de Dios. Los amo y admiro a todos, y me siento amado por ellos. Me alegra haber tomado el tiempo de cuidarlos y enseñarles. Para esto debo conceder el mérito a quien lo merece, y pongo un ramo de flores a los pies de mi amigo en el cielo, el doctor Adrián Rogers. Lo vi modelar esta verdad.

Muchos pastores dirían que sin duda fue la predicación de Adrián Rogers lo que más influyó en ellos. Sin embargo, como he manifestado, puedo decir sin una sombra de duda que, más que sus sermones, influyó en mí observar la vida de este hombre. Aunque sus prédicas me inspiraron e informaron en gran manera, y a menudo me convencieron, fue su vida la que Dios utilizó para ayudar a moldearme.

Aprecio especialmente lo que el doctor Rogers dijo en uno de sus sermones, en un momento de quebranto: «Muchos de ustedes creen que soy algo especial, pero si me conocieran del modo en que Jesucristo me conoce, no estarían tan impresionados». Aquellas palabras no son menos ciertas acerca de mí, y sirven como recordatorio constante de que es Dios quien me ha hecho lo que hoy día soy, y no puedo atribuirme ningún mérito.

Sigo agradecido por la transparencia, sensibilidad y sinceridad de Adrián Rogers. Incluso me enseñó a caminar lentamente entre las personas. Por naturaleza tiendo a correr de un lado a otro alrededor del recinto de nuestra iglesia. Pero, debido al ejemplo del doctor Rogers, me levanto temprano en la mañana y oro para que Dios me ayude a aminorar el ritmo. Me he entrenado para caminar lentamente por los pasillos, mirar a las personas a los ojos, saludarlas y dedicar tiempo a estar con ellas si necesitan hablar conmigo. Esta costumbre me llevó a escribir hace unos años una declaración que decía: «El ministerio está en todo lugar en que Dios pueda usarme. Yo podría hacer más ministerio en el pasillo o en el camino al púlpito de lo que haré en el púlpito ese día, simplemente al tocar personalmente la vida de alguien». La gente importa más que los sermones o los calendarios… aprendí eso observando al doctor Rogers.

Un día, en una convención, me hallaba fuera del pasillo principal cuando noté que Adrián Rogers y otros dos hombres conocidos pasaban por allí. Cerca había tres pastores jóvenes que sin duda tenían esperanzas de conseguir un autógrafo en sus Biblias, una palabra de ánimo escrita a mano o un versículo bíblico inscrito en la solapa de estas. Los jóvenes llamaron a gritos por nombre al doctor Rogers y a los dos caballeros. Los otros dos hombres les dieron un saludo general insulso, y se alejaron rápidamente. No el doctor Rogers, quien se detuvo y actuó como si no tuviera nada más que hacer o ningún otro lugar a dónde ir, y como si nadie fuera más importante que estos tres predicadores jóvenes. Le vi sacar un bolígrafo de su chaqueta y darse tiempo para firmarles las Biblias. Le observé mirar a los ojos a cada uno de los jóvenes y expresarles palabras de ánimo, como a menudo había hecho en mi vida: «¿Dónde estás sirviendo, jovencito? Eso es maravilloso. Cuéntame un poco sobre tu ministerio. ¿Está tu esposa aquí contigo? Me encantaría conocerla. Permíteme orar por ti antes de salir».

Cuando de un buen entrenamiento se trata, no es tanto lo que oyes *decir* al guía sino lo que le ves *hacer*. Lo grandioso a menudo se capta más de lo que se enseña. Por eso es que el doctor Rogers tenía tan poderosa influencia.

Cuando visité la Iglesia Bautista Bellevue para el funeral del doctor Rogers llegué temprano al santuario, me senté en el medio cerca del frente, y fijé los ojos en el cuerpo del doctor Rogers que yacía en el ataúd abierto. A poca distancia habían colocado un gran cayado de madera. Pensé: *Él me pastoreó bien y me entrenó bien.* Estoy seguro de que muchos otros que estaban presentes oraban en la misma forma que yo: «Señor, cuando yo muera ojalá algún predicador joven, alguna persona laica, me mire en el ataúd y piense: *Este es el hombre de Dios que me formó por medio de la vida que vivió»*.

ENCUENTRA UN ORIENTADOR

Al considerar la enorme influencia que el doctor Adrián Rogers tuvo en mí, he aquí seis cosas que aprendí de años de verlo en acción:

- Amaba a la gente que Dios lo llamaba a pastorear, y mostró bien ese amor.

- Tuvo una manera única de hacer que otros se sintieran importantes y especiales para él. ¡Todos los que lo conocieron y pasaron tiempo con Adrián Rogers tienen historias sobre él!

- Me enseñó a interesarme auténticamente por otros al prestarles mi atención total, mantenerme centrado en ellos mientras me hablan y expresarles palabras de ánimo.

- Amaba a los pastores jóvenes, demostrándoles su amor dondequiera que iba, especialmente en su iglesia, en convenciones y en recintos de seminarios.

- Me enseñó a estar preparado cuando predico.

- Mostró que enseñas lo que sabes, pero reproduces quién eres.

El buen entrenamiento, como lo aprendí de Adrián Rogers, *demuestra* más lo que se debe hacer que explicar lo que se debe hacer. Por esto es que la Biblia nos anima a imitar la fe de cristianos más maduros. No son sus métodos, sus dones o su personalidad lo que debemos imitar, sino su *fe*.

¿Cómo saber si has encontrado al hombre que te gustaría que fuera tu orientador? Lo sabes si puedes orar con confianza algo así:

Dios, quiero ser un hombre que te crea como él lo hace. Quiero ser un hombre que pase tiempo contigo como al parecer él pasa, porque parece irradiar tu amor, la presencia y el poder de Jesucristo. Al despedirme de este creyente siempre me siento animado por su comportamiento piadoso,

y bendecido por sus palabras amables. Me encantaría tenerlo
como mi orientador.

Es casi seguro que nunca llegarás donde quieres estar a menos que
encuentres un orientador que haya estado donde quieres ir, cuya vida
de fe consideres digna de imitar.

Mira entonces a tu alrededor. Observa a los hombres de fe que han
afectado tu vida en una forma u otra. ¿Quién podría servir como tu
orientador? No tiene que ser un pastor. De hecho, es mejor que las
circunstancias de su vida se parezcan más a las tuyas.

Identifica un posible candidato e invítalo a tomar un café o a un
evento deportivo. Háblale de tu interés, pero sin darle demasiada importancia. No te le acerques con un contrato para firmar o una lista de
cuarenta preguntas que él deba calificar. Más bien, ve si tiene algún
interés y trata de determinar si sería adecuada para ti una relación de
enseñanza con esta persona.

En particular, recuerda que estas relaciones tardan en desarrollarse.
No tengas prisa. Y recuerda que esto no es algo que deba requerir mucho
tiempo para ambos, aunque, por supuesto, puede ser muy determinante.

14

NECESITAS UN COLEGA

Mi don espiritual principal es la exhortación. A lo largo de los años que he estado en el ministerio he tenido que predicar una serie de sermones difíciles de dar. Cuando la Biblia dice algo que quizá sea difícil de oír para los oyentes, lo predico duramente. Oro por ser amoroso mientras lo predico, pero no suavizo lo que la Biblia dice. Cuando las Escrituras confrontan o retan a la gente, exhorto del mismo modo a mis oyentes. Pero no es fácil hacerlo, y a veces me hace sentir incómodo.

Después de la iglesia, por lo general Janet y yo salimos a comer. Un día, después de ofrecer uno de esos sermones duros, pedí solo agua.

—¿Qué desea para comer? —preguntó la mesera.

—No voy a comer —contesté.

—¿No vas a comer? —inquirió Janet un poco alarmada—. ¿Qué pasa? ¿Por qué no vas a comer?

—Estoy asqueado del sermón de esta mañana —respondí.

Luego terminamos de almorzar y llegó la hora de irnos.

—No me lleves a casa —le dije a Janet—. Llévame de vuelta a mi oficina.

—¿Por qué quieres regresar a tu oficina? —quiso saber ella.

—Porque esto me ha molestado mucho —contesté.

—¿Que sucede? —indagó mi esposa.

Recuerda ahora que soy un animador por naturaleza. Cuando me llaman a trabajar fuera de mi área de capacidades, me hace daño. Sin embargo, ¿sabes lo que a menudo ocurre después? Sucedió esa noche; cuando llegué a la iglesia, un hombre se me acercó y me dijo: «Quiero decirte que Dios te usó en mi vida esta mañana. Me animaste».

Después de superar la impresión, ¿cómo crees que esas palabras me hicieron sentir en ese momento? Al llegar esa noche me sentía agotado, desanimado y humillado. Entonces un hombre que había sido animado por mis palabras fuertes esa mañana (aunque no puedo imaginar cómo) se me acercó para decirme cuán animado se había sentido. *Yo* era el que necesitaba ánimo ese día, y en ese instante él me lo dio. En ese momento este individuo se convirtió en Bernabé para mí.

UN HIJO DE CONSOLACIÓN

Es probable que ya sepas que el nombre *Bernabé* significa en hebreo «hijo de consolación». En realidad él se llamaba José. Recibió de los apóstoles el sobrenombre Bernabé debido al modo en que constantemente animaba a sus compañeros creyentes (ver Hechos 4:36).

Cuando la iglesia primitiva creció y se expandió, los apóstoles supieron que Dios estaba trayendo a la fe muchas personas en Antioquía, y enviaron a Bernabé a investigar. La Biblia enseña que «cuando llegó, y vio la gracia de Dios, se regocijó, y exhortó a todos a que con propósito de corazón permaneciesen fieles al Señor. Porque era varón bueno, y lleno del Espíritu Santo y de fe. Y una gran multitud fue agregada al Señor» (Hechos 11:23-24).

Al ser un hombre lleno tanto del Espíritu Santo como de fe, el entusiasmo de Bernabé surgía de manera natural. Lucas nos dice que Bernabé «se regocijó» al ver la gran obra que Dios estaba haciendo en Antioquía, pero te garantizo que los nuevos cristianos allí se sintieron igualmente felices de recibirlo en su ciudad.

Antes que Pablo (también llamado Saulo) se convirtiera en cristiano, era un hombre peligroso y celoso por destruir la iglesia. Encarceló cristianos y ayudó a que los asesinaran; sin duda, no buscaba maneras de evangelizar a nadie. Pero después que Pablo fue salvo, trató de unirse a la iglesia en Jerusalén para ver cómo podía usar sus considerables dones en el servicio al Señor. No obstante, ninguno de los creyentes se le acercaba. «Todos le tenían miedo, no creyendo que fuese discípulo» (Hechos 9:26). Dado el pasado de Pablo es comprensible que vacilaran y temieran.

Sin embargo, un hombre no tuvo miedo: «Bernabé, tomándole, lo trajo a los apóstoles, y les contó cómo Saulo había visto en el camino al Señor, el cual le había hablado, y cómo en Damasco había hablado valerosamente en el nombre de Jesús. Y estaba con ellos en Jerusalén; y entraba y salía» (Hechos 9:27-28).

Desde luego, Pablo no entraba y salía entre los miembros de la iglesia en Jerusalén sin que Bernabé liderara el camino. Entonces, sin Bernabé no pudo haber habido Pablo.

Poco tiempo después, cuando la vigorosa predicación de Pablo le ganó algunas amenazas de muerte de parte de los judíos de habla griega, la iglesia lo envió lejos, primero a Cesarea y luego a su ciudad natal de Tarso (Hechos 9:30). Después de eso no oímos nada de Pablo por un tiempo. Sin duda siguió hablando activamente a los demás de la nueva vida en Jesús, pero la Biblia no nos dice nada sobre las actividades de Pablo durante ese tiempo.

Mucho después, cuando los apóstoles enviaron a Bernabé a Antioquía a investigar los buenos informes que habían oído en cuanto a la extensión del evangelio, Bernabé se dio cuenta de que necesitaba un ayudante que fuera con él. ¿Qué hizo entonces? Fue directo a Tarso para encontrar a Pablo y llevarlo de vuelta a Antioquía con él.

Los dos hombres formaron un poderoso equipo. Inicialmente se les conoció como «Bernabé y Saulo» (Hechos 13:2, 7). Bernabé se menciona primero, como si fuera el líder. Pero, en medio de un viaje misionero, Lucas los llama «Pablo y Bernabé» (Hechos 13:43). Al parecer, Pablo había madurado con la ayuda de su alentador amigo y colega, Bernabé, y desde ese momento la asombrosa carrera ministerial del apóstol Pablo se aceleró.

¿Habría sucedido algo de eso sin Bernabé? Tal vez, pero el hecho histórico es que Dios usó a Bernabé para obsequiar a la iglesia el hombre que conocemos como el apóstol Pablo.

Todo hombre necesita un Bernabé en su vida; yo lo necesito y tú también. ¿A quién recurres cuando necesitas contar un problema, admitir un fracaso, hablar de alguna preocupación o sondear una situación relacionada con una de tus ideas para ver si es brillante o absurda? ¿Quién te amará y respetará, pero también te dirá la verdad sin titubear?

La Biblia declara: «Fieles son las heridas del que ama; pero importunos los besos del que aborrece» (Proverbios 27:6). Necesitas alguien que no te diga solamente lo que quieres oír, sino que te hable con sinceridad pero de modo alentador.

Santiago nos recomienda encarecidamente que encontremos un

amigo ante quien podamos admitir nuestras faltas y en quien podamos encontrar ayuda y ánimo cuando sea necesario (ver Santiago 5:16).

Debemos admitir nuestro mal comportamiento ante un colega fiel que ore por nosotros y nos ayude a través del proceso de sanidad divina. La confesión no solo es buena para el alma, sino también para nuestro caminar cristiano.

Por eso te pregunto otra vez: ¿Quién es tu Bernabé? Un Bernabé es alguien que te ama y es sincero contigo. Sabe cuándo animarte y cuándo retarte. Necesitas un Bernabé a quien puedas rendir cuentas. Sin duda nuestras esposas a menudo son fabulosas cuando de animarnos se trata. Nos cuidan, y también están dispuestas a decirnos la verdad en forma amorosa.

No obstante, a veces necesitas que tales palabras provengan de otro hombre. No sé si pueda explicar esto por completo; solo sé que es el caso. Ciertas clases de reproches y estímulos parecen de más peso y más seriedad cuando los oímos de un fuerte colega masculino.

Por ejemplo, considera la situación crítica descrita en Gálatas 2:11. Allí Pablo nos dice lo que sucedió cuando Pedro llegó a Antioquía pero no cumplió con la verdad del evangelio. Pablo escribió: «le resistí cara a cara, porque era de condenar». Te garantizo que Pablo amaba y admiraba a Pedro, pero no estaba tan impresionado con él que no pudiera reprenderlo cuando fuera necesario. Imagino que la esposa de Pedro pudo haber dicho algo similar a su esposo, pero supongo que, cuando este reproche vino de Pablo, tuvo más peso.

¿Tienes un Bernabé en tu vida? Si no, ¿dónde puedes hallar uno? Todos necesitamos un Bernabé en nuestro círculo de amigos y compañeros… o mejor aún, varios de ellos.

EN BUSCA DE EQUILIBRIO

Ya te he presentado a mi Bernabé, pero debo dar el mérito donde se debe. Cuando se trata de desempacar las cosas difíciles de mi vida, sé que puedo recurrir a Jim Law. Él ayuda a darle gran equilibrio a mi perspectiva.

Cuando voy a ver a Jim con relación a una situación apremiante, suele decirme: «Déjame pensar en eso». Entonces más adelante me envía un largo y detallado correo electrónico que enumera los pros y contras respecto a cómo yo podría responder o actuar. Sin falta, él siempre ofrece su apoyo y brinda ideas acerca de cómo enfocar un asunto de la mejor manera posible, o en el mejor momento posible.

Hay un sentido en el cual mi esposa también es una Bernabé. Me habla sin rodeos y sin andarse por las ramas, viendo a través de la niebla para hablar claramente a mi vida. Muchas veces tengo que sentarme con ella y describirle algo que me molesta, y responde con palabras de sabiduría, instrucción, ánimo y amonestación sobre cómo seguir adelante.

Dios me ha dado gran ánimo a través tanto de Jim como de Janet. Jim tiene el don de la administración, junto con muchas otras cualidades excelentes. Janet está dotada en otras maneras. Ambos me equilibran bien y me brindan perspectivas diferentes que me ayudan a aterrizar en un buen lugar. Nunca me he sentido incómodo al hablar de mis debilidades o fracasos con Janet o Jim. Sé que para cuando termine de hablar con uno de los dos tendré mucho en qué pensar al respecto, así como tremendo ánimo que me ayudará a tomar la decisión correcta.

Sin embargo, a menudo necesito la perspectiva de un hombre en cierta situación. Y Jim me la proporciona.

¡Qué maravilloso es tener la perspectiva de alguien más cuando estamos cegados por un asunto que causa profunda preocupación a nuestra alma! Gálatas 6:2 nos ordena: «Sobrellevad los unos las cargas de los otros». Jim y Janet han sido increíbles portadores de cargas para mí. No solo escuchan cuando les confieso lo que me preocupa, sino que me brindan gran entendimiento al respecto. Estoy agradecido de que se interesen lo suficiente como para reflexionar en mi situación, orar y buscar la mente de Dios a fin de comunicarme la sabiduría divina y ayudarme a enfrentar el reto que tengo por delante.

DE LA IMAGINACIÓN A LA REALIDAD

Soy una persona visionaria y, felizmente, Dios me ha rodeado de hombres y mujeres que están dispuestos a tomar mis visiones, mejorarlas y ayudar a hacerlas realidad. Estos colegas a menudo se vuelven las manos y los pies que me ayudan a traer al mundo real lo que mis ojos han visto y mi mente ha imaginado.

Sin embargo, hay ocasiones en que presento ideas que no son tan grandiosas, y Jim (o alguien más) es sincero conmigo o trae equilibrio a mi pensamiento.

Soy afortunado de tener a más de un personaje tipo Bernabé en mi vida. Y sería negligente si no mencionara a otro miembro de mi «clan Bernabé»: Dan Dorner. No puedo contar cuántas veces he hecho arreglos para ver a Dan cuando me encontraba batallando con algo que atribulaba mi alma. Una vez empecé a jugar con una idea que creí que podría proporcionar algunos beneficios importantes para mi familia. Pensé: *Quizá deba cobrar en efectivo parte de mi jubilación y salir de deudas.* Cuando recurrí a Dan y le hablé de lo que estaba pensando, habría sido muy fácil para él dar un rápido sí o no. En vez de eso, manifestó: «Déjame pensar detenidamente en ello y elaborar mi respuesta. Te llamaré». Dan es uno de los pensadores más metódicos que he conocido. Volví a saber de él dos días después cuando me envió un correo electrónico en que bosquejaba sus principales puntos de conversación. Comenzó celebrando mis pensamientos y diciéndome por qué mi idea podría ser buena. Pero luego añadió: «Sin embargo», y a continuación expuso como diez razones por las cuales dudaba que yo debiera proceder de esa manera. Basado en su cuidadoso consejo, no seguí adelante con lo que yo había pensado.

Habría sido fácil para Dan contestar simplemente: «¡Qué plan tan ridículo!» o «¡Qué gran idea!». En lugar de eso, se tomó el tiempo para escudriñar el asunto desde varios ángulos diferentes. Aún recuerdo haber leído el resumen de Dan y pensar: *Vaya, ¿por qué no se me ocurrió nada de esto?* ¡Qué hombre de sabiduría, y qué amigo más amoroso!

Dios pone en nuestras vidas personas que en ciertos ámbitos son mucho más sabias que nosotros, y nos las envía para que puedan aconsejarnos, inspirar nuestros espíritus y animarnos cuando lo necesitamos. ¿Dónde estaría yo hoy si, a lo largo de los años, Dios no me hubiera rodeado con colegas del clan Bernabé?

Al reflexionar en los que componen mi «clan Bernabé», pienso en individuos que tienen una perspectiva clara y única, diferente a la mía. Tienen la habilidad de *ver* realmente. Una bienaventuranza enseña: «Bienaventurados los de limpio corazón, porque ellos verán a Dios» (Mateo 5:8). El Señor habla a nuestras vidas por medio de individuos que ven claramente cosas que no vemos… cosas que ellos usan para ayudarnos y animarnos.

Un Bernabé puede ver no solo dónde empieza un problema, sino cómo podría desarrollarse y cómo podría terminar. Puede verlo desde ángulos diferentes que todavía no habrás considerado.

A menudo tengo visión de túnel cuando intento pensar cuidadosamente en algún reto. Innumerables veces he pensado mucho en cómo tratar con un problema crítico cuando Dan Dorner me ha hablado para darme sus opiniones, y esto cambió por completo mi plan. Una y otra vez he preguntado después: *¿Por qué no pensé en eso?* Cuando otras personas me han preguntado qué pienso respecto al consejo de Dan, con frecuencia me he descubierto diciendo: «Solo tengo un problema con eso: Me gustaría haber pensado en ello».

Los animadores también cuidan de los hombres a los que animan. Tal vez has oído el dicho: «A las personas no les importa cuánto sabes hasta que saben cuánto te importan». Necesitas al menos un Bernabé en tu vida que se preocupe por ti y que diga la verdad con amor.

Cada Bernabé que conozco es considerado. Incluso después de haber recibido el consejo o el estímulo, mucho tiempo después me envía un correo electrónico, me deja mensajes reflexivos de texto o me manda mensajes de texto mientras ora por mi situación hasta que yo tome una decisión final.

Por último, los animadores a menudo representan el papel de «ensanchadores». Te ayudan a ser más grande, más fuerte y más útil para el reino de Dios. Te desarrollan. Te ayudan a lograr en tu vida aquello de lo que el profeta Isaías habló hace mucho tiempo:

Ensancha el sitio de tu tienda, y las cortinas de tus habitaciones sean extendidas; no seas escasa; alarga tus cuerdas, y refuerza tus estacas. Porque te extenderás a la mano derecha y a la mano izquierda; y tu descendencia heredará naciones, y habitará las ciudades asoladas. No temas, pues no serás confundida; y no te avergüences, porque no serás afrentada, sino que te olvidarás de la vergüenza de tu juventud, y de la afrenta de tu viudez no tendrás más memoria. Porque tu marido es tu Hacedor; Jehová de los ejércitos es su nombre; y tu Redentor, el Santo de Israel; Dios de toda la tierra será llamado (Isaías 54:2-5).

No tengo duda de que todo miembro del clan Bernabé tendrá un día esta palabra cincelada en forma permanente en su lápida: *Otros*. Estos amigos piensan continuamente en cómo pueden usar su influencia, sabiduría, habilidades, experiencia, conocimiento y entendimiento para ayudar a otros.

Una vez más: ¿Quién cumple el papel crítico de Bernabé en tu vida? ¿A quién conoces que puedas recurrir cuando necesites un oído atento, una perspectiva fresca, una palabra de ánimo, un consejo fiel o una opinión sincera? ¿Quién te amará tanto para decirte la verdad, pero lo hace en una forma que te edifica y te da valor renovado para enfrentar tus problemas?

SE QUEDAN HASTA CUANDO SE VAN

Hace dos capítulos mencioné a mi amigo Freddy Gage, un evangelista que se fue a estar con el Señor no hace mucho tiempo. Imagino que una buena manera de hablar de Freddy es decir que, cuando partió al cielo, dejó parte de sí mismo en mí.

Nunca olvidaré el sonido de la voz de Freddy. Cuando pienso en algo que me dijo, puedo oírlo como si aún estuviera aquí conmigo. Puedo recordar momentos con Freddy en que me hizo sentir increíblemente especial y me animó en gran manera. Fue un amigo valioso.

Freddy me llamaba a menudo, y el año antes de su muerte decidió venir a Atlanta a pasar conmigo el Día del Padre. Vino a la iglesia con Janet y yo, y almorzamos en nuestra casa. Nunca olvidaré ese día. Freddy Gage fue un miembro con carnet de mi clan Bernabé.

Mi mente salta a continuación a otro amigo verdadero y colega invaluable: Homer Lindsay, ex pastor de la Primera Iglesia Bautista en Jacksonville, Florida. Me invitó a predicar en su conferencia bíblica anual, una de las más grandes en los círculos Bautistas del Sur. La noche que prediqué, él debió ir al hospital; murió pocos días después.

Fue Homer quien me enseñó: «Si sabes lo que tienes y te gusta, sé reacio a dejarlo». Esa declaración sabia me ha ayudado a mantenerme en la Primera Iglesia Bautista Woodstock, donde estoy ahora en mi trigésimo primer año de ministerio. Homer diría: «Se necesitan cuatro o cinco años para llegar a ser pastor», y en mi ministerio de adiestrar ministros jóvenes he citado innumerables veces su declaración.

¡Cómo agradezco a Dios por tan maravillosos colegas que han influido en gran manera y afectado positivamente mi vida! El clan Bernabé ha disminuido aquí en la tierra porque algunas de estas personas se han ido al cielo, pero me divierto imaginando cómo deben ser sus reuniones cuando se vuelvan a ver cada semana.

¿Quién representa el papel de Bernabé en tu vida? ¿A qué amigos varones puedes llamar que gustosamente ofrecerán hacer por ti lo que Freddy Gage, Dan Dorner, Jim Law y otros más han hecho y siguen haciendo por mí?

No quiero que solo pienses en quiénes son o pueden ser estas personas. Quiero que escribas sus nombres. En las líneas siguientes escribe los nombres de algunos hombres en tu vida que pertenecen al clan Bernabé. A la derecha de sus nombres describe cómo te animan, retan, ayudan y adiestran para seguir avanzando a medida que enfrentas desafíos.

_____ _____

_____ _____

_____ _____

_____ _____

Luego escribe a cada uno de estos hombres una nota y envíala por correo, agradeciéndole lo que ha hecho por ti y tu deleite en tu amistad. Los miembros del clan Bernabé son maravillosos en animar, pero todos ellos podrían necesitar tu aliento. ¿Por qué no se lo das?

15

Necesitas un aprendiz

Se necesita mucho más que talento para triunfar en la Liga Nacional de Fútbol Americano (*NFL*, por sus siglas en inglés). Son bastantes los muchachos con impresionante talento que se retiran de la NFL o que nunca llegan a formar parte de uno de los treinta y dos equipos de la liga. ¿Por qué ocurre eso?

Una gran razón es que muchos de estos atletas talentosos carecen de un mentor, alguien que pueda orientarlos y ayudarles a superar las tremendas dificultades que llevan al estrellato, y que les brinde la clase de sabiduría veterana que tanto necesitan. Con eso en mente, la asociación de jugadores de la NFL creó un programa de mentores atendido por ex jugadores profesionales y dirigido a hombres jóvenes en riesgo, incluso los que aún están en el liceo. El programa

> fue desarrollado por jugadores para jugadores, a fin de ayudar a atletas estudiantes a alcanzar su potencialidad académica, intelectual y atlética con el objetivo de que cumplan aspiraciones de participar en competencias deportivas intercolegiales. Con el enfoque de desarrollar habilidades dentro y fuera del campo, nuestros ex jugadores de la NFL utilizarán experiencias personales para guiar, enseñar y apoyar a atletas estudiantes hacia la meta de recibir una beca deportiva.[1]

Me alegra que el programa tenga aspiraciones más amplias que solo ayudar a chicos a ganar becas. La *NFLPA* dice que la fortaleza del

---

1. Ver en https://www.nflpa.com/mentorprogram.

programa «está en el deseo de los mentores de "acercarse y enseñar" a la próxima generación de jugadores de fútbol americano que sueñan con ganar una beca universitaria, obtener un título y jugar en el último nivel de la Liga Nacional de Fútbol Americano».[2]

¿Funciona? Parece que sí, al menos para muchos atletas jóvenes dotados. Austin Kendall, recluta de cuatro estrellas de secundaria que eligió la Universidad de Oklahoma por sobre Auburn, Clemson, Tennessee y otras, declaró:

> El programa de mentores NFLPA ha sido un recurso formidable durante mi viaje por la secundaria. Es bueno tener a alguien, además de tus padres y tu entrenador, con quien hablar y que pueda ofrecerte guía. Después de mi segundo año batallé con la decisión de regresar a mi institución original. El orientador Brunell y yo hablamos al respecto y me hizo entender que yo debía hacer lo que era mejor para mi familia y para mí. También me hizo pensar en algo más que fútbol americano durante mi proceso de reclutamiento. Me dijo que debía mirar instituciones a las que asistiría aunque no estuviera jugando fútbol.[3]

Después de escribir estos últimos párrafos, los volví a leer, y varios términos y frases me llamaron la atención:

- Alcanza tu potencialidad
- Cumple aspiraciones
- Aprovecha experiencias personales
- Guía, enseña y apoya
- Acércate y enseña
- Es bueno tener a alguien con quien hablar
- Ofrece guía
- Me hizo entender
- Pensar en algo más que fútbol americano

Los jugadores jubilados que sirven en el programa (incluso Mark Brunell, un veterano de diecinueve años como mariscal de campo que

---

2. Ver en https://www.nflpa.com/mentorprogram.
3. Austin Kendall, como se cita en https://qa.nflpa.com/mentorprogram.

orientó al joven Austin) no *tienen que* brindar la ayuda que brindan. Deciden servir porque quieren dejar una marca duradera y positiva en el juego fuera de la cancha. Como ellos dicen, quieren «acercarse y enseñar».

¿Qué dirías si sugiero que Dios está pidiéndote que hagas lo mismo?

¿DÓNDE ESTÁN LOS MENTORES?

Ya he sugerido que todo hombre cristiano, incluido tú, necesita un orientador y un colega. Pero ahora quiero decir que, para llegar a ser el hombre totalmente maduro que Dios te pide que seas, también debes aprender a edificar en las vidas de otros hombres. Es decir, debes convertirte en mentor. Y todo mentor necesita un joven aprendiz a quien adiestrar.

En el capítulo 13 expliqué por qué veo la asesoría que Pablo le hace al joven Timoteo como un gran modelo para todos nosotros. Pablo mismo describió la naturaleza y la importancia de su orientación cuando advirtió a Timoteo: «Tú, pues, hijo mío, esfuérzate en la gracia que es en Cristo Jesús. Lo que has oído de mí ante muchos testigos, esto encarga a hombres fieles que sean idóneos para enseñar también a otros» (2 Timoteo 2:1-2). La instrucción de Pablo aquí parece anticipar por varios siglos los términos y las frases que se enumeraron hace un momento: «alcanza tu potencialidad», «cumple aspiraciones», «aprovecha experiencias personales», «guía, enseña y apoya», «acércate y enseña», «ofrece guía», «me hizo entender». Pablo no sabía nada de fútbol americano, pero sabía bastante de orientar, y los principios de esto último no cambian mucho con los años.

No obstante, si eso es así, ¿por qué entonces no vemos más hombres cristianos aceptando el reto de orientar a otros más jóvenes en la fe? ¿Por qué no somos más los que nos hacemos cargo de hombres más jóvenes? ¿Por qué no somos más los que hablamos con otros acerca de lo que Dios está haciendo en nuestras vidas? Si yo tuviera que nombrar la razón clave, creo que podría ponerla en una palabra: *egoísmo*. Demasiados de nosotros queremos recibir en lugar de dar.

Jesucristo declaró que debemos existir para otros. Debemos tener un corazón que diga: «Dios, ¿qué puedo hacer para añadir valor a otros hombres en lugar de únicamente esperar lo que hay para mí?».

La Biblia enseña: «Nada hagáis por contienda o por vanagloria; antes bien con humildad, estimando cada uno a los demás como superiores a él mismo; no mirando cada uno por lo suyo propio, sino cada cual también por lo de los otros» (Filipenses 2:3-4). Este pasaje explica por qué el apóstol Pablo decidió «extenderse y enseñar» a un joven llamado Timoteo. Pablo invirtió la vida en este joven que tenía muchísima potencialidad. Decidió afirmarlo y animarlo, instruirlo, guiarlo, prepararlo y ayudarle a alcanzar madurez. En otras palabras, se convirtió en mentor de Timoteo.

Mucho se ha dicho estos días acerca de situaciones en las que todo el mundo gana y de definir a un ganador, así que se me ocurrió mi propia definición: Un ganador es una persona que ayuda a otros a ganar. En el mundo empresarial, un ganador por lo general parece alguien que trabaja para sobresalir a fin de que todos lo admiren, asistan a sus seminarios y oigan cómo tuvo éxito. Pero creo que un verdadero ganador es un hombre que prepara a otros para ganar. Nada produce mayor alegría a mi vida que observar a Dios generando discípulos verdaderos por medio del ministerio que me ha dado.

Hay un gran secretito escondido en la lista de fe en Hebreos 11. El capítulo enumera nombre tras nombre de grandes hombres y mujeres de Dios, y dice respecto a Abel: «Por la fe Abel, a pesar de estar muerto, habla todavía» (v. 4, NVI). Mi esperanza es que, debido a mi compromiso de adiestrar a hombres jóvenes para que sirvan a Cristo, mi influencia continúe en las décadas posteriores después de mi partida. Por eso es que estoy comprometido con orientar.

¿A quién estás orientando? ¿Qué estás haciendo hoy que garantice tu influencia para Jesucristo en la próxima generación?

¿QUÉ ES ORIENTAR?

Orientar es un proceso en el que un hombre más maduro decide involucrarse en la vida de otro menos maduro a fin de ayudarle a convertirse en el hombre piadoso que Dios quiere que sea. No es un programa, un currículo o un sistema rígido de entrenamiento. Se trata de una relación.

Una vez me senté alrededor de una mesa con cuarenta y tres pastores principales, algunas de las mentes más agudas del ministerio. Jimmy Draper me pidió que llevara mi material de asesoramiento y lo diera a conocer a los demás. Un hombre al otro lado de la mesa manifestó: «Eso es lo que quiero hacer. Quiero tener un instituto de orientación. Hermano Johnny, ¿puedes darnos una lista de correos de muchachos?».

«Compañeros —contesté—, lo han pasado todo por alto. El elemento principal en la orientación son las relaciones». Orientar no es solo decir: «Únete a mi programa». Se trata de relaciones, y las relaciones toman tiempo. También pueden traer inconvenientes.

Para mostrar a las personas que me importan, trato de devolver todas las llamadas telefónicas que recibo. Sé que hay muchos pastores que no hacen eso. Podría ver en una conferencia a uno de ellos, quien diría frente a un grupo de personas: «Johnny Hunt no tiene un mejor amigo en todo el mundo. Lo amo con todo mi corazón». Y yo pensaría: *No he podido lograr que él me devuelva ninguna de mis llamadas telefónicas*. La verdadera amistad y la verdadera asesoría requieren mostrar mucha preocupación personal… y eso puede traer inconvenientes.

Una vez más, orientar es establecer con otros hombres una *relación* que Dios permite para estimular crecimiento mutuo. Los aprendices que guías también *te* ayudarán a crecer y aprender. Si quieres que tus aprendices crezcan, entonces tienes que continuar creciendo. Yo también deseo alcanzar mi potencialidad dada por Dios, cualquiera que sea. Ya que mi potencialidad no está limitada a menos que Dios esté limitado, eso crea mucha emoción en mi corazón.

Mientras vivas, aprendes; y mientras aprendes, vives. Si dejas de aprender y crecer hoy dejarás de ser eficaz mañana. La eficacia de mi ministerio como pastor depende de mi crecimiento continuo; esa es la única manera en que puedo mantener en crecimiento a la gente de mi iglesia.

EN LO COTIDIANO DE LA VIDA

La mayor parte de la orientación real se lleva a cabo en la vida diaria y no en el salón de clases. Ni siquiera sabía que estaba guiando a otros hasta que las personas empezaron a decir: «Eres mi mentor». Pensé: *¿Lo soy? Bueno, ¿qué estoy haciendo?*

Una vez viajé a Conover, Carolina del Norte, para hablar durante dos noches en la iglesia de un buen amigo. Fui solo y, mientras estaba en mi alojamiento nocturno, oí toques en la puerta. Pensé: *¿Quién será?*

Aún no era el momento de que el pastor viniera por mí. Cuando abrí, allí se hallaba un joven predicador.

«Llamé a tu secretaria —indicó—, y ella me informó que estarías aquí predicando dos días. Me era posible salir de la ciudad, así que me subí a un avión y vine. Me gustaría quedarme contigo».

«Bueno, pasa», le dije.

Entró y se acomodó en la segunda cama. Poco después oí que otra vez tocaban la puerta. Y luego una tercera vez. Para cuando ya no tocaron más, cinco predicadores jóvenes habían aparecido, todos sin anunciarse. Teníamos dos camas dobles, conseguimos algunos catres plegables, y todos los cinco pasaron conmigo los dos días siguientes.

No me senté con ellos a decirles: «Muy bien, muchachos. Es hora de la escuela dominical. Abran sus Biblias». No fue así, nos sentamos y un joven confesó: «Estoy luchando en esta área». Debido a que yo había luchado con problemas similares a inicios de mi ministerio, comenté: «Hablemos de eso». Así pasamos de un problema a otro… sin ningún plan establecido de estudios, simplemente analizando lo que la vida planteaba.

La tutoría se da en el alboroto de la vida cotidiana. Es el momento de que pases tiempo con otros hombres en un auto, en un juego de béisbol, en los pasillos de la ferretería. Puedes hacer eso, ¿verdad?

UN MINISTERIO DE MULTIPLICACIÓN

Guiar es un ministerio de multiplicación. Me alegro mucho al ver cómo Dios multiplica la obra de pastores jóvenes que he asesorado.

Una semana hablé a sesenta pastores en nuestra asociación sobre evangelización mundial, exhortándolos acerca de cómo podrían involucrarse personalmente. Cuando regresé a mi oficina, la junta de misión extranjera envió catorce personas. Más tarde tuvimos 100 pastores de Estados Unidos y Canadá. En seguida capté a doce de los pastores principales en Estados Unidos para que fueran conmigo a Hong Kong a visitar grupos de personas no alcanzadas y ver cómo podían personalizar ministerios de misiones en su propia iglesia.

Todo eso encendió un fuego en mí. Pensé: *¡He estado involucrado en las vidas de 172 predicadores y no salí de casa esta semana!* A través de mis interacciones con ellos tuve la posibilidad de alcanzar a muchos miles de personas más, sin salir de casa. Ese es el poder de la tutoría.

No es necesario que seas un pastor para experimentar el efecto multiplicador de orientar. Cada vida que tocas va a tocar otras vidas, quizá decenas. Nunca guías a un hombre solitario; siempre influyes en todos los hombres y las mujeres en la vida de ese individuo. Y a veces la llama que enciendes en alguien se convierte en un incendio forestal que afecta a cientos. ¿Cómo podría no entusiasmarte esto?

Dar ánimo espiritual enciende entusiasmo en tu vida. Muchos hombres ya no parecen entusiasmarse con su caminar con Dios porque ha pasado mucho tiempo desde que recibieron una buena dosis de ánimo. Recuerda que, cada vez que edificas en la vida de otro hombre, inicias un proceso que idealmente nunca termina. Si tocas la vida de Esteban, y Esteban toca la vida de alguien más, y esa persona hace lo mismo... ¿dónde termina todo esto?

LO QUE SE NECESITA

¿Qué requiere la tutoría de parte del mentor? ¿Qué debe estar preparado a dar el mentor? Debes estar dispuesto a comprometerte con estos cuatro objetivos:

1. Compromiso espiritual

Tienes que dejar de jugar cuando se trata de tus responsabilidades como cristiano. Debes hacer el firme compromiso espiritual de invertir realmente en las vidas de otros hombres.

No es fácil devolver todas las llamadas que recibo, pero estoy comprometido a hacerlo. Programo bloques de tiempo. Le digo a mi asistente: «Estaré hablando por teléfono las próximas dos horas, devolviendo llamadas». También leo todo mi correo y contesto las preguntas que me hacen. Resulta difícil, pues prefiero esto en lugar de hacer que alguien lea los correos y responda por mí. Pero he hecho un compromiso espiritual con los que buscan mi guía. Quiero participar en sus vidas. Quiero ayudar.

2. Un compromiso con el cambio de vidas

Mientras más envejezco, más me comprometo a hacer discípulos, en lugar de limitarme únicamente a contar cuántas personas reciben a Cristo. Con demasiada frecuencia, la medida del éxito de una iglesia está en cuántas personas se salvan, mientras que no se hace suficiente hincapié en edificar creyentes hacia la madurez espiritual.

Cuando me reúno con otros pastores, por lo general las conversaciones giran acerca de las decisiones personales del domingo pasado y no en hacer discípulos. Si *realmente* quieres saber lo que sucedió en mi iglesia el domingo pasado, tendrás que llamarme dentro de un año. Lo que cuenta de verdad no es cuántas personas firmaron tarjetas de decisión el domingo, sino cuántas de ellas siguen presentes después de un año. Quiero «fruto que permanezca», la clase de decisiones difíciles que cambian vidas para siempre. Quiero saber de los que siguen presentes, creciendo y multiplicándose, y siendo influyentes en otros.

Estoy buscando jóvenes que sigan el ejemplo de Heidi, una joven instructora de aeróbicos en nuestra iglesia. Me impresionó solo seis semanas después de ser salva. Cada semana llevó a otra persona a Cristo. Ella tenía mucho entusiasmo y mucha energía. Justo después de convertirse en cristiana tuvimos una conferencia de misiones. La joven nunca había oído hablar de misiones. Entonces se me acercó y afirmó: «Pastor, quiero participar en las misiones. Iré a cualquier parte del mundo».

Por esa época me encontré con un muchacho en el pasillo.

—¿Cómo estás? —lo saludé.

—Estoy bien —contestó—. Me llamo John. Tengo treinta y dos años, he sido católico devoto toda la vida, pero mi hermana Heidi me llevó a Cristo la semana pasada.

Heidi no podía estar quieta. Esto es fruto que permanece y sigue produciendo. Estoy comprometido con cambios de vida y con ver discípulos que produzcan fruto para la gloria de Dios. Creo que podríamos lograrlo con más hombres con entusiasmo y energía.

3. Un compromiso con la excelencia y los elevados valores morales

El fallecido Howard Hendricks expresó: «Uno de los [valores] más elevados en la lista de prioridades [de un mentor] es el desarrollo de la excelencia en otro individuo, a fin de que crezca en su vida cristiana como para aborrecer la manía de la mediocridad, la actitud de que cualquier cosa es bastante buena para Dios».[4]

---

4. Howard Hendricks, «Un mandato para guiar», en *Las siete promesas de un cumplidor de su palabra* (Miami: Unilit, 1995), p. 59.

Ser un guía significa dar lo mejor que tienes. Debes tratar a tu joven aprendiz como a un príncipe. Dale mucho de tu valioso tiempo, no solamente las sobras. Haz una inversión costosa en él. Dale lo mejor de ti. Desea hacer lo mejor por Jesucristo y por el hombre que estás guiando. Hagas lo que hagas, trátalo con excelencia. Evita la manía de la mediocridad como la plaga que es.

4. Un compromiso con objetivos

Los objetivos claros son medibles. Puedes mirar lo que estás tratando de lograr y decir: «Dios está obrando aquí». El diablo intentará derribarte y replicará: «¿Por qué estás perdiendo tu tiempo? No puedes influir de verdad. Podría parecer así, pero solo es un espejismo». Cuando él diga eso, llévalo de vuelta a la cruz, donde no puede seguirte todo el camino. Señala los objetivos medibles que te pusiste al principio, luego recuérdale las victorias que Dios está brindando a tu joven aprendiz por medio de los objetivos claros que te has puesto.

¿QUÉ HACE EL MENTOR?

Mi experiencia me dice que orientar consigue al menos siete grandes resultados en las vidas de los hombres que guías.

1. Guiar desarrolla a un hombre

Cuando orientas a alguien, estás diciéndole: «Quiero verte alcanzar tu máxima potencialidad para Jesucristo». Es el mismo principio del que Pablo le habló a la iglesia en Colosas cuando declaró que amonestaría y enseñaría a todo hombre «en toda sabiduría, a fin de presentar perfecto en Cristo Jesús a todo hombre» (Colosenses 1:28). La palabra traducida «perfecto» también significa «maduro». Pablo continuó: «Para lo cual también trabajo, luchando según la potencia de él, la cual actúa poderosamente en mí» (v. 29). Un mentor eficaz que honra a Dios pone aversión en la boca de su joven aprendiz por la manía de la mediocridad. En lugar de eso, el aprendiz empieza a declarar: «Quiero hacer lo mejor para el reino de Dios».

¡Simplemente *tenemos que* andar a mayor velocidad a fin de alcanzar el mundo para Jesucristo!

Hoy día viven en el planeta alrededor de *7.500 millones* de personas.

Solo el 25% de ellos no han tenido la oportunidad de escuchar el evangelio. Antes en mi vida solía decir que solamente la mitad del mundo había oído las buenas nuevas; ahora, tres cuartas partes las han oído. Es una meta alcanzable que toda persona en el mundo tenga pronto la oportunidad de escuchar el evangelio de Jesucristo. Me parece increíble. ¡Qué manera de guiar y desarrollar a un hombre: lograr que participe en alcanzar al mundo para Cristo!

2. Guiar brinda prioridades claras

¿Qué quieres haber logrado para el final de tus días? ¿Y qué precio estás dispuesto a pagar por eso? El éxito de tu vida será determinado solo al final.

Hace muchos años, cuando comencé mi vigésimo año de pastorear, mi iglesia me concedió un período sabático de seis semanas. Muchos individuos podrían pensar: *Amigo, eso parece genial, ¡estar libre durante seis semanas!* Pero he estado trabajando desde que tenía quince años y pastoreando desde los veintitrés. Nunca había estado fuera del trabajo por más de diez días seguidos. Después de dos semanas me sentía desanimado. No sabía qué hacer conmigo mismo. En lugar de estar descansando, me hallaba ansioso por volver al trabajo.

Sin embargo, había hecho el compromiso de que durante mi período sabático no predicaría en ninguna parte. Debía descansar, estar con mi familia, relajarme y tranquilizarme. Mis diáconos querían que regresara renovado. Llamé a algunos predicadores y les dije: «Planeo adorar contigo el domingo por la noche. Me gustaría llevar a tu familia a cenar».

«Fabuloso —exclamaron—, entonces predica para mí».

¡Eso casi me mata! Quise gritar: «¡Sí!», pero tuve que decir: «No puedo». No prediqué un solo sermón durante cuarenta y dos días. Hasta ese momento, durante casi todas las semanas desde que era pastor, había predicado dos o tres veces por semana.

Finalmente caí en un profundo estado de desaliento. Salía a caminar durante dos o tres horas. Me sentía avergonzado. No reconocía los inquietantes sentimientos y emociones que experimentaba y me encontré haciéndome preguntas como: *¿Y si mi ministerio hubiera terminado?* y *¿Qué he logrado?* Sin embargo, la pregunta que más me molestaba era: *¿Qué he estado* tratando de *conseguir?*

Si no has definido con cuidado lo que quieres lograr, ¿cómo puedes medir tu éxito (o la falta de este)? ¿Cómo puedes tener objetivos claros si ni siquiera estás seguro de qué intentas hacer?

Debe haber un tiempo en que te desconectes lo suficiente para expresar: «¿Qué estoy tratando de hacer exactamente? ¿Qué espero lograr con mi vida?». Si no puedes responder tales preguntas, ¿cómo vas a llevar a otras personas, incluso a tu aprendiz, hacia un buen destino?

¿Qué objetivos claros tienes para el hombre o los hombres que guías? ¿Qué quieres lograr realmente? Si no lo sabes, pasa entonces un tiempo mirando dentro de ti y pregúntate: «Señor Jesús, ¿de qué se trata todo esto? ¿Qué estoy haciendo aquí? ¿Qué quieres que yo consiga con esta relación de tutoría?».

En mi propia vida he descubierto que a veces debo eliminar ciertas cosas a fin de concentrarme. ¿Podría ser que si te alejaras durante algunos días, pasaras tiempo en ayuno y oración, y le pidieras a Dios que hable a tu corazón y te muestre su programa para tu vida, podrías abandonar algunos de tus compromisos para poder estar más comprometido con lo que Dios tiene para ti?

3. Guiar levanta líderes para el futuro

Soy producto de hombres que hacen importantes inversiones en mi vida. Y la vida es demasiado corta para que yo cometa equivocaciones mientras descubro lo que Dios quiere que haga, cuando otros hombres ya han cometido tales equivocaciones. Al escuchar a mis mentores puedo ahorrarme muchos dolores de cabeza y evitar malas decisiones.

Eso es lo que haces como mentor. Ayudas a tu aprendiz a evitar algunas de las dificultades insuperables y los obstáculos que has tenido que vencer. Él cometerá suficientes equivocaciones por su cuenta, así que ayúdalo a evitar aquellas con las que tú has tenido que tratar.

4. Guiar brinda una sensación de logro

Cuanto adiestro a hombres jóvenes nunca siento que estoy perdiendo el tiempo. A veces la tutoría me aleja de mi iglesia y llamo a la oficina para ver si tengo mensajes.

—Tienes muchas llamadas, pero ningún mensaje —ha sido muchas veces la respuesta.

—¿De veras? —contesto.

—Sí, porque cuando les decimos dónde y con quién estás, se alegran y dicen: «Alabado sea Dios. Eso es importante y esto puede esperar; lo llamaré la semana entrante».

En otras palabras, cuando las personas saben que estoy orientando a jóvenes aprendices, ayudándoles a convertirse en los hombres que Dios los ha llamado a ser, se emocionan porque saben que eso es algo bueno. El trabajo de orientar me brinda una gran sensación de logro, la cual a menudo se extiende a otras personas.

5. *Guiar edifica relaciones profundas*

No me gustan las primeras impresiones. Me doy cuenta de que a veces una primera impresión puede ser la única que tengamos la oportunidad de dar. No obstante, si vamos a conocernos espero que me respetes más después de pasar algún tiempo conmigo. Los buenos conversadores pueden generar muchos admiradores, pero los buenos guías generan profundo respeto.

Hay algunos hombres que en un momento u otro fueron mis héroes… hasta que los conocí en persona. Entonces ya no los respeté tanto. No dejes que eso se aplique a ti como mentor. Mientras más lleguen a conocerte otros hombres, más deberían poder decir: «Veo increíble integridad ahí. Este hombre se preocupa de veras por mí». Esa clase de relación tarda en desarrollarse.

Ahora mismo estoy en un grupo de rendición de cuentas en que he forjado algunas relaciones profundas con algunos individuos maravillosos. Te insto a que desarrolles relaciones profundas, no interacciones superficiales, con algunos hombres elegidos. Así es como puedes estar seguro de que tendrás influencia eterna.

6. *Guiar te hace personalmente responsable*

Una rendición sana de cuentas se convierte en un factor importante de disuasión contra el mal, y necesito todos los elementos disuasivos que pueda obtener. No quiero destrozarle el corazón a Dios. No quiero destrozar el corazón de mi esposa, o los corazones de mis hijos, de mi personal, de mis compañeros, o de todos los ministros jóvenes que Dios ha puesto en mi vida. Ser mentor te hace personalmente responsable ante tus aprendices, quienes te buscan para que los guíes y les ayudes a superar dificultades. Están *allí*, y tú debes estar allí para ellos. Guiar te da una sensación de pertenencia y de que eres necesario, lo que a su vez te ayuda a darte cuenta de cuánta responsabilidad tienes con otros.

7. Guiar te fortalece personalmente

La Biblia dice que un hombre puede perseguir a mil, y que dos hombres pueden hacer huir a diez mil (ver Deuteronomio 32:30). ¿No te asombra esto? Me pregunto por qué el texto no dice que dos hombres pueden perseguir a dos mil en lugar de diez mil. El caso es que juntos podemos tener mayor impacto. Podemos lograr más. ¿No te haría eso sentir bien? Pablo lo expresó correctamente cuando escribió que sus hijos en la fe eran su mayor alegría (ver 1 Tesalonicenses 2:19). De igual modo, tus aprendices se convierten en tu mayor alegría. Juntos pueden hacer mucho.

Cuando veo cómo Dios bendice a los jóvenes que he orientado, esto emociona mi corazón. Guiar y ver los resultados te brinda la oportunidad de regocijarte cuando Dios obra en las vidas de otros hombres. Verlos crecer te fortalecerá y animará.

LA POTENCIALIDAD DE GUIAR

¿Cómo encuentras los aprendices prometedores que necesitan un mentor? ¿Cómo identificas a los hombres que son dignos de que inviertas tu tiempo y consejo? He aquí tres sencillas sugerencias:

1. *Ora que Dios traiga algunos buenos candidatos a tu vida*. Pregunta: «Dios, ¿quién está allí? ¿Quién podría usar en su vida una mano mayor como la mía para que le ayude a convertirse en todo lo que quieres que sea?».

2. *Busca a quienes están comprometidos*. Trata de identificar a los que parezcan tener potencialidad, y que sean serios en su caminar con Cristo. Asegúrate de que estén hambrientos por crecer espiritualmente.

3. *Busca hombres dispuestos a aprender*. Si un hombre no escucha, no es enseñable. Esta cualidad no es negociable. Mira más allá de la apariencia y asegúrate de que el hombre tenga un espíritu dócil.

Si eres sincero en cuanto a ser un mentor y llevas el asunto delante de Dios, Él te enviará alguien. Cuenta con ello.

POR FALTA DE UN MENTOR

Hace algunos años, muchos cazatalentos de la NFL tenían los ojos puestos en un atleta joven y talentoso llamado Colt. El chico estaba «increíblemente» dotado... esa es la palabra que usaban muchos artículos periodísticos. Un video publicado en YouTube mostraba que el joven era capaz de saltar a una piscina de un metro a metro y medio de profundidad. ¿Cómo puede alguien *hacer* eso?

Los adultos que conocían a Colt lo describían universalmente como «buen chico», pero siempre mencionaban la difícil vida familiar que había tenido. Obtuvo una beca para jugar fútbol americano para un formidable equipo nacional, y como estudiante de primer año mostró en el campo destellos de su enorme potencialidad. Pero las cosas se complicaron.

Se retiró del equipo después de su segundo año, con la esperanza de unirse a un equipo de la NFL, pero antes que nada de eso pudiera suceder fue arrestado por consumo de drogas. Entonces comenzó una espiral descendente. Apariciones en los tribunales. Condenas. Tiempo en la cárcel. Expresiones de remordimiento y de «haré mejor las cosas».

En junio de 2017, un artículo en el periódico de su ciudad dijo que al joven lo habían «sentenciado a treinta días más en la cárcel por escapar del centro de corrección».[5] El juez animó a Colt a volverse «limpio y sobrio», y declaró: «En realidad estás al borde tanto de tu vida como del sistema legal». Le advirtió que otra condena por delitos probablemente lo llevaría a una sentencia de prisión.

Pregunto: ¿Qué podría haber sucedido en la vida de este joven si un hombre mayor, un mentor, hubiera llenado ese vacío? ¿Estaríamos viendo a Colt haciendo atrapadas fantásticas, espectaculares y acrobáticas en la NFL? ¿Estaría apareciendo en otro tipo de titulares?

Nunca lo sabremos, porque Colt no tenía un mentor.

---

5. http://www.oregonlive.com/hillsboro/index.ssf/2017/06/colt_lyerla_sentenced_to_30 _mo.html.

¿Qué joven aprendiz en tu esfera de influencia necesita un mentor? Como un hombre que busca a Cristo, ¿por qué no podrías ser el mentor que necesita con tanta urgencia?

Epílogo:

DECIR LA VERDAD TE HARÁ LIBRE

Durante más de veinte años, la Primera Iglesia Bautista de Woodstock ha tenido un ministerio llamado La Ciudad de Refugio, destinado a ayudar a los que están teniendo batallas en el ministerio. Las luchas varían: un matrimonio destrozado, hijos rebeldes, presión abrumadora que viene con el llamado pastoral. Hombres y mujeres heridos acuden a nosotros por todo tipo de razones.

Pienso en una joven pareja que vino a La Ciudad de Refugio hace muchos años. Según el esposo, acudieron debido a la dificultad de su esposa en lidiar con los retos cotidianos del ministerio. «Ella está realmente luchando», nos dijo. Sin embargo, poco tiempo después, en La Ciudad de Refugio descubrimos que el verdadero problema era mucho más profundo. En realidad, era el esposo y no la esposa quien tenía la mayor dificultad.

Una vez que esta pareja herida se instaló en un lugar seguro en que creían de veras poder revelar cómo se sentían y qué estaba pasando en sus corazones, la realidad de su situación comenzó a verse capa por capa. El pastor tenía asuntos *mucho más* profundos y más pecaminosos que su esposa. Aún me asombra que esta pareja llegara porque el *pastor* deseaba conseguir alguna ayuda para su esposa, pero al final el asunto tuvo que ver principalmente con que él limpiara su conducta.

Este hombre había caído en la pornografía, para luego practicarla. Él y una mujer en su iglesia se habían enredado sexualmente. El secreto y la falta de vulnerabilidad y transparencia en este individuo habían convertido su casa en un lugar de confusión total. Sí, la esposa luchaba con los retos diarios de servir en la iglesia, pero el problema de ella se amplificaba muchas veces por la situación inexplicable de su propio hogar. Simplemente no podía entender lo que pasaba. Sin embargo, una vez que se conoció la verdad todo pareció muy claro para la mujer.

Por medio de transparencia y honestidad, durante el año y medio siguiente esta pareja expuso sus pecados y trató con estos, y el Señor hizo una obra extraordinaria en las vidas de ambos. A pesar de que hoy día ya no están en el ministerio, hemos oído buenos informes de que Dios ha bendecido ese hogar, ha fortalecido su matrimonio y ha profundizado su relación. Ahora parecen estar llevando juntos una vida agradable y feliz.

¡Cómo me anima saber de situaciones confusas en que Dios interviene e influye en las vidas de las personas! El enemigo de nuestras almas quiere mantenernos en silencio acerca de los tenebrosos secretos que hemos escondido en rincones olvidados. Él quiere que guardemos silencio. Pero, como has visto muchas veces en este libro, la verdad *siempre* triunfa sobre la mentira. Declarar la verdad es lo que te hará libre.

Oro que confíes en Dios con relación a cualquier secreto que puedas estar escondiendo, porque sé que descubrirás que el Señor es fiel. También oro que busques a uno o dos hermanos maduros a quienes puedas abrir tu corazón. ¡Esa es la manera de volver a caminar en victoria! Decide hoy sacar las áreas sombrías de tu vida a la luz de la presencia y de la Palabra de Dios. Conviértete en el hombre que Dios quiere que seas.

Que el Señor te bendiga.

Guía de estudio

Cómo utilizar esta guía de estudio

En la introducción conté que el objetivo al escribir este libro es que aumentes tu entendimiento de quién eres y quién puedes llegar a ser. Verdadera satisfacción viene de convertirnos en los hombres, esposos, padres y líderes que Dios quiere que seamos.

Las observaciones, preguntas y oraciones en esta guía de estudio están diseñadas para ayudarte a conseguir ese objetivo. En estas páginas se presentan oportunidades para que experimentes verdadero cambio y crecimiento.

Aunque es posible que utilices esta guía de estudio tú solo, espero que busques otros hombres cristianos a fin de aprender juntos, animarse entre sí e inspirarse mutuamente. Dios diseñó a los cristianos para actuar juntos. Así declara Hebreos 10:24: «Considerémonos unos a otros para estimularnos al amor y a las buenas obras». Cuando interactuamos se produce crecimiento.

Más importante aún, es en el contexto de las amistades masculinas que los retos de la vida se vuelven más manejables. Cualesquiera que sean nuestras luchas, es más fácil enfrentarlas cuando uno o más hombres nos ofrecen una palabra de consejo o esperanza. Gálatas 6:2 nos ordena: «Sobrellevad los unos las cargas de los otros». Al examinar esta guía de estudio con otro hombre o en un grupo, descubrirás que no estás solo en las batallas de la vida, y que la unión hace la fuerza.

Mi oración es que crezcas en madurez cristiana a medida que sigues esta guía de estudio, y que te conviertas cada vez más en el hombre que Dios quiere que seas.

Pastor Johnny

1

EL SILENCIO DE
LOS MACHOS

IDEA PRINCIPAL

En general, a los hombres no les gusta hablar de temas que los haga sentir incómodos. Esto es especialmente cierto respecto a sus frustraciones o luchas internas.

1. ¿De qué temas les resulta difícil hablar a los hombres?

2. ¿Cuáles son algunas de las razones de que a los hombres les resulte difícil hablar de estos temas?

3. ¿Qué consecuencias negativas podemos experimentar cuando nos negamos a comunicar nuestras luchas y necesidades a otros hombres?

4. ¿Qué resultados positivos pueden venir de una disposición de hablar cuando tendemos a guardar silencio?

REFLEXIÓN

Solo el cielo revelará los problemas, los conflictos, los desengaños y las dificultades que han surgido como resultado de nuestra incapacidad o falta de voluntad para declarar lo que preferiríamos callar (de la página 25).

1. ¿De qué manera la falta de comunicación puede influir de modo negativo en nuestra relación con Dios?

2. ¿De qué manera la renuencia a comunicarnos puede influir de modo negativo en:

   • nuestra relación matrimonial?

   • nuestras relaciones familiares?

   • nuestras relaciones laborales?

   • nuestras relaciones en la iglesia?

   Lo que hablamos, así como lo que dejamos
   de decir, revela mucho acerca de la condición
   de nuestro corazón (de la página 25).

1. ¿Estás de acuerdo con esa afirmación? ¿Por qué sí o por qué no?

2. Si la condición de nuestro corazón determina nuestras palabras, ¿qué comunica eso respecto a la importancia de tener un corazón recto delante de Dios?

3. ¿De qué manera puedes asegurarte de que tu corazón está a cuentas con Dios?

4. Salmos 119:11 declara: «En mi corazón he guardado tus dichos, para no pecar contra ti». ¿De qué manera específica se prepara el salmista para no pecar?

5. Colosenses 3:16 expresa: «La palabra de Cristo more en abundancia en vosotros». ¿De qué maneras diferentes puedes atesorar más la Palabra de Dios para que esta more en abundancia dentro de ti?

6. ¿Qué influencia crees que la Palabra de Dios tendrá en tu comunicación a medida que la atesoras en tu corazón?

PENSAMIENTOS FINALES

1. ¿Qué te llamó más la atención en el capítulo 1 y por qué?

2. ¿Qué paso o pasos de acción planificas dar esta semana para ser más abierto en tu comunicación?

DE TU CORAZÓN AL DE DIOS

Padre, gracias por recordarme tu deseo de que los creyentes interactúen mutuamente con el fin de ayudarse, animarse y aprender entre sí. Ayúdame a comprender la importancia de hablar claro, de permitir que las personas cercanas a mí sepan cuándo estoy batallando o cuándo necesito ayuda. Y, antes de hablar, te rindo mi corazón. Tu Palabra declara: «De la abundancia del corazón habla la boca» (Mateo 12:34). Que yo conceda mayor prioridad a tener un corazón recto a fin de poder pronunciar las palabras correctas.

2

Rompe las cadenas del temor

IDEA PRINCIPAL

El miedo es una de las principales razones por las que nos mantenemos en silencio cuando deberíamos hablar. Y el miedo puede atacar desde distintas direcciones. Podríamos estar avergonzados de un hábito oculto en nuestra vida. O quizá no queremos hacer preguntas o expresar una necesidad porque hemos decidido mostrarnos autosuficientes. O tal vez suponemos que somos los únicos que luchamos, y no queremos parecer débiles frente a otras personas.

Cualquiera que sea la razón, puedes estar seguro de esto: Mientras menos reveles tus miedos, más satisfecho estará Satanás. El enemigo de tu alma sabe que cuando guardas silencio eres más propenso a frustrarte y desanimarte. Y es más probable que pierdas tu entusiasmo por las cosas de Dios.

Lo contrario también es cierto: Mientras más dispuesto estés a hablar, más probable es que seas consolado, animado y fortalecido. Mientras más permanezcas en la Palabra de Dios, más evitarás sucumbir a la tentación, y estarás más dispuesto a ayudar a otros en sus luchas.

1. Lee Santiago 5:16. ¿Qué órdenes se dan en este versículo?

2. ¿Qué dice este pasaje acerca de la oración?

3. ¿Cómo te has sentido en el pasado al saber que alguien estaba orando por ti respecto a una necesidad específica en tu vida?

4. Si otro hombre te pide que ores por él debido a una lucha que enfrenta, ¿cómo responderías y por qué?

REFLEXIÓN

Un alto porcentaje de los hombres que sé que guardan silencio sobre cuestiones cruciales de sus vidas (asuntos que exigen realmente debate o incluso confesión) guardan silencio porque temen las consecuencias de hablar (de la página 28).

1. En la página 28 aparece una lista de posibles consecuencias:

   - Pérdida de relación (esposa, amigos, familia, socios comerciales)
   - Pérdida de posesiones (casa, auto, herencia)
   - Pérdida de influencia
   - Pérdida de comodidad
   - Pérdida de reputación
   - Pérdida de empleo
   - Pérdida de poder
   - Pérdida de control
   - Pérdida de privilegios
   - Pérdida de posición

   ¿Se te ocurren otras consecuencias además de las que aparecen en la lista?

2. No podemos dejar que el miedo nos domine. Cuando buscamos a alguien con quien hablar, ¿qué cualidades debemos buscar que nos ayuden a reducir nuestro miedo?

3. Antes de hablar con otra persona, primero querrás hablar con Dios. ¿Qué promesa ofrece Santiago 1:5 a este respecto?

Cuando sacamos a la luz nuestro «secreto», nuestro querido Señor lo expone por lo que es. Al fin nos volvemos capaces de ver y admitir la fea verdad, pero eso rompe la esclavitud. Cuando sacamos ese secreto a la luz, el temor pierde su poder para mantenernos esclavos (de la página 33).

1. ¿Puedes, por experiencia personal, hablar de la libertad que proviene de sacar a la luz un secreto? ¿Qué sucedió y qué resultados positivos surgieron de tu confesión?

2. Lee Salmos 32:3-4. ¿Qué ocurrió cuando David ocultó su pecado?

3. Lee ahora Salmos 32:7, 10. ¿Qué le sucede a la persona que confía en Dios?

El enemigo quiere que creas que vivir una mentira es mejor que la verdad, pero Jesucristo insiste en que solamente la verdad tiene el poder de liberarnos (de la página 38).

1. ¿Crees que Dios es más grande que tu culpa, y que su misericordia y su gracia pueden cubrir lo que has tratado de ocultar? ¿Qué evidencia de su abundante misericordia y gracia has visto en otra parte de tu vida?

2. ¿De qué manera mostró Dios su misericordia y su gracia a algunas de las personas de la Biblia? Trata de encontrar cuatro o cinco ejemplos.

PENSAMIENTOS FINALES

1. ¿Qué te llamó más la atención en el capítulo 2 y por qué?

2. Cristo murió en la cruz para tratar con nuestros pecados y limpiarnos. Al hacerlo, también trató con la vergüenza que viene con el pecado. Toma tiempo ahora para entregar tus pecados y tu vergüenza a Dios, y pedirle que te conceda la libertad que viene de tener una conciencia limpia.

DE TU CORAZÓN AL DE DIOS

Señor, recuerdo cuando el apóstol Pablo te pidió ayuda en medio de un gran problema. Con amor le respondiste: «Bástate mi gracia; porque mi poder se perfecciona en la debilidad» (2 Corintios 12:9). Creo que tu gracia infinita puede cubrir mis luchas y, por tanto, te ofrezco mi debilidad. Gracias por la misericordia y la gracia que has derramado sobre mí mediante lo que Jesús hizo en la cruz. Él llevó mi pecado y mi vergüenza para que yo pudiera conocer la libertad. No ocultaste nada cuando mostraste tu amor por mí; que yo no te oculte nada.

3

ORGULLO: LA SENDA DEFINITIVA HACIA LA AUTODESTRUCCIÓN

IDEA PRINCIPAL

Una de las fuerzas más poderosas que mantiene cerrada la boca a los hombres cristianos es el orgullo. En lugar de hablar y correr el riesgo de verse avergonzados o de que los perciban como un fracaso, permanecen en silencio.

Los hombres son competitivos y les gusta que los perciban como ganadores. Por eso, todo lo que se acepte como una debilidad o un problema se barre bajo la alfombra. Se esconde.

El orgullo también nos impide admitir que nos hemos equivocado. ¿Recuerdas lo que sucedió en el huerto del Edén? Cuando Dios se acercó a Adán después que este comiera del fruto prohibido, ¿qué hizo Adán? Culpó a Eva: «La mujer que me diste por compañera me dio del árbol, y yo comí» (Génesis 3:12).

Si queremos ser los hombres que Dios nos ha llamado a ser, entonces debemos eliminar el orgullo y dejar de participar en el juego de la culpa. Solo entonces seremos verdaderos ganadores.

1. ¿Cómo defines el orgullo?

2. ¿Cómo defines la humildad?

3. ¿Qué dice Dios acerca del orgullo y la humildad en los siguientes versículos?

   • Proverbios 11:2:

- Proverbios 13:10:

- Filipenses 2:3:

- Santiago 4:6:

- Santiago 4:10:

4. ¿Estás de acuerdo en que el orgullo divide a las personas, mientras que la humildad las une? ¿Por qué sería ese el caso?

REFLEXIÓN

Veamos cómo la Palabra de Dios contrasta el orgullo humano con la sabiduría divina, y cómo el orgullo hace que el hombre cierre sus oídos a lo que Dios dice: «El orgullo solo genera contiendas, pero la sabiduría está con quienes oyen consejos» (Proverbios 13:10, NVI) (de la página 45).

1. ¿Puedes pensar en algunas formas específicas en que el orgullo puede hacer que un hombre «cierre sus oídos a lo que Dios dice»?

2. Proverbios 13:10 enseña: «Con los avisados está la sabiduría». ¿Por qué la disposición de aceptar consejo es buena?

El orgullo no solo cierra los oídos del individuo, sino que también le cierra el corazón... Fuimos creados para tener comunión con Dios, pero el orgullo hace que esa comunión sea imposible (de la página 46).

1. Para poner esto en perspectiva, imagina un niño que es dema-
    siado orgulloso para escuchar a sus padres. ¿De qué manera
    podría el orgullo de ese niño dañar su relación con su papá y su
    mamá?

2. ¿Puedes pensar en una ocasión en que el orgullo interfirió en
    tu relación con Dios? ¿Qué sucedió y qué hiciste para restaurar
    una relación abierta con el Señor?

*Gran parte del tiempo, un hombre orgulloso no sufre de
falta de información, sino de intensa resistencia personal a la información que ya tiene.* (de la página 49).

1. A menudo, cuando ocultamos pecado en nuestros corazones
    sabemos con precisión lo que estamos haciendo y simplemente
    no queremos admitirlo. A la larga esto significa que debes pre-
    guntarte: ¿Amo a este pecado más que a Dios?

    •   ¿Cuáles son las evidencias que indican que una persona
        ama más el pecado?

    •   ¿Cuáles son las evidencias que indican que una persona
        ama más a Dios?

2. Lee Juan 14:15, 23. ¿Qué hará la persona que ama a Dios?

PENSAMIENTOS FINALES

1. Cuando ves orgullo en otra persona, ¿la encuentras atractiva o repulsiva? ¿Por qué?

2. ¿De qué manera puedes asegurarte de que el orgullo no se arraigue en tu corazón?

DE TU CORAZÓN AL DE DIOS

Señor, ayúdame a examinarme sinceramente, a ver si he permitido que el orgullo entre de improviso y me cierre los oídos y el corazón a tus palabras. Como persona caída me doy cuenta de que tiendo a volverme orgulloso. Y no ayuda el hecho de vivir en un mundo caído en que al orgullo se le considera aceptable e incluso deseable.

Permíteme seguir el ejemplo humilde de Jesús, buscando ponerte primero en todo y poner las necesidades de los demás antes que las mías. Tu Palabra dice que un hombre sabio está dispuesto a recibir consejo. Que yo esté dispuesto a recibir el consejo que me ofreces por medio de las Escrituras.

4

Surcos en el cerebro

IDEA PRINCIPAL

Las estadísticas hablan por sí solas. Hoy por hoy, la pornografía es desenfrenada y por desgracia ha hecho una profunda incursión en la comunidad cristiana.

También dice algo el mismo hecho de que los hombres cristianos que ven pornografía se sientan avergonzados de sus costumbres. Se sienten culpables, pero al parecer no lo bastante condenados como para tratar de hacer algo al respecto. O tal vez ya han hecho grandes esfuerzos por limpiarse, solo para sucumbir a la tentación una y otra vez. De ahí que se dieran por vencidos.

Que la pornografía cree tal conflicto significa que debe tomársela en serio. Aunque preferiríamos no decir nada, responsabilizarnos delante de uno o dos hombres espiritualmente maduros puede ayudar a que cambien las cosas. Al permitir que otros nos ayuden en la tarea de proteger nuestra mente y de guardar nuestro corazón con toda diligencia, descubrimos que en los números hay verdadera fortaleza.

Aunque no alcanzaremos la santidad perfecta mientras vivamos en esta tierra, debemos vivir la vida cristiana buscando asemejarnos a Cristo. De ahí que, cuando te sientas culpable, entrégate completamente a la guía del Espíritu Santo, quien habla a través de la Palabra de Dios. Como dice Romanos 12:2, ofrece tu cuerpo en sacrificio vivo, reconociendo que ahora le pertenece a Dios y no a ti.

Y aunque las tentaciones seguirán presentándose mientras vivas, no te canses frente a ellas. Al contrario, anímate en la promesa que Dios brinda en 1 Corintios 10:13: «No os ha sobrevenido ninguna tentación que no sea humana; pero fiel es Dios, que no os dejará ser tentados más de lo que podéis resistir, sino que dará también juntamente con la tentación la salida, para que podáis soportar».

Dios es fiel, y te ayudará.

REFLEXIÓN

Las estadísticas nos dicen que gran porcentaje de cristianos... consumen pornografía en las mismas proporciones y niveles que los no cristianos (de la página 56).

1. ¿Qué mensaje recibe un incrédulo cuando oye que los hombres cristianos ven pornografía en los mismos niveles que los no cristianos?

2. ¿Qué impresión acerca de Dios y el cristianismo puede dar a los no cristianos el hecho de que los creyentes participen en la pornografía en la misma medida que el mundo?

Seamos sinceros... Dios nos creó con nuestra sexualidad. La creó para bien, para placer, para procreación, pero debemos aprender a manejarla (de la página 58).

1. Hebreos 13:4 declara: «Honroso sea en todos el matrimonio, y el lecho sin mancilla; pero a los fornicarios y a los adúlteros los juzgará Dios». ¿Por qué crees que a Dios le parece tan importante que el lecho matrimonial se conserve puro?

2. Jesús manifestó: «Oísteis que fue dicho: No cometerás adulterio. Pero yo os digo que cualquiera que mira a una mujer para codiciarla, ya adulteró con ella en su corazón» (Mateo 5:27-28). ¿Por qué vería Dios el «adulterio mental» como equivalente del adulterio físico?

3. ¿De qué manera podemos «manejar» nuestros deseos sexuales?

La pornografía te erosiona la confianza y autoestima... te hace sentir solo.... Una adicción a la pornografía hace que sientas vergüenza y autocondenación (de la página 58).

1. ¿Estás de acuerdo con tal evaluación de cómo influye la pornografía en una persona? ¿Por qué sí o por qué no?

2. Cuando Adán sintió vergüenza por comer del fruto prohibido en el huerto del Edén, ¿qué hizo según Génesis 3:8? ¿Por qué sintió vergüenza?

3. ¿Qué produce la vergüenza en nuestra relación con Dios?

4. ¿Qué efecto tendrá en nuestra relación con Dios y con otras personas el hecho de que nos abstengamos de la pornografía?

PENSAMIENTOS FINALES

1. En Salmos 119:37, David oró: «Aparta mis ojos, que no vean la vanidad; avívame en tu camino». ¿Qué significa «aparta» tus ojos de «la vanidad» mientras continúas con tu vida cotidiana?

2. Job declaró: «Yo había convenido con mis ojos no mirar con lujuria a ninguna mujer» (Job 31:1, NVI). ¿Crees que hacer un compromiso actual pueda ayudarte en tu resolución de abstenerte de la pornografía? ¿Crees también que tu resolución podría fortalecerse si incluyes rendición de cuentas a otro u otros hombres cristianos? ¿Por qué sí o por qué no?

DE TU CORAZÓN AL DE DIOS

Padre Dios, cuando reflexiono en las lecciones de este capítulo me acuerdo de por qué Jesús murió por mis pecados. Lo hizo para liberarme del pecado y mostrarme el camino de la redención y el perdón. El pecado me produce vergüenza y ocultamiento; rechazar el pecado me produce conciencia clara y alegría. Satanás quiere esclavizarme; tú, Señor, quieres que experimente libertad.

Cuando se trata de batallar contra la pornografía y la tentación sexual, me doy cuenta de que debo pedir refuerzos. Debo recurrir a ti para que me proveas una vía de escape, la cual prometes proporcionar. Debo invocar al Espíritu Santo para que me dé convicción de pecado y así pueda arrepentirme y seguirte. Además, debo recurrir a otros hombres para que juntos podamos sostenernos en oración y darnos ánimo mutuamente.

Gracias, Señor, por preocuparte tanto por mi pureza. Porque cuando soy puro puedo llevar una vida cristiana plena y también disfrutar la libertad que viene de tener una conciencia clara.

5

Un llamado de sabiduría

IDEA PRINCIPAL

Para mí no es fácil tratar el tema de las bebidas alcohólicas. En primer lugar, está el hecho de que en tiempos bíblicos el vino era diferente del que se produce hoy día. Y, en segundo lugar, hay diferencias de opinión en cuanto a dónde debe trazarse la línea en términos de lo que es apropiado beber para un cristiano.

Lo que sí sabemos con certeza es que la Biblia prohíbe la embriaguez, y que también habla de los efectos negativos del consumo de alcohol. Por ejemplo, Proverbios 23:29-30 advierte: «¿Para quién será el ay? ¿Para quién el dolor? ¿Para quién las rencillas? ¿Para quién las quejas? ¿Para quién las heridas en balde? ¿Para quién lo amoratado de los ojos? Para los que se detienen mucho en el vino». Y de la experiencia diaria podemos ver que el alcohol puede cambiar el comportamiento del individuo. Luego están las estadísticas respecto a lesiones y muertes relacionadas con el alcohol.

Según declara el título del capítulo, este es un «llamado de sabiduría». Después de considerar lo que sabemos bíblica y objetivamente, ¿qué principios ayudarían al hombre cristiano a tomar las mejores decisiones respecto a las bebidas alcohólicas? Efesios 5:18 nos exhorta: «No os embriaguéis con vino… antes bien sed llenos del Espíritu». ¿Qué estamos permitiendo que controle nuestras facultades mentales, emocionales y físicas?

REFLEXIÓN

Aunque los hombres típicamente no tienen problema para hablar de lo que denominan beber de «manera recreacional» o «con moderación», en realidad se quedan muy callados cuando sus hábitos de beber empiezan a cambiar. ¿Sabías que las dos señales principales de problemas con la bebida tienen que ver con secretismo? (de la página 68).

1. Independientemente de si consumes o no bebidas alcohólicas, ¿por qué razón alguien que vaya por el sendero del problema de la bebida querría ocultar la evidencia de tal inconveniente?

2. Cuando intentamos esconder un comportamiento, ¿es esa una manera silenciosa de admitir que algo podría estar mal? ¿Qué estamos causándonos cuando nos volvemos reservados respecto a algún hábito que está presente en nosotros?

Dudo que yo pueda decir mejor las cosas que un amigo mío, Josh Franklin: «Argumentaré contra tomar alcohol como bebida... No obstante, sé que hay quienes están en desacuerdo conmigo. Ellos podrían creer que tienen pasajes bíblicos para apoyar su consumo moderado de alcohol. No tengo derecho, como tampoco ningún otro cristiano, de despreciar en una manera crítica a alguien que esté luchando por ser libre, o que por una u otra razón no crea que la Biblia condena la costumbre... [La postura de alguien sobre el alcohol no es] lo que llamaríamos una doctrina de primer nivel de nuestra fe y práctica como creyentes» (de la página 70).

1. Como consecuencia de las palabras anteriores, ¿cuál parece ser un «equilibrio» razonable para que los cristianos consideren la decisión de un individuo en cuanto a si beber o no?

2. Gálatas 5:13 expresa: «Vosotros, hermanos, a libertad fuisteis llamados; solamente que no uséis la libertad como ocasión para la carne, sino servíos por amor los unos a los otros». ¿Qué ves en este versículo como amonestación principal?

¿Y qué hay de tu influencia en los demás? En tu casa, en tu trabajo, en tu colegio, puedes influir en otros para bien o para mal (de la página 78).

1. La cultura moderna declara: «Haz lo que quieras. Si te hace sentir bien, hazlo». Pero según Filipenses 2:3-4, ¿qué mentalidad debemos tener?

2. Poco después, en Filipenses 2:14-15, ¿qué exhortación adicional se nos da?

3. En cuanto a tu influencia en otros, ¿cómo desearías que otras personas describieran esa influencia?

PENSAMIENTOS FINALES

1. Lee los versículos siguientes y, después de cada uno, escribe lo que Dios desea de ti como creyente:

- Mateo 6:33:

- Efesios 4:1-3:

- Efesios 4:22-24:

2. Al meditar en el deseo de Dios para tu vida, ¿cómo influye esto en tus pensamientos acerca de vivir para ti en lugar de vivir para los demás? ¿En qué maneras?

DE TU CORAZÓN AL DE DIOS

Señor, cuando se trata de las bebidas alcohólicas, ayúdame a usar cuidadoso discernimiento. Que mis pensamientos y decisiones se basen en los principios de tu Palabra, y no en mis propios deseos o en lo que la sociedad dice que está bien. Sobre todo, deseo rendir mi vida a tu influencia rectora, porque cuando procedo así, permito que hagas tu obra a través de mí hacia quienes me rodean.

Permíteme seguir el ejemplo de Jesús de poner primero a los demás... a fin de que puedan ser edificados y animados, y que tú seas glorificado.

6

La presión de proveer

IDEA PRINCIPAL

Una manera muy importante en la que un individuo muestra amor por su familia es al proveer para las necesidades de ella. Esta parece ser parte innata de la identidad de un hombre… hasta el punto de que muy a menudo ellos se evalúan a sí mismos sobre la base de cómo se desempeñan en este aspecto.

El hecho de vivir en una sociedad materialmente adinerada no nos ayuda; pone las expectativas muy elevadas. Los artefactos que forman parte de la vida diaria cada vez son más caros. En varias formas, cada vez es más y más difícil no solo salir adelante sino simplemente mantener cualquier nivel económico que hayamos alcanzado.

Proveer para la familia va más allá del aspecto económico. Como cabeza del hogar, un hombre debe supervisar las necesidades espirituales de su esposa y de sus hijos. Hay mucho más que ir a la iglesia el domingo: esta es una ocupación de siete días por semana que requiere planificación y cuidado intencional para el sustento y el crecimiento espiritual de cada miembro de la familia.

Luego hay asuntos médicos y de salud, mantenimiento de la casa, e incluso otras obligaciones. ¡No es de extrañarse que la presión sea tan grande!

REFLEXIÓN

Los hombres quieren ser buenos proveedores... Desde el mismo principio, allá por el huerto de Edén, el Señor le dio al hombre un trabajo... Hasta el día de hoy los hombres tienen una profunda y poderosa urgencia implantada divinamente dentro de ellos para trabajar duro y cuidar de sus familias (de la página 83).

1. ¿Concuerdas con esta afirmación de que los hombres quieren cuidar bien de sus familias? Nombra dos o tres formas específicas en que experimentas realización cuando de proveer para tu esposa o tus hijos se trata.

2. ¿Cómo te sientes cuando, por una u otra razón, está más allá de ti atender alguna necesidad específica?

3. ¿Hay algo más que puedas hacer para involucrar a Dios en tus esfuerzos cotidianos por proveer? ¿De qué maneras puedes hacerlo?

¿Qué implica el hecho de que Dios considere al hombre como cabeza espiritual de su casa? ¿Debe enseñar a sus hijos a orar? ¿Les enseñará a leer y estudiar la Biblia? ¿Cómo puede ayudarles guiándolos hacia un conocimiento salvador de Jesucristo? ¿Cómo podría él guiar a su esposa en asuntos espirituales? (de la página 84).

1. Dirías que proveer espiritualmente para tu familia es aún más importante que proveer económicamente? ¿Por qué sí o por qué no?

2. ¿En qué aspectos podrías mejorar el cuidado espiritual que proporcionas?

3. ¿Qué beneficios resultarían de hacer el buen trabajo de proveer espiritualmente para tu familia?

Todos tenemos ocasiones en que parece que todo aquello para lo cual hemos trabajado y por lo que nos hemos esforzado podría derrumbarse bajo nuestras cabezas. Nos sentimos cansados, débiles, desanimados, desilusionados y tal vez un poco más que asustados, aunque no soñaríamos en hablar con alguien al respecto.

Sin embargo, ¿por qué no? ¿Cómo perjudicaría que alguien más supiera la enorme presión que sentimos? ¿No sería realmente más beneficioso hablar con alguien en quien podamos confiar? (de la página 86).

1. ¿Por qué crees que los hombres, por lo general, son reacios a hablar con alguien acerca de la tensión que enfrentan al proveer para sus familias?

2. ¿De qué maneras podríamos beneficiarnos si hablamos de nuestras cargas con uno o dos amigos confiables?

3. Si otro hombre acudiera a ti en busca de ayuda para la presión que enfrenta, ¿estarías dispuesto a ofrecerle consejo? ¿Por qué una buena voluntad de ayudar produciría una situación de beneficio mutuo?

PENSAMIENTOS FINALES

1. ¿Qué te llamó más la atención en el capítulo 6 y por qué?

2. Habla de una o dos maneras específicas en que Dios te ha ayudado en el pasado cuando te hallabas bajo enorme presión. ¿Qué aprendiste de tales incidentes?

DE TU CORAZÓN AL DE DIOS

Señor, nos has dicho que echemos nuestras ansiedades sobre ti, y que no debemos afanarnos por nada, sino que debemos agradecer en todo.

Cuando proveo para mi familia, ayúdame a recordar que en última instancia tú eres nuestro proveedor. Has prometido cuidar de los tuyos. Ayúdame a confiar en esa promesa, incluso cuando no pueda ver cómo suplirás nuestras necesidades. En lugar de enfocarme en lo que parece faltar, recuérdame las muchas bendiciones que has derramado sobre nosotros. Eres el mejor proveedor que podríamos tener.

7

Necesito un milagro económico

IDEA PRINCIPAL

Cuando de gastar dinero se trata, es sorprendente cuántas personas no dedican tiempo a crear un presupuesto o al menos planificar el futuro. Sin un presupuesto o planificación anticipada es fácil no ser conscientes de lo rápido que nuestro dinero desaparece. Si no hacemos un seguimiento de nuestros gastos, por lo general terminamos con problemas financieros.

Lo extraordinario es que establecer protecciones que ayuden a evitar problemas de dinero no requiere mucho tiempo o esfuerzo. Gran parte de esto se reduce a tener la mentalidad correcta (todo le pertenece a Dios) y ejercer disciplina (saber cuánto ganas, hacer un presupuesto y seguirlo). Por el contrario, es monumentalmente más difícil salirse de un agujero financiero. Entonces, cualquier paso que des ahora, sea cual sea tu situación, te pondrá en marcha en el camino hacia reemplazar tu ansiedad financiera con la paz.

REFLEXIÓN

No estoy sugiriendo que divulguemos a los cuatro vientos nuestros problemas económicos, pero tampoco nos ayuda guardar silencio acerca de nuestro problema y pretender que no existe (de la página 94).

1. ¿Por qué es tan difícil hablar de problemas de dinero?

2. A menudo se dice que una de las razones principales de las disputas matrimoniales es el desacuerdo en asuntos financieros. ¿Qué puede hacer una pareja para ayudar a disminuir la probabilidad de fricción por cuestiones económicas?

Fallar en planificar es planificar para fallar... ¿Mantienes un registro de todos tus gastos? ¿O simplemente utilizas tu tarjeta de débito para pagar todo...? (de la página 95).

1. ¿Por qué es importante que los arquitectos elaboren planos de construcción? ¿Por qué son importantes las recetas de cocina? ¿De qué maneras las personas se preparan por anticipado para que un proyecto tenga éxito?

2. Una vez gastado el dinero, ya no existe, lo cual hace que sea más imperativo preparar un presupuesto a fin de llevar un registro de tus gastos. ¿Por qué crees que muchas personas no se toman el tiempo para hacer esto? ¿Cuántas ventajas puedes proponer a favor de crear un presupuesto?

La Biblia habla mucho del dinero y del uso que le damos, principalmente porque, si no controlamos el dinero que Dios pone en nuestras manos, este pronto nos controlará (de la página 98).

1. Saber lo que la Biblia dice acerca del dinero puede influir en cómo lo vemos. ¿Qué principios útiles encuentras en los siguientes versículos?

   • Proverbios 3:9-10:

   • Mateo 6:19-21:

- Mateo 6:24:

- Hebreos 13:5:

2. Lee Mateo 6:25-34. Aunque este es un pasaje un poco largo, la lección que Jesús enseña aquí es bastante sencilla. ¿Cuál percibes que es el propósito principal del Señor Jesús?

3. A primera vista, podría parecer que si tienes problemas financieros no puedes tener paz interior. Pero para el cristiano *es* posible tener paz. Según Filipenses 4:6-7, ¿cómo puedes experimentar paz interior sin importar cuáles sean tus circunstancias externas?

PENSAMIENTOS FINALES

1. ¿Qué te llamó más la atención en el capítulo 7 y por qué?

2. ¿Qué crees que sucedería a tu forma de pensar respecto al dinero si tomas el tiempo para orar seriamente a Dios en cuanto a (1) manejar sabiamente tu dinero día a día y (2) saber cómo deberías proceder cuando de tomar importantes decisiones financieras se trata?

DE TU CORAZÓN AL DE DIOS

Señor, tú eres el creador de todas las cosas. Todo lo que tengo viene de tu mano. Ayúdame a recordar que soy tan solo un administrador. Mi deseo es manejar sabiamente mis finanzas y posesiones para que quienes me rodean sepan que eres un Dios bueno y afectuoso.

Aunque el dinero es importante, no quiero que se convierta en una distracción. Ayúdame a mantenerlo en su lugar apropiado, y a controlarlo en vez de permitir que me controle. Te entrego todas las ansiedades financieras que pesan ahora en mi corazón. Ayúdame a poner en práctica los principios que me ayudarán a ser buen mayordomo, y gracias por la paz interior que concedes a quienes confiamos plenamente en ti.

8

Mi esposa habla lo suficiente por los dos

IDEA PRINCIPAL

En última instancia, no importa si los hombres o las mujeres hablan más. Lo que cuenta es que la comunicación en sí tenga lugar. Imagina un jefe que no se comunica con los empleados. O un líder militar que no se comunica con los soldados. O un padre que no comunica lo que espera de los hijos.

No se necesita demasiado para darnos cuenta de que una falta de comunicación entre las personas hace que los vínculos sean débiles o inexistentes. Y, cuando eso sucede, la confusión o el caos prevalecen. La buena comunicación lleva a una buena relación.

¿Qué podemos hacer entonces para convertirnos en mejores comunicadores?

REFLEXIÓN

No nos relacionamos más profundamente con nuestra esposa al aprender a comunicarnos con mayor eficacia. Por el contrario, empezamos a comunicarnos mejor con nuestra esposa cuando volvemos a relacionarnos con ella como lo hacíamos al principio (de la página 111).

1. ¿Por qué crees que la «relación» es una parte tan fundamental de la buena comunicación?

2. ¿Qué valoras de tu esposa que hace que desees relacionarte con ella? ¿Qué puedes hacer para relacionarte más con tu mujer, y no simplemente comunicarte?

Cuando nuestro Señor nos dice: «Maridos, amad a vuestras mujeres, así como Cristo amó a la iglesia, y se entregó a sí mismo por ella» (Efesios 5:25), no está haciendo una simple sugerencia; es una orden (de la página 113).

1. ¿De qué manera mostró Cristo su amor por la iglesia?

2. Con esto en mente, ¿cómo puede un esposo mostrar a su esposa un amor como el de Cristo?

3. ¿De qué manera puedes expresar hoy a tu esposa ese amor como el de Cristo?

Es importante que los maridos dediquemos tiempo a orar con nuestras esposas. A través de los años he tratado de practicar no solo orar por mi esposa, sino también orar con ella (de la página 118).

1. En definitiva, ¿cuál es el propósito de la oración?

2. Teniendo en cuenta la respuesta a la pregunta anterior, ¿qué beneficios logras ver en hacer un hábito de orar regularmente con tu esposa?

PENSAMIENTOS FINALES

1. ¿Qué te llamó más la atención en el capítulo 8 y por qué?

2. Dedica tiempo ahora a agradecerle a Dios por tu esposa, y sugiere dos o tres formas específicas en que puedas relacionarte con ella esta semana.

DE TU CORAZÓN AL DE DIOS

Señor, gracias por el regalo de la comunicación. Al hablar con otras personas, y especialmente con mi esposa, que recuerde la importancia de ir más allá de las palabras y hacer un esfuerzo genuino por escuchar, por identificarme con la otra persona y por buscar relación.

Gracias por tu ejemplo como maestro comunicador. Nos has hablado no solo por medio de tu Palabra perfecta, sino a través de tu Hijo Jesucristo, quien hablaba de manera fiel y amorosa. En estas formas has mostrado tu infinita sabiduría y compasión, guiándonos hacia la salvación y vida eterna contigo. ¡Estas son, en última instancia, resultados de tu comunicación!

Que en toda mi comunicación con otros, amado Señor, «sean gratos los dichos de mi boca y la meditación de mi corazón delante de ti» (Salmos 19:14).

9

Arroja el veneno

IDEA PRINCIPAL

El mayor peligro de la amargura es la forma en que se clava profundamente dentro de nosotros si la dejamos sin resolver. Podríamos no hablar de ella por días, semanas, meses o incluso años, pero, durante el tiempo que no tratemos con este martirio, sentiremos efectos negativos en nuestras vidas.

Cuando la amargura se instala en ti, afecta tus relaciones. Principalmente perturba cualquier interacción que puedas tener contra la persona con la que estás enojado. Sin embargo, la amargura también puede tensar tus relaciones con otras personas que no tienen nada que ver con la situación. Y sin duda puede afectar tu relación con Dios.

¿Por qué sucede esto? Porque la amargura dificulta tu capacidad de ver la vida con 100% de claridad. Impide tu crecimiento espiritual. Inhibe tu paz y tu gozo. Agita actitudes dentro de ti que, de otra manera, tal vez no aparecerían.

Es más, Hebreos 2:14-15 deja claro que la amargura ocasiona problemas y contaminación. En 1 Corintios 3:3 se pregunta: «[Cuando hay] entre vosotros celos, contiendas y disensiones, ¿no sois carnales, y andáis como hombres?». Comportarse «como hombres» significa hacerlo en una manera pecaminosa. Como cristianos debemos hacer de lado nuestros antiguos pensamientos, actitudes y acciones. Efesios 5:8 enseña: «En otro tiempo erais tinieblas, mas ahora sois luz en el Señor; andad como hijos de luz».

Aprendamos qué es necesario para tratar con la amargura, y conozcamos la libertad que viene de esto.

REFLEXIÓN

En última instancia, no podemos estar amargados con alguien y seguir amando a Jesucristo como deberíamos hacerlo. Eso significa que debemos abandonar nuestra amargura para ser todo lo que Cristo quiere que seamos (de la página 122).

1. Lee Juan 15:4-5, Gálatas 5:16 y 1 Juan 1:6. ¿De qué maneras estos pasajes dejan claro que la santidad y el pecado son incompatibles?

2. De nuevo, basado en el pasaje anterior, ¿es posible morar completamente en Cristo y sin embargo albergar amargura en nuestros corazones? ¿Por qué no?

¿Has considerado alguna vez que, si en medio de tu amargura simplemente obedecieras a Dios y confiaras en Él, quizá podrías pasar de un lugar de amargura a un oasis? ¿Cuán lejos podrías estar ahora mismo de un oasis? (de la página 124).

1. ¿Cuáles son algunas de las razones para que nos resulte tan difícil despojarnos de la amargura?

2. Lee Romanos 12:18-21.

   • ¿Cómo dice el versículo 18 que debemos vivir?

   • ¿Qué declara el versículo 19 acerca de la venganza?

   • Según los versículos 20 y 21, ¿cómo debemos tratar a nuestros enemigos?

3. Lee Mateo 5:44. ¿Qué orden se nos da aquí? ¿Ha permitido Dios alguna excepción?

4. ¿Por qué crees que Dios quiere que confiemos en Él para tratar con nuestros enemigos?

Si vamos a escuchar lo que Dios quiere decirnos, debemos ser receptivos para ver lo que tal vez no queremos ver, sea en nosotros mismos o en otros (de la página 129).

1. Cuando nos aferramos a la amargura, en cierto sentido estamos diciendo: «Dios, no quiero escucharte». ¿Cuál es el peligro de tener tal clase de actitud?

2. Imagina que llegas delante de Dios y abandonas la amargura. ¿Qué cosas buenas pueden venir de esto?

PENSAMIENTOS FINALES

1. Al final del capítulo se nos habla de tres maneras en que podemos luchar contra la amargura: con la compasión de Dios, con su gracia, y al admitir la verdad y hacer algo al respecto. ¿Cuánta compasión y gracia te mostró Dios cuando te perdonó tus pecados y te dio salvación en Jesucristo? ¿No es correcto entonces ofrecer esa misma compasión y gracia a los demás?

2. Cuando alguien nos lastima o nos perjudica de alguna manera, ¿qué podemos hacer para evitar que la amargura se arraigue en nuestros corazones?

DE TU CORAZÓN AL DE DIOS

Padre, gracias porque en tu Palabra eres franco respecto a la amargura. Ahora puedo entender por qué es tan dañina y por qué puede afectar incluso las relaciones que tengo con buenos amigos y contigo.

Ayúdame a examinar mi corazón con sinceridad rigurosa y ver si hay algún enojo o resentimiento con el cual deba tratar. Ayúdame a comprender cuán venenosa es la amargura, y por qué es necesario que me despoje de ella. Tu Palabra dice claramente que debo amar a mis enemigos y orar por ellos. Eso es algo muy difícil de hacer, pero me doy cuenta de que debo rendir mi amargura, ya que dijiste que la venganza es solo tuya. Tú eres el juez perfecto y completamente sabio; ayúdame a confiar en que harás lo que es correcto. Que pueda descansar en tu justicia y no buscar la mía.

Por último, ayúdame a guardar mi corazón para, en primera instancia, no permitir que la amargura se arraigue. No quiero que haya algo que obstaculice la libertad y el gozo que tengo en ti.

10

Hay esperanza para la depresión

IDEA PRINCIPAL

La depresión no solo quiere derribarte, también desea aislarte de los demás. El único modo en que la depresión puede «mantenerse con vida» en ti es que rechaces cualquier manera de recibir esperanza o ánimo. Esta condición quiere hacerte creer que no hay salida ni oportunidad de volver a la normalidad.

La depresión nubla la mente. Te impide ver cualquier cosa más allá de tu mundo interior. Y planta dudas en tu mente... dudas acerca de ti, de otros y en particular de Dios.

Todo esto dificulta que puedas «salir» de tu depresión y ver lo que debes hacer para vencerla. Por eso es tan importante que te vuelvas a la Palabra de Dios y hables con amigos confiables cuando la depresión aparezca. Ambos recursos pueden ofrecer continuamente el estímulo y la esperanza que necesitas para que al fin puedas salir victorioso.

Aferrarte a las promesas de Dios y extenderte a otros... estas son la cura para la depresión.

REFLEXIÓN

La depresión quiere... hacerte creer que no tienes posibilidad de ir más allá de tus actuales circunstancias sombrías. Te hace temer que nunca volverás a sentirte bien (de la página 136).

1. ¿Puedes nombrar algunas personas en la Biblia que atravesaron circunstancias sumamente difíciles que pudieron haber parecido sin esperanza? ¿En qué situación se hallaban y cómo fue que Dios les permitió sobrevivir?

2. Podríamos experimentar épocas de sentir como si Dios nos hubiera abandonado, como si no se preocupara por nosotros o no oyera nuestras oraciones. Cuando esto ocurre, ¿a qué promesa podemos aferrarnos en Hebreos 13:5?

3. Abraham y Sara tenían cien y noventa años de edad antes de que Dios les concediera un hijo. Moisés se escondió en el desierto durante cuarenta años antes de que Dios le ordenara sacar de Egipto a los israelitas. El pueblo de Judá estuvo cautivo en Babilonia durante setenta años antes de que se le permitiera regresar a su tierra. La espera puede ser larga, pero Dios cumple sus promesas. ¿Cuáles son algunos beneficios que podemos obtener de largas esperas antes que Dios nos rescate?

La depresión afecta todo aspecto de la vida de un individuo. Lo afecta espiritual, emocional, mental y relacionalmente (de la página 137).

1. Teniendo en cuenta dicha afirmación, ¿cuán confiables crees que son nuestros sentimientos o pensamientos cuando estamos en depresión?

2. ¿Por qué es tan importante que nos rodeemos de amigos de confianza cuando estamos deprimidos?

Confieso que debido a la oscuridad que pasé soy mejor esposo. Soy un pastor más compasivo. Soy mejor oyente (de la página 143).

1. ¿Puedes dar un ejemplo de una experiencia mala que pasaste y que al final te volvió mejor persona?

2. Lee 2 Corintios 1:3-4. ¿De qué manera nuestro sufrimiento de hoy puede ser algo bueno para otros en el futuro?

PENSAMIENTOS FINALES

1. ¿Qué te llamó más la atención en el capítulo 10 y por qué?

2. Escribe Hebreos 13:5 en una pequeña tarjeta o en un pedazo de papel, y aprende de memoria el versículo. Haz que te sirva como recordatorio de que, por tenebrosa que se vuelva la noche, Dios no te ha abandonado.

DE TU CORAZÓN AL DE DIOS

Señor, gracias por los muchos ejemplos en la Biblia de personas que experimentaron desesperación o depresión, pero que de uno u otro modo te vieron venir en su ayuda. El registro de tu fidelidad en el pasado me asegura tu fidelidad en el futuro.

Sé que pase lo que pase, sin que importe lo que me digan mis sentimientos, no me abandonarás. Aunque hay mucho que no entiendo acerca de las dificultades que enfrento, sé que puedo confiar totalmente en ti. Eres sabio y amoroso, y eso no cambiará por funesta que se vuelva la noche. Gracias porque puedo descansar en tu bondad.

11

EN MANOS DE LOS VERDUGOS

IDEA PRINCIPAL

Parece irónico que una negativa a perdonar a alguien *te* ponga en esclavitud, no a la otra persona sino a ti. Aunque quien te agravió obró mal, aun así la Biblia es muy clara: Debemos perdonar del mismo modo que Dios nos ha perdonado. Efesios 4:32 expresa: «Sed benignos unos con otros, misericordiosos, perdonándoos unos a otros, como Dios también os perdonó a vosotros en Cristo».

Nos ayuda recordar la sorprendente verdad en 1 Juan 4:19: «Nosotros le amamos a él, porque él nos amó primero». Cuando estábamos totalmente perdidos en el pecado y las tinieblas, Dios tomó la iniciativa de acercarse a nosotros. Nos extendió su amor sin pedirnos que primero nos limpiáramos de nuestras malas acciones. Según dice Romanos 5:8: «Dios muestra su amor para con nosotros, en que siendo aún pecadores, Cristo murió por nosotros».

De igual manera, incluso cuando nos han hecho daño debemos tomar la iniciativa de amar y perdonar.

Esto no es fácil. Y no necesariamente significa que la restauración se llevará a cabo. La otra persona podría no pedir perdón. Pero al perdonar y seguir adelante quedamos libres de ataduras y demostramos la naturaleza del perdón de Dios, reflejando así la asombrosa extensión del amor divino hacia los que no lo merecen.

REFLEXIÓN

Tu renuencia a perdonar te llevará a una especie de tormento personal que ni siquiera puedes imaginar (de la página 150).

1. ¿De qué maneras podemos terminar haciéndonos daño si nos negamos a perdonar a otros?

2. Por el contrario, ¿qué experimentamos si estamos dispuestos a perdonar?

> *¿Cuánto nos perdonó Jesús en el cruz? Todos*
> *tenemos con Dios una deuda que es infinitamente*
> *más grande que diez mil talentos. Ninguno de nosotros*
> *podría pagarla alguna vez* (de la página 152).

1. ¿Qué pensamientos te pasan por la mente cuando consideras el perdón que te fue posible recibir por medio de Cristo?

2. Cuando nos negamos a perdonar una ofensa específica, en esencia estamos diciendo que Jesús tampoco debería estar dispuesto a perdonar dicha ofensa. Visto desde esa perspectiva, ¿es correcto que *alguna vez* neguemos el perdón? ¿Por qué sí o por qué no?

> *La Biblia nos enseña que el perdón libera. Nos libera*
> *de una carga pesada de culpa, amargura y enojo*
> *albergado por mucho tiempo. La falta de perdón,*
> *por el contrario, paraliza tu fe* (de la página 157).

1. ¿Puedes hablar, por experiencia personal, de la libertad que viene de perdonar? ¿Qué te sucedió?

2. Imagina que alguien te ha hecho daño. Si el agresor sabe que eres cristiano y te niegas a perdonarlo, ¿qué impresión podría esa persona tener acerca de Dios y de los cristianos en general? Por el contrario, si muestras perdón, ¿cómo podría ser ese un testimonio positivo?

PENSAMIENTOS FINALES

1. ¿Qué te llamó más la atención en el capítulo 11 y por qué?

2. ¿Hay alguien a quien debas perdonar? Dedica tiempo ahora a liberar a esa persona ante Dios, y para pedir sabiduría respecto a cómo seguir adelante de la mejor manera. Recuerda que ofrecer perdón no significa que esperes que ocurra una reconciliación. Tampoco significa que estés negando que haya sucedido algo malo. Lo que sí significa es que estás renunciando al asunto y que lo estás poniendo en manos de Dios.

DE TU CORAZÓN AL DE DIOS

Señor, al ver lo obstinado que a veces puede ser mi corazón, estoy asombrado de tu infinito perdón, el cual pusiste a disposición hasta del peor de los pecadores. ¡Qué asombroso amor, qué maravillosa gracia!

Te agradezco por ayudarme a comprender que cuando no perdono en realidad estoy perjudicándome más de lo que perjudico a quien me agravió. Por tentador que me resulte guardar rencor, debo estar dispuesto a perdonar.

Reprende mi corazón cuando allí resida falta de perdón. Dame el valor para hacer lo que es correcto: perdonar como tú perdonas. Ayúdame a ver a mis enemigos a través de tus ojos, es decir, como seres que necesitan tu amor tanto como yo.

12

Necesitas más amigos varones

IDEA PRINCIPAL

Cuando se trata de problemas de los cuales los hombres no quieren hablar, comunicarlos es el primer paso. Sin embargo, ¿con quién platicarlos? ¿A dónde acudir para conseguir consejo sabio?

En los tres capítulos restantes de esta guía de estudio encontraremos las respuestas a esos interrogantes. Veremos la importancia de los amigos varones, de orientadores y de ser guías de otros. Es en el contexto de esta clase de relaciones que obtenemos el tipo de sistema de apoyo que nos permite enfrentar las batallas de la vida. Saber que otros nos observan, y que a la vez los observamos, nos brinda confianza y valor que nos resultaría mucho más difícil conseguir estando solos.

Empecemos por descubrir la clase de amigos varones de los que debemos rodearnos.

REFLEXIÓN

Ninguno de nosotros ha llegado donde está en solitario. Tuvimos necesidad de amigos que nos llevaran allí (de la página 165).

1. ¿Puedes hablar de una o dos maneras en que esa declaración ha demostrado ser cierta en tu vida?

2. ¿Qué cualidades son más importantes para ti cuando de encontrar un buen amigo se trata? ¿Por qué?

¿Tienes amigos que te ayuden a encontrar fortaleza en Dios, especialmente cuando tus circunstancias se vuelven peligrosas, difíciles o desagradables? (de la página 166).

1. Quizá no hayas pensado mucho en cultivar amistades masculinas con la idea de que estas te ayudarían en tiempos de verdadera necesidad. ¿Qué puedes hacer para empezar a forjar tales amistades?

2. Es importante recordar que la verdadera amistad es una senda de doble vía. Con esto en mente, ¿de qué maneras puedes *tú* llegar a ser la clase correcta de amigo para otros hombres que conoces?

Todo hombre necesita alguien que lo ame, que ore por él y que crea en él (de la página 170).

1. Cuando sabes que alguien cree en ti, ¿qué efecto tiene eso en ti?

2. De igual modo en que necesitas la afirmación y las oraciones de otros hombres, debes devolver el favor. ¿Por quién estás orando ahora y en qué maneras?

PENSAMIENTOS FINALES

1. Piensa en un hombre o dos que en algún momento de tu vida fueron verdaderos amigos. Sin mencionar sus nombres ni dar demasiada información personal, explica por qué su amistad significó tanto para ti.

2. La verdadera amistad requiere sinceridad. Esto significa estar dispuesto a decirse mutuamente la verdad aunque hiera. ¿Por qué tal transparencia es importante en una amistad?

DE TU CORAZÓN AL DE DIOS

Padre, al leer acerca de la importancia de las amistades masculinas, que no solo busque a los hombres que puedan quererme, orar por mí y creer en mí, sino que también sea esa clase de amigo para otros. En la misma manera que he sido bendecido por otros, quiero ser de bendición para otros hombres.

Gracias, Señor, por los hombres que has usado en mi pasado con el fin de llevarme al punto en que me encuentro hoy día. En tu sabiduría perfecta sabes lo que necesito y cuándo lo necesito. He experimentado las increíbles riquezas de tu bondad a través de las vidas de otros.

Y muchas gracias por el mejor amigo de todos: Jesucristo. Sé que Él siempre está cerca y que escucha todas mis oraciones. No hay mejor amigo que yo pueda pedir.

13

NECESITAS UN GUÍA

IDEA PRINCIPAL

Un buen entrenador puede mejorar realmente la dirección que un equipo tome en el transcurso de una temporada. Su estilo puede inspirar a los jugadores en tal forma que los obligue a intensificar sus esfuerzos, o podría llevarlos por el camino equivocado, produciendo frustración y bajo rendimiento. Por eso es que los equipos deportivos están dispuestos a pagar más por los mejores entrenadores, pues la influencia que brindan puede ser determinante entre únicamente otra temporada e ir a la final o incluso ganar el campeonato.

En la Biblia encontramos muchos ejemplos reales de buena orientación: Jesús y sus discípulos, y el apóstol Pablo y Timoteo. ¿Dónde habrían estado los discípulos sin Jesús? ¿Y dónde habría estado Timoteo sin Pablo? Los pastores están llamados a preparar a los miembros de la iglesia. A hombres y mujeres espiritualmente maduros se les insta a enseñar a hombres y mujeres más jóvenes. Jesús ordenó: «Id, y haced discípulos a todas las naciones… enseñándoles que guarden todas las cosas que os he mandado» (Mateo 28:19-20). Todos necesitamos un guía que nos enseñe a buscar y seguir a Cristo.

¿Tienes uno o dos modelos que puedan ayudarte a tomar mejores y más sabias decisiones, y a reducir la cantidad de pasos en falso que podrías dar en la vida?

REFLEXIÓN

Si la diferencia entre ganar un título y ver a alguien más ganar el título se reduce a un buen entrenador, ¿por qué entonces no someterte voluntariamente a su orientación?... hoy día, una amplísima variedad de entrenadores se han puesto a disposición en ámbitos mucho más allá de lo deportivo... nombra un área y probablemente habrá un orientador para eso.

¿Por qué entonces, en el ámbito más importante de la vida, muy pocos de nosotros ni tan siquiera pensamos en buscar un buen orientador y trabajar con él? (de las páginas 178-179).

1. ¿Qué razones podrían tener los hombres cristianos para no ser más agresivos en cuanto a buscar buenos modelos espirituales?

2. ¿Has tenido en el pasado algún modelo espiritual que te haya sido útil? Comenta las maneras en que su ejemplo mejoró tu vida.

Un buen orientador provee un modelo saludable de conducta cristiana, un poderoso camino de fe, un discurso inspirador y un enfoque en Cristo. Eso es lo que sigues (de la página 181).

1. Después de leer la cita anterior, toma un momento para escribir en tus propias palabras qué opinas de cada una de estas cualidades:

    Modelo sano de conducta cristiana:

    Firme caminar de fe:

    Discurso inspirador:

    Enfoque en Cristo:

2. ¿Qué características adicionales podrían serte útiles en tu búsqueda de un guía para la vida cristiana?

3. Imagínate como orientador de un hombre recién convertido. ¿Qué cosas harías para tener la seguridad de que estás adecuadamente preparado para ser un modelo?

Cuando de un buen entrenamiento se trata, no es tanto lo que oyes decir al guía sino lo que le ves hacer. Lo grandioso a menudo se capta más de lo que se enseña (de la página 184).

1. ¿Estás de acuerdo con la declaración anterior? ¿Por qué sí o por qué no?

2. ¿Puedes pensar en un momento en que las acciones de un modelo te hablaron más fuerte que sus palabras? Narra lo que sucedió y qué influencia tuvo esto en ti.

PENSAMIENTOS FINALES

1. Lee Hechos 20:18-24. ¿Cómo describirías la clase de orientación que Pablo dio a los líderes de la iglesia en Éfeso?

2. Luego, en el versículo 27, Pablo declaró: «No he rehuido anunciaros todo el consejo de Dios». En otras palabras, si aparecía en las Escrituras, Pablo lo enseñaba. No se guardaba nada. ¿Por qué es esto tan importante para un buen orientador?

DE TU CORAZÓN AL DE DIOS

Padre, mi corazón se conmueve al darme cuenta de lo mucho que la Biblia enseña acerca del concepto de orientar. El deseo de tu corazón es que quienes son espiritualmente maduros lleven a otros hacia la madurez espiritual. De este modo tu iglesia se volverá más fuerte y más capaz de hacer la obra que estás llamado a hacer.

Esto me ayuda a darme cuenta aún más de mi propia necesidad de buenos modelos para mí, a fin de que yo pueda seguirlos como ellos siguen a Cristo. Que yo busque tales modelos y que sea diligente en aplicar lo que me enseñan.

También he aprendido que esto de orientar funciona en ambos sentidos: debo ponerme a disposición de otros hombres que puedan aprender de mí. Ayúdame a desarrollar la clase de camino de fe, de discurso edificante y de enfoque en Cristo que resulte inspirador para cualquiera que observe mi vida.

14

Necesitas un colega

IDEA PRINCIPAL

Todo el mundo necesita estímulo.

Con todas las dificultades que la vida nos lanza, y ya que vivimos en un mundo caído lleno de gente imperfecta que dice y hace cosas que nos frustran o nos desaniman, podemos esperar que haya ocasiones que nuestro ánimo resulte afectado. La preocupación, la ansiedad y la tensión nos producen emociones negativas. Cuando los planes no funcionan o nuestras circunstancias se descontrolan sin que podamos hacer nada al respecto, podemos caer en fatalismo o incluso en depresión.

Desdichadamente, en el mundo moderno las palabras que intentan *desanimar* son mucho más comunes que las que tratan de *animar*. Parece que la única manera que la gente conoce de ascender es derribando a otros.

¿Qué características tiene un motivador para que lo reconozcamos al verlo? ¿Y cómo a la vez podemos convertirnos en motivadores para otros?

REFLEXIÓN

El nombre Bernabé *significa en hebreo «hijo de consolación»... Todo hombre necesita un Bernabé en su vida; yo lo necesito y tú también. ¿A quién recurres cuando necesitas contar un problema, admitir un fracaso, hablar de alguna preocupación o sondear una situación relacionada con una de tus ideas para ver si es brillante o absurda? ¿Quién te amará y respetará, pero también te dirá la verdad sin titubear?* (de las páginas 188-189).

1. ¿Qué definirías como «consolador»? Y teniendo en cuenta tal definición, ¿qué haría una persona que es consoladora?

2. ¿De qué maneras nos beneficia el consuelo?

3. ¿En qué aspectos de tu vida crees que necesitas más consuelo?

Dios pone en nuestras vidas personas que en ciertos ámbitos son mucho más sabias que nosotros, y nos las envía para que puedan aconsejarnos, inspirar nuestros espíritus y animarnos cuando lo necesitamos (de la página 192).

1. Si encuentras a alguien que por naturaleza es animador, una forma de desarrollar una amistad continua es pedirle consejo. ¿En qué áreas de tu vida podrías usar algún consejo ahora mismo?

2. ¿Sabes de hombres que estén calificados para proporcionar aporte en esas áreas? ¿Por qué lo están y qué les pedirías?

Los miembros del clan Bernabé son maravillosos en animar, pero todos ellos podrían necesitar tu aliento. ¿Por qué no se lo das? (de la página 195).

1. Piensa en uno o dos hombres que te hayan animado en las últimas semanas o meses. ¿Puedes hacer algo sencillo para mostrar tu aprecio por la ayuda que te han dado?

2. Una lección que podemos aprender de los animadores es que son generosos con su sabiduría y su tiempo. ¿De qué maneras podrías esforzarte en ser más generoso hacia otros hombres con tu sabiduría y tu tiempo?

PENSAMIENTOS FINALES

Los animadores no suelen ser los que están ansiosos por ser el centro de atención. Al contrario, siempre buscan oportunidades de animar a otros. Eso es refrescantemente distinto de la actitud «¿qué hay para mí?» tan difundida en la cultura de hoy. Y, siendo sinceros, debido a que somos seres humanos caídos, en realidad tendemos a orientarnos hacia nosotros mismos.

Con esto en mente, a continuación tendrás espacio para escribir dos listas. En la columna de la izquierda escribe reseñas de una sola palabra que describan a personas orientadas en sí mismas, y en la columna de la derecha escribe reseñas de una sola palabra que describan a personas orientadas en los demás (la lista se inició para ti con un ejemplo). Después de terminar de escribir las listas, pregúntate: ¿En qué forma o formas puedo llegar a ser una persona más orientada hacia los demás?

Características de personas orientadas en sí mismas	Características de personas orientadas hacia los demás
Egoísmo	*Generosidad*

DE TU CORAZÓN AL DE DIOS

Padre, te agradezco por el ejemplo que Bernabé dejó en la Biblia, de ser alguien que hizo lo posible por levantar a otros y estimularlos a utilizar sus talentos dados por ti. Mientras lea tu Palabra en los meses y semanas siguientes, ayúdame a ver y aprender de los demás consoladores que se hallan en la Biblia: el suegro de Moisés, Josué, Nehemías, Booz, María, Pablo y otros.

Señor, cuando otros hombres dediquen tiempo a animarme, que recuerde expresarles mi aprecio, y que tome en serio sus palabras. Además, que cuando vea a alguien necesitado de consuelo, en lugar de contenerme de mala gana, que dé un paso adelante y permita que hagas la obra que deseas hacer a través de mí.

15

Necesitas un aprendiz

IDEA PRINCIPAL

Uno de los retos de vivir cristianamente es que el crecimiento espiritual no se da de la noche a la mañana. Crecemos de manera imperceptible día tras día, semana tras semana, mes tras mes. Pero, a medida que pasa el tiempo, ganamos lenta pero firmemente en estatura, sabiduría y madurez.

Podríamos creer que no estamos calificados realmente para orientar a otros hombres hasta que ya no cometamos errores, y que estemos a punto de llegar a la meta. Pero la realidad es que siempre tendremos espacio para crecer espiritualmente mientras vivamos en esta tierra.

No tienes que esperar hasta ser «abuelo en la fe» para empezar a guiar a otros hombres. Siempre habrá algunos que serán nuevos creyentes o que aún no han aprendido las lecciones que has aplicado a tu propia vida. Un estudiante universitario puede guiar a otro de secundaria. Un graduado universitario puede proporcionar guía a un estudiante universitario, un hombre con hijos adolescentes puede aconsejar a otro con recién nacidos. Un creyente con años de crecimiento espiritual firme puede ofrecer sabiduría a los nuevos en la fe.

¡Las opciones son muchas! Dios te ha dotado con conocimiento y experiencias que ayudarían a otros. ¿Estás listo para ponerte a disposición?

REFLEXIÓN

Para llegar a ser el hombre totalmente maduro que Dios te pide que seas, también debes aprender a edificar en las vidas de otros hombres. Es decir, debes convertirte en mentor. Y todo mentor necesita un joven aprendiz a quien adiestrar (de la página 198).

1. ¿Has dedicado tiempo a evaluar la clase de conocimiento y habilidades que puedes impartir a otros? Trata de pensar rápidamente en dos o tres cualidades que tienes para ofrecer.

2. Vuelve a pensar en cuando estabas en el liceo o la universidad. ¿Te habrías sentido incómodo de acercarte a un hombre más maduro para pedirle que fuera tu mentor? ¿Por qué podría una persona más joven o un creyente más nuevo sentirse un poco reacio de hacer tal petición? ¿Qué puede un candidato a mentor hacer para comunicar que está disponible para servir, y así facilitar que un guía y un aprendiz se relacionen?

El elemento principal en la orientación son las relaciones. Orientar no es solo decir: «Únete a mi programa». Se trata de relaciones, y las relaciones toman tiempo. También pueden traer inconvenientes (de la página 200).

1. ¿De qué maneras podría traer inconvenientes una relación de tutoría?

2. ¿Qué beneficios puede proporcionar una relación de tutoría que ayuden a compensar los inconvenientes que surjan?

La mayor parte de la orientación real se lleva a cabo en la vida diaria y no en el salón de clases (de la página 200).

1. ¿Puedes pensar en algunos ejemplos de cómo un orientador debe «manejar la vida diaria» a fin de influir realmente en un aprendiz?

2. ¿Qué actividades «de la vida diaria» puedes llevar a cabo que podrían resultarle útiles a un aprendiz?

PENSAMIENTOS FINALES

1. Piensa en tus años de crecimiento, cuando estabas en la escuela. ¿Hay algunos recuerdos específicos que sobresalen para ti en términos del «valor de aprendizaje» que te transmitieron? Cuenta lo que sucedió y qué aprendiste.

2. Al final del capítulo declaro: «Ora que Dios traiga algunos buenos candidatos a tu vida». Esto me lleva a preguntar: ¿Cuánto haces participar a Dios en tu búsqueda de aprendices y en tus relaciones de tutoría? ¿Por qué es tan fundamental que hagamos a Dios parte activa de todo lo que llevamos a cabo cuando de guiar se trata?

DE TU CORAZÓN AL DE DIOS

Padre, al venir ante ti en oración pienso en las maneras en que he crecido debido a los hombres que dedicaron tiempo a guiarme, sea formal o informalmente. Gracias por su disponibilidad. Gracias por su corazón para ministrar y su buena voluntad para prepararme de modo que ahora pueda transmitir a otros mi sabiduría y mis destrezas para la vida diaria.

A medida que trato de influir en aprendices, recuérdame que mi responsabilidad no es algo que deba tomarse a la ligera. Con buena razón, en la Biblia pides a los líderes que se mantengan en un alto nivel. Exiges excelencia en los mentores para que quienes están debajo de ellos se encuentren en buenas manos. Comprendo que, en última instancia, soy responsable ante ti por la manera en que me invierto en otros. Ayúdame a morar en ti para que, ante un aprendiz, mi vida represente la manera en que tú deseas que un cristiano viva. Que sobre todo yo busque agradarte, y que los resultados de mi tutoría hagan que otros aprendices busquen una relación más firme contigo.

Decir la verdad te hará libre

En la Primera Iglesia Bautista de Woodstock tenemos un ministerio llamado La Ciudad de Refugio. La intención es ayudar a quienes en el ministerio estén enfrentando varias clases de luchas: problemas matrimoniales, hijos rebeldes, dificultades financieras, tensión, etc.

El nombre *La Ciudad de Refugio* comunica: «Aquí está el lugar en que puedes hallar tranquilidad en medio de la tormenta, donde puedes recibir ayuda y reposo». Han venido muchos hombres y mujeres heridos que llegan a recibir consejo, ánimo y respuestas para sus problemas.

En el epílogo informo sobre un joven pastor y su esposa que acudieron a La Ciudad de Refugio. Al principio parecía que la esposa era quien luchaba y necesitaba ayuda. Pero, con el paso del tiempo, nos dimos cuenta de que era el pastor quien tenía importantes asuntos de pecado, que a su vez afectaban a su esposa.

Ellos tardaron tiempo en resolver sus problemas. No ayudó que al principio el pastor guardara silencio acerca de sus pecados ocultos. No fue sino hasta que él actuó con transparencia y sinceridad que pudimos darles el consejo y la ayuda que necesitaban.

Mi indicación es esta: Mientras haya pecado oculto, es imposible que se lleve a cabo un cambio.

Por eso, cuando de lidiar con tus luchas se trata es vital que hables, que seas sincero.

En el capítulo 3 vimos lo que le sucedió al rey David cuando guardó silencio tras su aventura adúltera con Betsabé, y cómo el rey planificó el asesinato de Urías, el esposo de ella. Veamos otra vez lo que David declaró:

> Mientras callé [mi pecado], se envejecieron mis huesos en mi gemir todo el día. Porque de día y de noche se agravó sobre mí tu mano; se volvió mi verdor en sequedades de verano (Salmos 32:3-4).

Los desesperados esfuerzos de David para mantener ocultos sus pecados lo afectaron hasta el punto en que su cuerpo sufrió físicamente. Quizá no hayas sentido efectos similares en tu propia vida, pero no hay duda de que el pecado no confesado te acosará de una u otra manera. Debes enfrentarlo.

¿CÓMO NOS AFECTA EL PECADO?

1. ¿De qué manera el pecado oculto puede afectar nuestros pensamientos, sentimientos y acciones?

2. Lee Proverbios 28:13.

    *   ¿Qué le sucede a la persona que encubre su pecado?

    *   ¿Qué le sucede a la persona que confiesa su pecado?

3. ¿Por qué crees que Dios permite que experimentemos consecuencias negativas por nuestros pecados?

4. ¿Por qué cuando lidiamos con el pecado tendemos a *huir* de Dios? ¿Por qué es este un grave error?

ALCANCE DEL AMOR Y EL PERDÓN DE DIOS

1. Volvamos a Salmos 32; según el versículo 5, ¿qué sucedió cuando David admitió que había pecado?

2. Lee 1 Juan 1:9. ¿Cuál es la respuesta de Dios cuando confesamos nuestro pecado? ¿Qué disposición crees que Él tiene para perdonarnos?

3. Lee Efesios 2:4-7:

> Dios, que es rico en misericordia, por su gran amor con que nos amó, aun estando nosotros muertos en pecados, nos dio vida juntamente con Cristo (por gracia sois salvos), y juntamente con él nos resucitó, y asimismo nos hizo sentar en los lugares celestiales con Cristo Jesús, para mostrar en los siglos venideros las abundantes riquezas de su gracia en su bondad para con nosotros en Cristo Jesús.

¿Qué dice específicamente este pasaje acerca del alcance del amor de Dios por nosotros, aunque éramos pecadores perdidos?

4. Lee 1 Pedro 1:3-5:

> Bendito el Dios y Padre de nuestro Señor Jesucristo, que según su grande misericordia nos hizo renacer para una esperanza viva, por la resurrección de Jesucristo de los muertos, para una herencia incorruptible, incontaminada e inmarcesible, reservada en los cielos para vosotros, que sois guardados por el poder de Dios mediante la fe, para alcanzar la salvación que está preparada para ser manifestada en el tiempo postrero.

¿Qué dice este pasaje de la herencia que has recibido como consecuencia de la salvación en Cristo? De nuevo, ¿qué te dice esto acerca del amor de Dios por ti?

5. Cuando confiesas tu pecado experimentas una conciencia clara. ¿Por qué tener tal conciencia clara es una experiencia positiva?

PENSAMIENTOS FINALES

1. Al terminar tu tiempo en esta guía de estudio considera las palabras de Jesús en Juan 8:32: «La verdad os hará libres». ¿De qué maneras dirías que ser transparentes y confiables nos hará realmente libres?

2. Enumera dos o tres principios o lecciones que hayan significado más para ti en esta guía de estudio.

DE TU CORAZÓN AL DE DIOS

En el espacio a continuación, escribe una oración en que expreses al Señor tu agradecimiento por su amor y su misericordia por ti.